KB080977

# 자바스크립트로 하는
# 자료 구조와 알고리즘

# 자바스크립트로 하는
# 자료 구조와 알고리즘

## 핵심 자료 구조 및 알고리즘을
## 이해하고 구현하기 위한 입문서

배세민 지음 김무항 옮김

에이콘

 에이콘출판의 기틀을 마련하신 故 정완재 선생님 (1935-2004)

학업을 하는 데 많은 격려를 해주신 하미드 티주쉬Hamid R. Tizhoosh 박사님과
항상 따뜻하게 지지해주신 저의 어머니 서민경 여사께 이 책을 바칩니다.

# 지은이 소개

**배세민**Sammie Bae

옐프Yelp에서 근무 중인 데이터 엔지니어다. 엔비디아NVIDIA의 데이터 플랫폼 엔지니어링 팀에서 일한 바 있다. 스마트 테크놀로지스SMART Technologies에서 인턴 생활을 하면서 자바스크립트에 깊은 관심을 갖게 됐다. 스마트 테크놀로지스에서 보드 드라이버와 웹 애플리케이션 간 직렬 포트 통신을 위한 Node.js 기반 자바스크립트 API를 개발했다. 자바스크립트가 최신 소프트웨어 엔지니어링 산업에 밀접한 영향을 미치지만 이 책을 제외하고는 자바스크립트를 사용해 알고리즘과 자료 구조를 가르치는 책이 없다. 이러한 알고리즘과 자료 구조와 같은 컴퓨터 과학 개념이 얼마나 어려운지 잘 이해하고 있다. 이 책의 목표는 어려운 개념을 명확하고 간결하게 설명하는 것이다.

자바스크립트는 1995년 넷스케이프<sup>NetScape</sup>의 브렌던 아이크<sup>Brendan Eich</sup>가 개발했다. 넷스케이프는 역사상 첫 번째 웹 브라우저 중 하나인 넷스케이프 브라우저를 개발하던 곳이었다. 그리고 오늘날 자바스크립트는 어디서나 가장 인기 있는 프로그래밍 언어로 널리 쓰이고 있다.

예를 들어 우버<sup>Uber</sup>의 차량 관리 시스템은 Node.js로 초당 2백만 개 이상의 원격 프로시저 호출<sup>RPC</sup>을 실행하고 있다. 페이스북<sup>Facebook</sup>의 리액트 네이티브<sup>React Native</sup>는 웹과 휴대폰에 동일한 코드를 작성할 수 있도록 한다. 나사<sup>NASA</sup>에서도 Node·js를 사용해서 우주복 자료 시스템<sup>spacesuit systems data</sup>을 관리하고 있다.

실리콘밸리에서 일하며 자바스크립트의 인기가 높아지는 것을 지켜봐왔다. 자바스크립트는 4년 동안 깃허브<sup>Github</sup>에서 제일 인기 많은 프로그래밍 언어 중 하나다. 그리고 이제는 자바<sup>Java</sup>와 마찬가지로 마이크로소프트<sup>Microsoft</sup>의 타입스크립트<sup>TypeScript</sup>로 자바스크립트를 객체지향 언어처럼 사용할 수 있다. 자바스크립트는 다양하고 강력한 프로그래밍 언어이고 응용하는 데 제한이 없어서 현재 그 어떤 프로그래밍 언어보다 사용하기 적절하다.

# 감사의 글

명확한 설명과 간결한 코드로 이 책의 기술적인 내용을 개선할 수 있도록 조언을 해준 필 내시Phil Nash에게 감사드린다.

에이프레스Apress 팀에게도 감사를 드린다. 제임스 마크햄James Markham과 낸시 첸Nancy Chen, 제이드 스카드Jade Scard, 크리스 넬슨Chris Nelson에게 감사드린다. 마지막으로 에이프레스에서 출간할 기회를 주신 스티브 앵글린Steve Anglin에게도 감사를 드린다.

**필 내시**Phil Nash

트윌로Twillo에서 개발자 에반젤리스트로 근무하며 영국과 전 세계 개발자 커뮤니티를 관리한다. 루비Ruby, 자바스크립트, 스위프트 Swift 개발자이자 구글 디벨로퍼스 엑스퍼트Google Developers Expert 인 동시에 블로거이자 강연자이기도 하다. 취미로 맥주 양조를 하기도 한다. 각종 모임과 콘퍼런스에서 사람들과 어울리거나 신 규 기술과 API를 다루고, 오픈소스 코드 작성을 즐긴다.

## 옮긴이 소개

김무항 (niceggal1@naver.com)

위치 기반 서비스, 증강현실, 보안 등 다양한 분야에서 연구와 개발을 했다. 기술 번역에 관심이 많다. 에이콘출판사에서 펴낸『드루팔 사용하기』(2013)와『프로그래머처럼 생각하기』(2014), 『PHP와 MariaDB를 활용한 웹 애플리케이션 개발』(2016), 『파이썬으로처음 시작하는 코딩』(2018)을 번역했다.

HTML의 등장과 함께, 자바스크립트는 웹 브라우저 내에서 사용되는 클라이언트 사이드client-side 프로그래밍 언어로 많은 사랑을 받았다. 기존에 자바스크립트는 주로 웹 브라우저 내에서 사용되며 클라이언트 사이드 프로그래밍을 위해 사용됐다. 전 세계의 웹 브라우저 가운데 자바스크립트를 지원하지 않는 웹 브라우저를 찾기 힘들 만큼 많은 사랑을 받았다. 하지만 Node.js의 등장과 함께 최근에는 서버 사이드server-side 프로그래밍 언어로 많은 인기를 끌고 있으며, 모바일 앱 등의 개발에도 널리 사용되고 있다.

이렇게 자바스크립트의 활용도가 늘어나고 더 복잡한 애플리케이션 개발에 사용됨에 따라 전통적으로 자바, C++, C# 프로그래머에게 중요한 자료 구조와 알고리즘이 자바스크립트 프로그래머에게도 중요해졌다. 이 책은 이러한 흐름에 맞춰 기존 자바스크립트 프로그래머가 자료 구조와 알고리즘의 개념을 이해하고 이를 실제로 자바스크립트로 구현할 수 있도록 돕는다.

연결 리스트와 같은 기초적인 자료 구조부터 동적 프로그래밍에 이르기까지 핵심 자료 구조와 알고리즘을 다루고 있으며 이를 실제로 자바스크립트로 구현해보고 배운 내용을 실전에서 활용할 수 있도록 구성돼 있다.

아직까지 자바스크립트로 구현한 자료 구조와 알고리즘 책이 시중에 많지 않은 상황에서 이론과 구현을 겸비한 이 책은 자바스크립트 프로그래머로서 수준을 한 단계 높이고자 하는 독자들에게 단비와 같은 책이다.

# 차례

지은이 소개 .................................................................. 6

한국어판 출간에 부쳐 .................................................... 7

감사의 글 .................................................................... 8

기술 감수자 소개 ........................................................... 9

옮긴이 소개 ................................................................. 10

옮긴이의 말 ................................................................. 11

들어가며 .................................................................... 26


1장    **빅오 표기법**                                                   29

**빅오 표기법 기초** ......................................................... 29

일반적인 예 .................................................... 30

**빅오 표기법 규칙** ......................................................... 32

계수 법칙: "상수를 제거하라" ................................ 33

합의 법칙: "빅오를 더하라" .................................. 35

곱의 법칙: "빅오를 곱하라" .................................. 35

다항 법칙: "빅오의 k승" ...................................... 36

**요약** ........................................................................ 37

**연습 문제** .................................................................. 37

정답 ............................................................ 40


2장    **자바스크립트의 독특한 특징**                                   41

**자바스크립트 범위** ....................................................... 41

전역 선언: 전역 범위 ........................................................................ 41

var를 사용해 선언하기: 함수 범위 ................................................. 42

let을 활용한 선언: 블록 범위 ......................................................... 44

**등가와 형** ........................................................................................... 45

변수형 ............................................................................................... 45

참/거짓 확인 .................................................................................... 46

=== 대 == ........................................................................................ 47

객체 .................................................................................................. 47

**요약** ................................................................................................... 50


**3장    자바스크립트 숫자** .......................................................... 51

**숫자 체계** ......................................................................................... 52

**자바스크립트 숫자 객체** ............................................................. 54

정수 반올림 ...................................................................................... 54

Number.EPSILON ............................................................................. 55

최대치 ............................................................................................... 55

최소치 ............................................................................................... 56

무한 .................................................................................................. 57

크기 순서 ......................................................................................... 57

숫자 알고리즘 .................................................................................. 58

소인수분해 ....................................................................................... 60

**무작위 수 생성기** ........................................................................... 61

**연습 문제** ......................................................................................... 61

**요약** ................................................................................................... 66

**4장**     **자바스크립트 문자열**                                                 67

**자바스크립트 문자열 기본** ................................................................. 67

    문자열 접근 ........................................................................ 67

    문자열 비교 ........................................................................ 68

    문자열 검색 ........................................................................ 69

    문자열 분해 ........................................................................ 71

    문자열 바꾸기 ..................................................................... 71

**정규 표현식** ....................................................................... 72

    기본 정규 표현식 .................................................................. 73

    자주 사용하는 정규 표현식 ......................................................... 73

    숫자를 포함하는 문자 ............................................................... 74

    숫자만 포함하는 문자 ............................................................... 74

    부동소수점 문자 ................................................................... 74

    숫자와 알파벳만을 포함하는 문자 .................................................... 74

    질의 문자열 ........................................................................ 75

**인코딩** ............................................................................ 76

**Base64 인코딩** ................................................................... 77

**문자열 단축** ....................................................................... 77

**암호화** ............................................................................ 80

    RSA 암호화 ........................................................................ 81

**요약** .............................................................................. 85

| 5장 | 자바스크립트 배열 | 87 |
|---|---|---|

| **배열 소개** | 87 |
|---|---|
| 삽입 | 88 |
| 삭제 | 88 |
| 접근 | 89 |
| **반복** | 89 |
| for (변수; 조건; 수정) | 89 |
| for ( in ) | 90 |
| for ( of ) | 91 |
| forEach( ) | 91 |
| **도움 함수** | 92 |
| .slice(begin,end) | 92 |
| .splice(begin,size,element1,element2...) | 94 |
| .concat( ) | 95 |
| .length 속성 | 95 |
| 전개 연산자 | 95 |
| **연습 문제** | 96 |
| **자바스크립트 함수형 배열 메소드** | 105 |
| map | 105 |
| filter | 105 |
| reduce | 106 |
| **다차원 배열** | 106 |
| **연습 문제** | 109 |
| **요약** | 120 |

**6장**    **자바스크립트 객체**                                    123

**자바스크립트 객체 속성** .................................................. 123

프로토타입 활용 상속 ............................................. 124

**생성자와 변수** ............................................................. 126

**요약** .......................................................................... 127

**연습 문제** ..................................................................... 127

**7장**    **자바스크립트 메모리 관리**                         131

**메모리 누수** ................................................................ 131

객체에 대한 참조 .................................................... 132

DOM 메모리 누수 ................................................... 132

window 전역 객체 ................................................... 134

객체 참조 제한하기 ................................................. 134

delete 연산자 ......................................................... 135

**요약** .......................................................................... 136

**연습 문제** ..................................................................... 136

**8장**    **재귀**                                                    141

**재귀 소개** ..................................................................... 141

**재귀의 규칙** ................................................................ 142

기저 조건 .............................................................. 142

분할 정복 방식 ....................................................... 143

    대표적인 예: 피보나치 수열 ..................................................... 143

    피보나치 수열: 꼬리 재귀 ....................................................... 145

    파스칼의 삼각형 .................................................................... 146

  **재귀의 빅오 분석** ................................................................. 148

    점화식 ................................................................................ 148

    마스터 정리 ......................................................................... 149

  **재귀 호출 스택 메모리** ....................................................... 151

  **요약** ..................................................................................... 152

  **연습 문제** ............................................................................ 153

**9장**     **집합**                                                                161

  **집합 소개** ........................................................................... 161

  **집합 연산** ........................................................................... 162

    삽입 .................................................................................... 162

    삭제 .................................................................................... 163

    포함 .................................................................................... 163

  **기타 유틸리티 함수** .......................................................... 164

    교집합 ................................................................................. 164

    상위 집합 여부 확인 ........................................................... 164

    합집합 ................................................................................. 165

    차집합 ................................................................................. 166

  **요약** ..................................................................................... 166

  **연습 문제** ............................................................................ 167

**10장**  **검색과 정렬**  169

**검색** ................................................................................. 169

선형 검색 ......................................................................... 170

이진 검색 ......................................................................... 171

**정렬** ................................................................................. 173

거품 정렬 ......................................................................... 174

선택 정렬 ......................................................................... 176

삽입 정렬 ......................................................................... 177

빠른 정렬 ......................................................................... 179

빠른 선택 ......................................................................... 181

병합 정렬 ......................................................................... 182

계수 정렬 ......................................................................... 185

자바스크립트 내장 정렬 ................................................... 186

**요약** ................................................................................. 188

**연습 문제** ......................................................................... 188


**11장**  **해시 테이블**  197

**해시 테이블 소개** ............................................................... 197

**해싱 기법** ......................................................................... 199

소수 해싱 ......................................................................... 199

탐사 ................................................................................. 201

재해싱/이중 해싱 ............................................................. 202

**해시 테이블 구현** ............................................................... 203

선형 탐사 사용하기 ......................................................... 204

이차 탐사 사용하기 ..................................................................... 206

선형 탐사를 활용해 이중 해싱 사용하기 .................................. 207

**요약** ................................................................................................ 209


**12장**     **스택과 큐**                               **211**

**스택** .................................................................................................. 211

들여다보기 ......................................................................................... 213

삽입 ..................................................................................................... 213

삭제 ..................................................................................................... 214

접근 ..................................................................................................... 214

검색 ..................................................................................................... 215

**큐** ...................................................................................................... 216

들여다보기 ......................................................................................... 217

삽입 ..................................................................................................... 218

삭제 ..................................................................................................... 218

접근 ..................................................................................................... 219

검색 ..................................................................................................... 220

**요약** .................................................................................................. 220

**연습 문제** ......................................................................................... 221


**13장**     **연결 리스트**                               **229**

**단일 연결 리스트** ............................................................................. 229

삽입 ..................................................................................................... 230

값에 의한 삭제 ............................................................ 231

헤드 항목 삭제 ........................................................... 233

검색 ......................................................................... 234

**이중 연결 리스트** .................................................... 234

헤드에 항목 삽입하기 ................................................ 236

테일에 항목 삽입하기 ................................................ 236

헤드의 항목 삭제하기 ................................................ 237

테일의 항목 삭제하기 ................................................ 238

검색 ......................................................................... 239

**요약** ....................................................................... 241

**연습 문제** ............................................................... 241


**14장    캐싱**                                                        245

**캐싱 이해하기** ......................................................... 246

**LFU 캐싱** ................................................................ 246

**LRU 캐싱** ............................................................... 251

**요약** ....................................................................... 255


**15장    트리**                                                        257

**일반적인 트리 구조** ................................................. 257

**이진 트리** ............................................................... 258

**트리 순회** ............................................................... 259

선순위 순회 ............................................................... 260

중순위 순회 .................................................................. 262

후순위 순회 .................................................................. 263

단계순위 순회 ............................................................... 265

트리 순회 요약 ............................................................... 266

**이진 검색 트리** ............................................................... 267

삽입 ........................................................................... 268

삭제 ........................................................................... 270

검색 ........................................................................... 272

**AVL 트리** ..................................................................... 273

단일 회전 .................................................................... 274

오른쪽 회전 ................................................................. 276

이중 회전 .................................................................... 277

트리 균형 잡기 .............................................................. 280

삽입 ........................................................................... 281

AVL 트리 예제 종합 ........................................................ 283

**요약** ........................................................................... 285

**연습 문제** ..................................................................... 285


**16장**　**힙**　　　　　　　　　　　　　　　　　　　　　　　　　　　　295

**힙에 대한 이해** .............................................................. 295

최대 힙 ....................................................................... 296

최소 힙 ....................................................................... 297

**이진 힙 배열 인덱스 구조** .................................................. 298

삼투: 위로 아래로 이동 ..................................................... 300

삼투 구현하기 .................................................... 303

최대 힙 예 ........................................................ 304

**최소 힙 구현 완성** ............................................. 306

**최대 힙 구현 완성** ............................................. 308

**힙 정렬** ...................................................... 310

오름차순 정렬(최소 힙) ........................................... 310

내림차순 정렬(최대 힙) ........................................... 313

**요약** ......................................................... 315

**연습 문제** .................................................... 316


**17장** **그래프**                                                                          321

**그래프 기본** .................................................. 321

**무지향성 그래프** .............................................. 325

간선과 정점 추가하기 ............................................. 327

간선과 정점 삭제하기 ............................................. 328

**지향성 그래프** ................................................ 331

**그래프 순회** .................................................. 334

너비 우선 검색 ................................................... 334

깊이 우선 검색 ................................................... 338

**가중치가 있는 그래프와 최단 경로** ............................. 342

가중치가 있는 간선을 지닌 그래프 ................................. 342

다익스트라의 알고리즘: 최단 경로 ................................. 343

**위상 정렬** .................................................... 346

**요약** ......................................................... 349

| 18장 | 고급 문자열 | 351 |
|---|---|---|
| | 트라이(접두사 트리) | 351 |
| | 보이어-무어 문자열 검색 | 356 |
| | 커누스-모리스-플랫 문자열 검색 | 360 |
| | 라빈-카프 검색 | 365 |
| | 라빈 지문 | 365 |
| | 실생활 적용 예 | 369 |
| | 요약 | 369 |

| 19장 | 동적 프로그래밍 | 371 |
|---|---|---|
| | 동적 프로그래밍의 필요성 | 371 |
| | 동적 프로그래밍의 규칙 | 373 |
| | 중복 부분 문제 | 373 |
| | 최적 부분 구조 | 374 |
| | 예: 걸음 수를 채우는 방법 | 374 |
| | 대표적인 동적 프로그래밍 예 | 376 |
| | 배낭 문제 알고리즘 | 376 |
| | 최장 공통 부분 수열 알고리즘 | 379 |
| | 동전 교환 알고리즘 | 382 |
| | 편집 거리 알고리즘 | 386 |
| | 요약 | 390 |

**20장**   **비트 조작**                                                      391

**비트 연산자** ................................................................. 391

　　AND ...................................................................... 392

　　OR ....................................................................... 393

　　XOR ...................................................................... 394

　　NOT ...................................................................... 394

　　왼쪽 이동 ................................................................. 395

　　오른쪽 이동 ............................................................... 395

　　오른쪽 이동 후 0으로 채우기 ............................................... 396

**숫자 연산** ................................................................. 396

　　덧셈 ..................................................................... 397

　　뺄셈 ..................................................................... 398

　　곱셈 ..................................................................... 399

　　나눗셈 ................................................................... 400

**요약** ..................................................................... 402


**찾아보기** ................................................................. 405

# 들어가며

이 책을 쓰게 된 것은 자바스크립트로 작성된 자료 구조와 알고리즘에 관한 자료가 부족하기 때문이었다. 오늘날 소프트웨어 개발과 관련한 많은 일자리가 자바스크립트 지식을 필요로 한다는 점을 고려하면 이렇게까지 자료가 부족한 것은 개인적으로 이상하다고 생각했다. 특히 자바스크립트는 프론트엔드, 모바일(네이티브, 하이브리드) 플랫폼, 백엔드를 포함해 전체 스택을 작성하는 데 사용 가능한 유일한 언어다. 자바스크립트 개발자가 자료 구조가 어떤 식으로 동작하고, 애플리케이션을 만들기 위해 알고리즘을 어떤 식으로 설계해야 할지 이해하는 것은 매우 중요하다.

따라서 이 책의 목적은 컴퓨터 과학의 자료 구조와 알고리즘 개념을 좀 더 일반적인 자바나 C++가 아닌 자바스크립트에 맞춰 알려주는 것이다. 상속 패턴을 따르는 자바와 C++와는 달리 자바스크립트는 프로토타입 활용 상속 패턴을 따르기 때문에, 자바스크립트로 자료 구조를 작성할 때 약간의 변경이 필요하다. 기존의 상속 패턴의 경우 청사진과 같은 형태를 생성해야 하며, 상속 시 객체가 해당 형태를 따라야 한다. 하지만 프로토타입 활용 상속 패턴은 객체를 복사한 다음, 해당 복사된 객체의 속성을 변경하는 것을 의미한다.

이 책은 우선 빅오<sup>Big-O</sup> 분석에 관한 기초적인 수학을 다룬다. 그리고 나서 기본 객체와 기본형과 같은 자바스크립트 기초를 다룬다. 그 뒤 연결 리스트와 스택, 트리, 힙, 그래프와 같은 기본적인 자료 구조에 관한 구현과 알고리즘을 알아본다. 마지막으로 효율적인 문자열 검색 알고리즘과 캐싱 알고리즘, 동적 프로그래밍 문제와 같은 고급 주제를 자세히 살펴본다.

## 예제 코드 다운로드

이 책에 사용된 예제 코드는 https://github.com/Apress/js-data-structures-and-algorithms에서 다운로드할 수 있으며, 에이콘출판사의 도서정보 페이지인 http://www.acornpub.co.kr/book/javascript-data-algorithms에서도 동일한 파일을 다운로드할 수 있다.

## 정오표

한국어판의 정오표는 에이콘출판사의 도서정보 페이지 http://www.acornpub.co.kr/book/javascript-data-algorithms에서 찾아볼 수 있다.

## 질문

이 책과 관련해 질문이 있다면 이 책의 옮긴이나 에이콘출판사 편집 팀(editor@acornpub.co.kr)으로 문의해주길 바란다.

# 1장

# 빅오 표기법

O(1)은 신성하다.

– 하미드 티주쉬Hamid Tizhoosh

알고리즘을 구현하는 법을 학습하기 전에 알고리즘이 얼마나 효과적인지 분석하는 법을 이해해야 한다. 1장에서는 시간 및 알고리즘 공간 복잡도 분석을 위한 빅오Big-O 표기법 개념을 집중적으로 다룰 것이다. 1장이 끝날 무렵에는 시간(실행 시간)과 공간(사용된 메모리) 관점에서 알고리즘 구현을 분석하는 법을 이해할 수 있다.

## 빅오 표기법 기초

빅오 표기법은 알고리즘의 최악의 경우 복잡도를 측정한다. 빅오 표기법에서 $n$은 입력의 개수를 나타낸다. 빅오와 관련된 질문으로 "$n$이 무한으로 접근할 때 무슨 일이 일어날까?"가 있다.

여러분이 알고리즘을 구현할 때 빅오 표기법이 해당 알고리즘이 얼마나 효율적인지 나타내기 때문에 빅오 표기법은 중요하다. 그림 1-1은 일반적인 빅오 표기법의 예를 나타낸다.

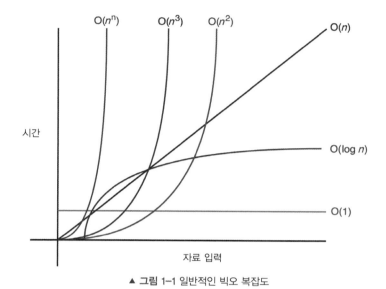

▲ 그림 1-1 일반적인 빅오 복잡도

다음 절에서는 몇 가지 간단한 예를 들어 이러한 일반적인 시간 복잡도에 관해 설명할 것이다.

## 일반적인 예

O(1)은 입력 공간에 대해 변하지 않는다. 따라서 O(1)을 상수 시간이라고 부른다. 배열에 있는 항목을 인덱스를 사용해 접근하는 경우가 O(1) 알고리즘의 예다. O($n$)은 선형 시간이고 최악의 경우에 $n$번의 연산을 수행해야 하는 알고리즘에 적용된다.

O($n$) 알고리즘의 예로 다음 코드와 같이 0부터 $n-1$까지의 숫자를 출력하는 경우가 있다.

```
1    function exampleLinear(n) {
2        for (var i = 0 ; i < n; i++ ) {
```

```
3         console.log(i);
4     }
5 }
```

마찬가지로 $O(n^2)$은 2차 시간이고 $O(n^3)$은 3차 시간이다. 2차 시간과 3차 시간 복잡도의 예는 다음과 같다.

```
1 function exampleQuadratic(n) {
2     for (var i = 0 ; i < n; i++ ) {
3         console.log(i);
4         for (var j = i; j < n; j++ ) {
5             console.log(j);
6         }
7     }
8 }
```

```
1  function exampleCubic(n) {
2      for (var i = 0 ; i < n; i++ ) {
3          console.log(i);
4          for (var j = i; j < n; j++ ) {
5              console.log(j);
6              for (var k = j; j < n; j++ ) {
7                  console.log(k);
8              }
9          }
10     }
11 }
```

마지막으로 로그 시간 복잡도를 지닌 알고리즘의 예는 2의 2승부터 $n$승까지의 항목들을 출력하는 경우가 있다. 예를 들어 exampleLogarithmic(10)은 다음 결과를 출력한다.

2,4,8,16,32,64

로그 시간 복잡도의 효율은 백만 개의 항목과 같이 큰 입력이 있는 경우에 분명하다. $n$이 백만이라고 하더라도 exampleLogarithmic은 $\log_2(1,000,000) = 19.9315686$이기 때문에 단지 19개의 항목만을 출력한다. 로그 시간 복잡도를 구현한 코드는 다음과 같다.

```
1   function exampleLogarithmic(n) {
2       for (var i = 2 ; i <= n; i= i*2 ) {
3           console.log(i);
4       }
5   }
```

# 빅오 표기법 규칙

알고리즘의 시간 복잡도를 $f(n)$이라고 표현해보자. $n$은 입력의 개수를 나타내고 $f(n)_{time}$은 필요한 시간을 나타내고 $f(n)_{space}$는 필요한 공간(추가적인 메모리)을 나타낸다. 알고리즘 분석의 목표는 $f(n)$을 계산함으로써 알고리즘의 효율성을 이해하는 것이다. 하지만 $f(n)$을 계산하는 것은 어려울 수 있다. 빅오 표기법은 개발자들이 $f(n)$에 관해 계산하는 데 도움이 되는 기본적인 규칙을 제공한다.

- **계수 법칙**: 상수 k가 0보다 크다고 할 때(상수 k > 0), $f(n)$이 $O(g(n))$이면 $kf(n)$은 $O(g(n))$이다. 이를 계수 법칙이라고 한다. 이는 입력 크기 $n$과 관련되지 않은 계수를 제거한다. $n$이 무한에 가까워지는 경우 다른 계수는 무시해도 되기 때문이다.
- **합의 법칙**: $f(n)$이 $O(h(n))$이고 $g(n)$이 $O(p(n))$이면 $f(n)+g(n)$은 $O(h(n)+p(n))$이다. 합의 법칙은 결괏값인 시간 복잡도가 두 개의 다른 시간 복잡도의 합이라면 결괏값인 빅오 표기법 역시 두 개의 다른 빅오 표기법의 합이라는 것을 의미한다.
- **곱의 법칙**: $f(n)$이 $O(h(n))$이고 $g(n)$이 $O(p(n))$이면 $f(n)g(n)$은 $O(h(n)p(n))$이다.

마찬가지로 곱의 법칙은 두 개의 다른 시간 복잡도를 곱할 때 빅오 표기법 역시 곱해진다는 것을 의미한다.

- **전이 법칙**: $f(n)$이 $O(g(n))$이고 $g(n)$이 $O(h(n))$이면 $f(n)$은 $O(h(n))$이다. 교환 법칙은 동일한 시간 복잡도는 동일한 빅오 표기법을 지님을 나타내기 위한 간단한 방법이다.
- **다항 법칙**: $f(n)$이 k차 다항식이면 $f(n)$은 $O(n^k)$이다. 직관적으로 다항 법칙은 다항 시간 복잡도가 동일한 다항 차수의 빅오 표기법을 지님을 나타낸다.

첫 번째 3가지 법칙과 다항 법칙이 가장 일반적으로 사용되기 때문에 특히 주의해야 한다. 각 법칙은 다음 절에서 알아볼 것이다.

## 계수 법칙: "상수를 제거하라"

우선 계수 법칙을 살펴보자. 계수 법칙은 가장 이해하기 쉬운 법칙이다. 단순히 입력 크기와 연관되지 않은 상수를 전부 무시하면 된다. 빅오에서 입력 크기가 클 때 계수를 무시할 수 있다. 따라서 계수 법칙은 빅오 표기법의 법칙 중 가장 중요하다.

$$상수\ k > 0인\ 경우\ f(n)이\ O(g(n))이면\ kf(n)은\ O(g(n))이다.$$

이는 $5f(n)$과 $f(n)$이 모두 동일한 $O(f(n))$이라는 빅오 표기법을 지님을 의미한다.

다음은 시간 복잡도 $O(n)$을 지닌 코드 예다.

```
1   function a(n){
2       var count =0;
3       for (var i=0;i<n;i++){
4           count+=1;
5       }
6       return count;
7   }
```

위의 코드는 f($n$)=$n$이다. count에 숫자를 $n$번 더하기 때문이다. 따라서 위 함수의 시간 복잡도는 O($n$)이다.

```
1    function a(n){
2        var count =0;
3        for (var i=0;i<5*n;i++){
4            count+=1;
5        }
6        return count;
7    }
```

위의 코드는 f($n$)=5n이다. 0부터 5n까지 실행하기 때문이다. 하지만 위의 두 코드 예 모두 O($n$)의 빅오 표기법을 지닌다. 간단히 말해서 $n$이 무한대 또는 아주 큰 수에 가까워질 때 네 개의 연산이 추가적으로 존재한다고 해서 달라지는 것은 없기 때문이다. $n$이 충분히 클 때 위의 코드가 $n$번 수행된다고 할 수 있다. 빅오 표기법에서 모든 상수는 무시해도 된다.

다음 코드는 선형 시간 복잡도를 지닌 또 다른 함수의 예다. 다만 여섯 번째 줄에 추가적인 연산이 있다.

```
1    function a(n){
2        var count =0;
3        for (var i=0;i<n;i++){
4            count+=1;
5        }
6        count+=3;
7        return count;
8    }
```

마지막으로 위의 코드는 f($n$)=$n$+1이다. 마지막 연산(count+=3)으로 인해 +1이 추가됐다. 하지만 여전히 O($n$)의 빅오 표기법이다. 이는 추가된 연산이 입력 $n$에 영향을 받지 않기 때문이다. $n$이 무한대에 가까워질수록 추가된 연산은 무시할 수 있게 된다.

## 합의 법칙: "빅오를 더하라"

합의 법칙은 쉽게 이해할 수 있다. 시간 복잡도를 더할 수 있다는 것이다. 두 개의 다른 알고리즘을 포함하는 상위 알고리즘이 있다고 가정해보자. 해당 상위 알고리즘의 빅오 표기법은 단순히 해당 상위 알고리즘에 포함되는 두 개의 알고리즘의 합이다.

$f(n)$이 $O(h(n))$이고 $g(n)$이 $O(p(n))$이라면 $f(n)+g(n)$은 $O(h(n)+p(n))$이다.

합의 법칙을 적용한 다음 계수 법칙을 적용해야 한다는 점에 주의하자.

다음 코드는 두 개의 메인 루프를 포함하는데 각 루프의 시간 복잡도는 개별적으로 계산된 다음 더해져야 한다.

```
1   function a(n){
2       var count =0;
3       for (var i=0;i<n;i++){
4           count+=1;
5       }
6       for (var i=0;i<5*n;i++){
7           count+=1;
8       }
9       return count;
10  }
```

위의 예에서 네 번째 줄은 $f(n)=n$에 해당하고 일곱 번째 줄은 $f(n)=5n$에 해당한다. 이로 인해 결괏값은 $6n$이다. 하지만 계수 법칙을 적용하면 최종적인 결과는 $O(n)=n$이 된다.

## 곱의 법칙: "빅오를 곱하라"

곱의 법칙은 빅오가 어떤 식으로 곱해지는지에 관한 것이다.

$f(n)$이 $O(h(n))$이고 $g(n)$이 $O(p(n))$이면 $f(n)g(n)$은 $O(h(n)p(n))$이다.

다음 코드는 두 개의 중첩 for 루프를 포함하며 해당 중첩 for 루프에 곱의 법칙이 적용된다.

```
1  function a(n){
2      var count =0;
3      for (var i=0;i<n;i++){
4          count+=1;
5          for (var i=0;i<5*n;i++){
6              count+=1;
7          }
8      }
9      return count;
10 }
```

위의 예에서 $f(n)=5n*n$이다. 여섯 번째 줄이 내부 루프에 의해 $5n$번 실행되고 내부 루프가 외부 루프에 의해 n번 실행되기 때문이다. 따라서 결과는 $5n^2$번 연산이 일어난다. 계수 법칙을 적용하면 결과는 $O(n)=n^2$이 된다.


## 다항 법칙: "빅오의 k승"

다항 법칙은 다항 시간 복잡도가 동일한 다항 차수를 지닌 빅오 표기법을 지님을 나타낸다.

수학적으로는 다음과 같다.

$f(n)$이 k차 다항식이면 $f(n)$은 $O(n^k)$이다.

다음 코드에는 2차 시간 복잡도를 지닌 for 루프가 하나 존재한다.

```
1  function a(n){
2      var count =0;
3      for (var i=0;i<n*n;i++){
4          count+=1;
```

```
5     }
6     return count;
7   }
```

위의 예에서 f($n$)=$n^2$이다. 네 번째 줄이 n*n회 실행되기 때문이다.

지금까지 빅오 표기법의 개요에 관해 간단히 살펴봤다. 이 책을 학습해 감에 따라 빅오 표기법에 관해 더 많은 내용을 다룰 것이다.


## 요약

빅오는 알고리즘의 효율을 분석하고 비교하는 데 중요하다.

우선 빅오를 분석하기 위해서는 코드를 살펴보고 빅오 표기법을 단순화하고자 다음 법칙들을 적용해야 한다. 가장 자주 사용되는 법칙들이다.

- 계수/상수 제거하기(계수 법칙)
- 빅오 더하기(합의 법칙)
- 빅오 곱하기(곱의 법칙)
- 루프를 조사해 빅오 표기법의 다항 결정하기(다항 법칙)


## 연습 문제

다음 각 연습 코드의 시간 복잡도를 계산하라.

**문제 1**

```
1   function someFunction(n) {
```

```
2
3      for (var i=0;i<n*1000;i++) {
4          for (var j=0;j<n*20;j++) {
5              console.log(i+j);
6          }
7      }
8
9  }
```

```
1  function someFunction(n) {
2
3      for (var i=0;i<n;i++) {
4          for (var j=0;j<n;j++) {
5              for (var k=0;k<n;k++) {
6                  for (var l=0;l<10;l++) {
7                      console.log(i+j+k+l);
8                  }
9              }
10         }
11     }
12
13 }
```

```
1  function someFunction(n) {
2
3      for (var i=0;i<1000;i++) {
4          console.log("hi");
5      }
6
7  }
```

```
1    function someFunction(n) {
2
3        for (var i=1; i<n; i = i * 2) {
4            console.log(n);
5        }
6
7    }
```

```
1    function someFunction(n) {
2
3        for (var i=1; i<n; i = i * 2) {
4            console.log(n);
5        }
6
7    }
```

```
1    function someFunction(n) {
2
3        while (true){
4            console.log(n);
5        }
6    }
```

# 정답

1. $O(n^2)$

   두 개의 중첩 루프가 있다. $n$ 앞의 상수는 무시하라.

2. $O(n^3)$

   네 개의 중첩 루프가 있다. 하지만 마지막 루프는 10까지밖에 실행되지 않는다.

3. $O(1)$

   상수 복잡도다. 함수는 0부터 1000까지 실행된다. 이는 $n$과 연관되지 않는다.

4. $O(n)$

   선형 복잡도다. 함수는 0부터 10n까지 실행된다. 상수는 빅오에서 무시된다.

5. $O(log_2 n)$

   로그 복잡도다. 주어진 $n$에 대해 $log_2 n$번만 실행된다. i가 증가할 때 다른 예에서처럼 i에 1을 더하는 것이 아니라 2를 곱하기 때문이다.

6. $O(\infty)$

   무한 루프다. 함수가 종료되지 않는다.

**2장**

# 자바스크립트의 독특한 특징

2장에서는 구문과 동작 방식에 있어 자바스크립트만이 지니는 예외적인 사례와 특징을 살펴볼 것이다. 자바스크립트는 동적 인터프리터 프로그래밍 언어이기 때문에 다른 전통적인 객체지향 프로그래밍 언어들과 구문이 다르다. 이러한 개념들은 자바스크립트의 근간을 이루고 있으며 여러분이 자바스크립트로 알고리즘을 설계하는 과정을 이해하는 데 많은 도움이 된다.

## 자바스크립트 범위

범위scope는 자바스크립트 변수에 대한 접근 권한을 정의하는 것이다. 자바스크립트에서 변수는 전역 범위 또는 지역 범위에 속할 수 있다. 전역변수는 전역 범위에 속하는 변수이고 프로그램의 어디에서나 해당 변수에 접근할 수 있다.

## 전역 선언: 전역 범위

자바스크립트에서 연산자 없이 변수를 선언할 수 있다. 다음 예를 살펴보자.

```
1    test = "sss";
2    console.log(test); // "sss"를 출력한다.
```

위의 코드는 전역변수를 생성한다. 위와 같은 선언 방식은 자바스크립트에서 가장 안좋은 사용법 가운데 하나다. 무슨 일이 있어도 위와 같이 선언하는 것은 피하도록 하자. 항상 var나 let을 사용해 변수를 선언하자. 마지막으로 수정하지 않을 변수를 선언할 때 const를 사용하자.

## var를 사용해 선언하기: 함수 범위

자바스크립트에서 var는 변수를 선언하는 데 사용하는 키워드다. 변수를 어디에서 선언하든 변수 선언이 함수의 맨 앞으로 이동한다. 이를 변수 호이스팅variable hoisting이라고도 한다. 스크립트 실행 시 변수가 스크립트의 가장 마지막에 선언됐다고 하더라도 해당 선언 코드가 가장 마지막에 실행되는 것이 아니다.

다음 예를 살펴보자.

```
1    function scope1(){
2        var top = "top";
3        bottom = "bottom";
4        console.log(bottom);
5
6        var bottom;
7    }
8    scope1(); // "bottom"을 출력하며 오류가 발생하지 않는다.
```

위의 코드가 어떤 식으로 동작하는가? 위의 코드와 다음 코드는 동일하다.

```
1    function scope1(){
2        var top = "top";
3        var bottom;
```

```
4       bottom = "bottom"
5       console.log(bottom);
6   }
7   scope1(); // "bottom"을 출력하며 오류가 발생하지 않는다.
```

scope1 함수의 가장 마지막 줄에 위치한 bottom 변수 선언은 맨 앞으로 이동하며 bottom 변수 출력은 오류 없이 수행된다.

var 키워드에 관해 주목해야 할 핵심적인 사항은 해당 변수의 범위가 가장 가까운 함수 범위라는 것이다. 이것이 무엇을 의미할까?

다음 코드에서 scope2 함수는 insideIf 변수와 가장 가까운 함수 범위다.

```
1   function scope2(print){
2       if(print){
3           var insideIf = '12';
4       }
5       console.log(insideIf);
6   }
7   scope2(true); // 12를 출력하며 오류가 발생하지 않는다.
```

위의 함수는 다음 함수와 동일하다.

```
1   function scope2(print){
2       var insideIf;
3
4       if(print){
5           insideIf = '12';
6       }
7       console.log(insideIf);
8   }
9   scope2(true); // 12를 출력하며 오류가 발생하지 않는다.
```

자바에서 위의 구문은 오류를 일으킬 것이다. insideIf 변수가 if문 블록 내에서만 사용 가능하고 if문 블록 외부에서는 사용할 수 없기 때문이다.

다음 예를 살펴보자.

```
1   var a = 1;
2   function four() {
3       if (true) {
4           var a = 4;
5       }
6
7       console.log(a); // '4'를 출력한다.
8   }
```

전역변수 값인 1이 아니라 4가 출력된다. a 변수가 four 함수 범위 내에서 재선언됐고 사용 가능하기 때문이다.

## let을 활용한 선언: 블록 범위

변수를 선언할 때 사용할 수 있는 또 다른 키워드로 let이 있다. let을 사용해 선언된 변수는 가장 가까운 블록 범위를 갖는다(즉, 변수가 선언된 {} 내에서 유효하다).

```
1   function scope3(print){
2       if(print){
3           let insideIf = '12';
4       }
5       console.log(insideIf);
6   }
7   scope3(true); // 오류 ReferenceError가 발생한다.
```

위의 예제에서 오류 ReferenceError가 발생해 insideIf 변수의 값이 출력되지 않는다. insideIf 변수가 if문 블록 내에서만 사용 가능하기 때문이다.

## 등가와 형

자바스크립트에는 자바와 같은 전통적인 언어와 다른 자료형이 있다. 이러한 점이 등가 비교와 같은 것들에 어떤 식으로 영향을 미치는지 살펴보자.

## 변수형

자바스크립트에는 boolean, number, string, undefined, object, function, symbol 과 같은 일곱 개의 기본 자료형이 있다. 여기서 특이한 점은 선언만 되고 값이 할당되지 않은 변수에 undefined가 할당된다는 것이다. typeof는 변수의 형을 반환하는 데 사용하는 기본 연산자다.

```
1   var is20 = false; // boolean
2   typeof is20; // boolean
3
4   var age = 19;
5   typeof age; // number
6
7   var lastName = "Bae";
8   typeof lastName; // string
9
10  var fruits = ["Apple", "Banana", "Kiwi"];
11  typeof fruits; // object
12
13  var me = {firstName:"Sammie", lastName:"Bae"};
14  typeof me; // object
15
16  var nullVar = null;
17  typeof nullVar; // object
18
19  var function1 = function(){
20      console.log(1);
21  }
22  typeof function1 // function
```

```
23
24  var blank;
25  typeof blank; // undefined
```

## 참/거짓 확인

if문 내에서 참/거짓 확인이 사용된다. 많은 언어들의 경우 if( ) 함수 내의 매개변수는
boolean형이어야 한다. 하지만 자바스크립트(그리고 다른 동적으로 형이 결정되는 언어들)는
이 점에 있어 좀 더 유연하다. 다음 예를 살펴보자.

```
1  if(node){
2      ...
3  }
```

여기서 node는 변수다. 해당 변수가 비었거나 null이거나 undefined이면 해당 변수는
false로 평가된다.

다음은 일반적으로 사용되는 표현식 중 false로 평가되는 경우다.

- false
- 0
- 빈 문자열('' 와 "")
- NaN
- undefined
- null

다음은 일반적으로 사용되는 표현식 중 true로 평가되는 경우다.

- true
- 0이 아닌 다른 숫자

- 비어 있지 않은 문자열

- 비어 있지 않은 객체

다음 예를 살펴보자.

```
1   var printIfTrue = '';
2
3   if (printIfTrue) {
4       console.log('truthy');
5   } else {
6       console.log('falsey'); // 'falsey'를 출력한다.
7   }
```

## === 대 ==

자바스크립트는 스크립트 언어이고 변수 선언 시 변수에 형이 할당되지 않는다. 대신에 코드가 실행될 때 해당 변수의 형이 해석된다.

따라서 ===는 ==보다 등가(양쪽이 같은지 여부)를 좀 더 엄격히 확인한다. ==가 값만을 확인하는 반면 ===는 형과 값 모두 확인한다.

```
1   "5" == 5 // true를 반환한다.
2   "5" === 5 // false를 반환한다.
```

"5" == 5는 true를 반환한다. "5"가 비교 전에 숫자로 강제 변환되기 때문이다. 반면 "5" === 5는 false를 반환한다. "5"는 문자열인 반면 5는 숫자이기 때문이다.

## 객체

자바와 같은 강 자료형<sup>strongly typed</sup> 언어는 isEquals( )를 사용해 두 객체가 동일한지 확인한다. 자바스크립트에서 두 객체가 동일한지 확인하고자 여러분은 간단히 == 연산자를 사용해볼까 하는 생각이 들 수도 있다.

하지만 == 연산자 사용 시 true로 평가되지 않는다.

```
1   var o1 = {};
2   var o2 = {};
3
4   o1 == o2 // false를 반환한다.
5   o1 === o2 // false를 반환한다.
```

위의 객체는 동일함(동일한 속성과 값을 지님)에도 두 객체는 동일하지 않다. 말하자면 두 변수의 메모리상 주소는 다르다.

이것이 대부분의 자바스크립트 애플리케이션이 lodash(https://lodash.com/)나 underscore(http://underscorejs.org/)와 같은 유틸리티 라이브러리를 사용하는 이유다. 이 두 라이브러리에는 두 객체 혹은 두 값을 정확하기 확인할 수 있는 isEqual(object1, object2) 함수가 있다. 이것이 가능한 이유는 isEqual 함수가 속성 기반 등가 비교 방식으로 구현됐기 때문이다. 속성 기반 등가 비교 방식은 객체의 각 속성을 비교한다.

다음 예제에서 객체가 같은지 정확하게 비교하기 위해 각 속성을 비교한다.

```
1   function isEquivalent(a, b) {
2       // 속성 이름 배열
3       var aProps = Object.getOwnPropertyNames(a);
4       var bProps = Object.getOwnPropertyNames(b);
5
6       // 속성 길이가 다른 경우 두 객체는 다른 객체다.
7       if (aProps.length != bProps.length) {
8           return false;
9       }
10
11      for (var i = 0; i < aProps.length; i++) {
```

```
12          var propName = aProps[i];
13
14          // 속성 값이 다른 경우 두 객체는 같지 않다.
15          if (a[propName] !== b[propName]) {
16              return false;
17          }
18      }
19
20      // 모든 것이 일치하면 두 객체는 일치한다.
21      return true;
22  }
23  isEquivalent({'hi':12},{'hi':12}); // true를 반환한다.
```

isEquivalent 함수는 문자열이나 숫자 하나만을 속성으로 갖는 객체에 대해서도 잘 동작할 것이다.

```
1   var obj1 = {'prop1': 'test','prop2': function (){} };
2   var obj2 = {'prop1': 'test','prop2': function (){} };
3
4   isEquivalent(obj1,obj2); // false를 반환한다.
```

위와 같이 isEquivalent 함수가 잘 동작하는 이유는 함수와 배열이 등가를 비교하기 위해 단순히 == 연산자를 사용하는 것이 아니기 때문이다.

```
1   var function1 = function(){console.log(2)};
2   var function2 = function(){console.log(2)};
3   console.log(function1 == function2); // 'false'를 출력한다.
```

두 함수가 동일한 연산을 수행하지만 두 함수의 메모리상 주소는 다르다. 따라서 등가 연산자는 false를 반환한다. 기본 등가 확인 연산자인 ==와 ===는 문자열과 숫자에만 사용할 수 있다. 객체에 대한 등가 확인을 구현하려면 객체의 각 속성을 확인해야 한다.

## 요약

자바스크립트에는 대부분의 프로그래밍 언어들이 사용하지 않는 다른 방식의 변수 선언 방식이 존재한다. var는 함수 범위 내에서 변수를 선언하고 let은 블록 범위에서 변수를 선언하고 아무 연산자 없이 변수를 선언하면 해당 변수는 전역 범위에서 선언된다. 하지만 언제나 전역 범위로 변수를 선언하는 것은 피해야 한다. 형 확인을 위해서 typeof를 사용해 원하는 형이 맞는지 검증할 수 있다. 마지막으로 등가 확인을 위해 값에 대해서는 ==를 사용하고 값과 형이 모두 같은지 확인하기 위해서는 ===를 사용하자. 하지만 ==와 === 연산자는 숫자, 문자열, 불리언과 같은 비객체형에만 사용할 수 있다.

# 3장

# 자바스크립트 숫자

3장에서는 자바스크립트의 숫자 연산과 숫자 표현, Number 객체, 일반적인 숫자 알고리즘, 무작위 숫자 생성을 집중적으로 알아볼 것이다. 3장이 끝날 무렵이 되면 소수 인수분해를 구현하는 법뿐만 아니라 자바스크립트에서 숫자를 어떤 식으로 다뤄야 할지 이해할 수 있을 수 있을 것이다. 소수 인수분해는 암호화에 기본이 되는 요소다.

프로그래밍 언어에서 숫자 연산 덕분에 숫자 값을 계산할 수 있다. 자바스크립트의 숫자 연산에는 다음과 같은 것들이 있다.

- +: 덧셈
- -: 뺄셈
- /: 나눗셈
- *: 곱셈
- %: 나머지 연산

위의 연산자들은 다른 프로그래밍 언어에서도 일반적으로 사용되며 자바스크립트에 한정된 것은 아니다.

## 숫자 체계

자바스크립트는 그림 3-1과 같이 숫자에 대해 64비트 부동소수점 표현을 사용한다. 다음 예에서 값은 40이다. 부호 비트(63번째 비트)가 1이면 해당 숫자가 음수다. 다음 열한 개의 비트(62번째부터 52번째 비트)는 지수 값 e를 나타낸다. 마지막으로 나머지 52비트가 분수 값을 나타낸다.

▲ 그림 3-1 64비트 부동소수점 숫자 체계

64비트를 사용해 값은 다음과 같은 이해하기 난해한 공식에 의해 계산된다.

$$\text{value} = (-1)^{\text{sign}} \times 2^{e-1023} \times (1 + \sum_{i=1}^{52} b_{52-i} 2^{-i})$$

위의 공식을 그림 3-1에 대입해보면 다음과 같다.

$$\text{sign} = 0$$

$$e = (10000000100)_2 = 1028(10진수)$$

$$1 + (\sum_{i=1}^{52} b_{52-i} 2^{-i}) = 1 + (0.25)$$

결과는 다음과 같다.

$$\text{value} = 1 \times 2^{1028-1023} \times 1.25 = 1 \times 2^5 \times 1.25 = 40$$

십진분수로 인해 자바스크립트에서 부동소수점 체계가 반올림 오류를 일으킬 수 있다.

예를 들어 0.1과 0.2를 정확하게 표현할 수 없다.

따라서 0.1 + 0.2 === 0.3의 결과는 false이다.

---

```
1    0.1 + 0.2 === 0.3; // 'false'를 출력한다.
```

---

0.1을 64비트 부동소수점 숫자로 제대로 표현할 수 없는 이유를 이해하기 위해서는 이진 표기법을 이해해야 한다. 이진 표기법으로 십진수를 표현할 때 무한 개의 수가 필요한 경우가 많다. 이로 인해 이진수가 $2^n$으로 표현되는 것이다. 여기서 $n$은 정수다.

0.1을 계산하려 할 때 긴 나눗셈이 끝나지 않고 계속될 것이다. 그림 3-2에서 보듯이 이진수로 1010은 10이다. 0.1(1/10)을 계산하려 하면 소수점 아래 수가 무한히 생긴다.

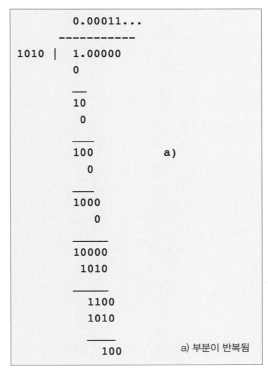

▲ 그림 3-2 0.1을 긴 나눗셈으로 계산하기

# 자바스크립트 숫자 객체

다행히 자바스크립트에는 위와 같은 문제를 해결하는 데 도움이 되는 Number 객체의 내장된 속성들이 있다.

## 정수 반올림

자바스크립트가 모든 숫자를 나타낼 때 부동소수점을 사용하기 때문에 정수 나눗셈은 소용이 없다.

자바와 같은 프로그래밍 언어에서 정수 나눗셈의 결과는 해당 나누기의 몫이다.

예를 들어 자바에서 5/4는 1이 몫이기 때문에 결과는 1이다(1이 나머지로 남긴 하지만 결과는 몫인 1이다). 하지만 자바스크립트에서 5/4의 결과는 부동소수점이다.

---

```
1    5/4; // 1.25
```

---

자바에서는 명시적으로 정수를 정수형으로 선언해야 하기 때문이다. 따라서 결과는 부동소수점이 될 수 없다. 자바스크립트에서 정수 나눗셈을 하길 원한다면 다음 중 하나를 사용하면 된다.

---

```
Math.floor - 가장 가까운 정수로 내림한다.
Math.round - 가장 가까운 정수로 반올림한다.
Math.ceil - 가장 가까운 정수로 올림한다.

Math.floor(0.9); // 0
Math.floor(1.1); // 1

Math.round(0.49); // 0
Math.round(0.5); // 1

Math.round(2.9); // 3
Math.ceil(0.1); // 1
```

```
Math.ceil(0.9); // 1
Math.ceil(21); // 21
Math.ceil(21.01); // 22
```

## Number.EPSILON

Number.EPSILON은 두 개의 표현 가능한 숫자 사이의 가장 작은 간격을 반환한다. 이
는 부동소수점 근사치를 활용해 분수가 제대로 표현되지 않는 문제를 해결하는 데 유용
하다.

```
1  function numberEquals(x, y) {
2      return Math.abs(x - y) < Number.EPSILON;
3  }
4
5  numberEquals(0.1 + 0.2, 0.3); // true
```

위의 함수는 두 수의 차이가 Number.EPSILON보다 작은지 검사해 더 작은 경우 true를
반환한다. Number.EPSILON이 두 개의 표현 가능한 숫자 사이의 최소 차이라는 것을 기
억하자. 0.1+0.2와 0.3의 차이는 Number.EPSILON보다 작을 것이다.

## 최대치

Number.MAX_SAFE_INTEGER는 가장 큰 정수를 반환한다.

```
1  Number.MAX_SAFE_INTEGER + 1 === Number.MAX_SAFE_INTEGER + 2; // true
```

위의 코드에서 두 수는 더 이상 커질 수 없기 때문에 true를 반환한다. 하지만 위의 코
드를 부동소수점과 같이 사용하면 제대로 동작하지 않으며 결과는 false이다.

```
1    Number.MAX_SAFE_INTEGER + 1.111 === Number.MAX_SAFE_INTEGER + 2.022; // false
```

Number.MAX_VALUE는 가능한 가장 큰 부동 소수점을 반환한다.

Number.MAX_VALUE는 1.7976931348623157e+308이다.

```
1    Number.MAX_VALUE + 1 === Number.MAX_VALUE + 2; // true
```

Number.MAX_SAFE_INTEGER와는 달리 위의 코드는 배정밀도double precision 부동소수점 표현을 사용하고 부동소수점에 대해서도 잘 동작한다.

```
1    Number.MAX_VALUE + 1.111 === Number.MAX_VALUE + 2.022; // true
```

## 최소치

Number.MIN_SAFE_INTEGER는 가장 작은 정수를 반환한다.

Number.MIN_SAFE_INTEGER는 −9007199254740991이다.

```
1    Number.MIN_SAFE_INTEGER - 1 === Number.MIN_SAFE_INTEGER - 2; // true
```

위의 코드에서 두 수가 더 이상 작아질 수 없기 때문에 true를 반환한다. 하지만 부동소수점과 함께 사용하면 제대로 동작하지 않는다.

```
1    Number.MIN_SAFE_INTEGER - 1.111 === Number.MIN_SAFE_INTEGER - 2.022; // false
```

Number.MIN_VALUE는 가능한 가장 작은 부동소수점 수를 반환한다.

Number.MIN_VALUE는 5e−324이다. Number.MIN_VALUE가 가능한 가장 작은 부동소수점

수이기 때문에 음수가 아니다. 따라서 실제로 Number.MIN_VALUE는 Number.MIN_SAFE_ INTEGER보다 크다.

또한 Number.MIN_VALUE는 0에 가장 가까운 부동소수점이기 때문에 다음과 같은 코드가 가능하다.

```
1    Number.MIN_VALUE - 1 == -1; // true
```

위의 코드가 true인 이유는 위의 코드가 0 - 1 == -1과 비슷하기 때문이다.

## 무한

Number.MAX_VALUE보다 큰 유일한 것은 Infinity이고 Number.MAX_SAFE_INTEGER보다 작은 유일한 것은 -Infinity이다.

```
1    Infinity > Number.MAX_SAFE_INTEGER; // true
2    -Infinity < -Number.MAX_SAFE_INTEGER; // true
3    -Infinity -32323323 == -Infinity -1; // true
```

위의 코드가 true로 평가되는 이유는 -Infinity보다 작아질 수 있는 것은 없기 때문이다.

## 크기 순서

다음과 같이 자바스크립트 숫자의 크기를 가장 작은 것(왼쪽)부터 가장 큰 것(오른쪽) 순으로 요약했다.

```
-Infinity < Number.MIN_SAFE_INTEGER < 0 < Number.MIN_VALUE
    < Number.MAX_SAFE_INTEGER < Number.MAX_VALUE < Infinity
```

# 숫자 알고리즘

숫자가 소수인지 판단하는 알고리즘은 숫자와 관련된 가장 많이 논의된 알고리즘 중 하나다. 이를 한번 살펴보자.

## 소수 테스트

숫자가 소수인지 알아보는 방법은 숫자 $n$을 2부터 $n-1$까지의 수로 나눠 나머지가 0인지 확인하면 된다.

```
1    function isPrime(n){
2        if (n <= 1) {
3            return false;
4        }
5
6        // 2부터 n-1까지의 수로 나눈다.
7        for (var i=2; i<n; i++) {
8            if (n%i == 0) {
9                return false;
10           }
11       }
12
13       return true;
14   }
```

**시간 복잡도:** O($n$)

위의 코드의 시간 복잡도는 O($n$)이다. 위의 알고리즘은 0부터 $n$까지의 모든 수를 확인하기 때문이다.

위의 알고리즘은 쉽게 개선 가능한 알고리즘의 한 예다. 위의 메소드가 2부터 $n$까지 어떤 식으로 순회하는지 생각해보자. 위의 알고리즘 수행 방식에서 패턴을 찾아 알고리즘을 더 빠르게 만들 수 있을까? 우선 2의 배수는 무시해도 된다. 하지만 이뿐만 아니라 최적화 가능한 부분이 더 있다.

우선 소수를 나열해보자.

2,3,5,7,11,13,17,19,23,29,31,37,41,43,47,53,59,61,67,71,73,79,83,89,97

알아차리기 힘들 수도 있지만 2와 3을 제외하고는 모든 소수는 $6k \pm 1$의 형태를 지닌다. 여기서 k는 정수다. 다음 예를 살펴보자.

5 = (6-1) , 7 = ((1*6) + 1), 13 = ((2*6) + 1)

또한 $n$이 소수인지 알아보기 위해 반복문을 $n$의 제곱근까지만 확인해보면 된다. $n$의 제곱근이 소수가 아니면 $n$은 수학 정의에 의해 소수가 아니기 때문이다.

```
1   function isPrime(n){
2       if (n <= 1) return false;
3       if (n <= 3) return true;
4
5       // 입력된 수가 2 또는 3인 경우 아래 반복문에서
6       // 다섯 개의 숫자를 건너뛸 수 있다.
7       if (n%2 == 0 || n%3 == 0) return false;
8
9       for (var i=5; i*i<=n; i=i+6){
10          if (n%i == 0 || n%(i+2) == 0)
11              return false;
12      }
13
14      return true;
15  }
```

**시간 복잡도:** $O(sqrt(n))$

위의 개선된 알고리즘은 시간 복잡도를 상당히 줄인다.

## 소인수분해

또 다른 유용한 알고리즘으로 어떤 숫자의 소인수분해를 구하는 것이 있다. 소수는 암호화(4장)와 해싱<sup>hashing</sup>(11장)의 기반이 되고 소인수분해는 주어진 숫자를 만들기 위해 어떤 소수들이 곱해져야 하는지 구하는 과정이다. 입력으로 10이 주어지는 경우 아래 함수는 5와 2를 출력할 것이다.

```
1   function primeFactors(n){
2       // n이 2로 나눠진다면 나눠질 수 있는 수만큼 2가 출력된다.
3       while (n%2 == 0) {
4           console.log(2);
5           n = n/2;
6       }
7
8       // 이 지점에서 n은 홀수임이 확실하다. 따라서 수를 두 개씩 증가시킬 수 있다(주목: i = i +2).
9       for (var i = 3; i*i <= n; i = i+2) {
10          // i가 n을 나눌 수 있는 한 계속해서 i가 출력되고 n을 i로 나눈다.
11          while (n%i == 0) {
12              console.log(i);
13              n = n/i;
14          }
15      }
16      // 다음 조건문은 n이 2보다 큰 소수인 경우를 처리하기 위한 것이다.
18      if (n > 2) {
19          console.log(n);
20      }
21  }
22  primeFactors(10); // '5'와 '2'를 출력한다.
```

**시간 복잡도**: $O(sqrt(n))$

위의 알고리즘은 i로 나머지가 없이 나눌 수 있는 모든 수를 출력한다. 소수가 함수의 입력 값으로 전달된 경우 아무 수도 출력되지 않다가 마지막 조건문에서 $n$이 2보다 큰지 확인한 다음 $n$이 2보다 큰 경우 $n$이 출력될 것이다.

# 무작위 수 생성기

무작위 수 생성은 어떤 조건이 어떤 식으로 동작하는지 확인하는 데 있어 중요하다. 자바스크립트에는 숫자를 생성하기 위한 내장 함수인 Math.random( )이 있다.

Math.random( )은 0과 1 사이의 부동소수점을 반환한다.

무작위 정수나 1보다 큰 무작위 수를 얻는 방법이 궁금할 수 있다.

1보다 큰 부동소수점을 얻기 위해서는 Math.random( )에 범위를 곱하기만 하면 된다. 그러고 나서 곱한 값에 어떤 수를 더하거나 빼서 기준 범위를 만들면 된다.

```
Math.random( ) * 100; // 0부터 100까지의 부동소수점
Math.random( ) * 25 + 5; // 5부터 30까지의 부동소수점
Math.random( ) * 10 - 100; // -100부터 -90까지의 부동소수점
```

무작위 정수를 얻기 위해서는 Math.floor( )와 Math.round( ), Math.ceil( )을 사용해 부동소수점을 정수로 만들면 된다.

```
Math.floor(Math.random( ) * 100); // 0부터 99까지의 정수
Math.round(Math.random( ) * 25) + 5; // 5부터 30까지의 정수
Math.ceil(Math.random( ) * 10) - 100; // -100부터 -90까지의 정수
```

# 연습 문제

1. x와 y, p라는 세 개의 숫자에 대해 (x^y) % p를 계산하라(이는 모듈러 제곱거듭modular exponentiation이다).

   여기서 x는 기저base이고 y는 지수이고 p는 모듈러다.

   모듈러 제곱거듭은 모듈러에 대해 수행하는 종류의 제곱거듭이다. 이는 컴퓨터 과학에서 유용하며 공개 키 암호화 알고리즘 분야에서 사용된다.

우선 위 문제는 단순해 보인다. 이를 계산하는 것은 다음과 같이 한 줄의 코드로 가능하다.

```
1    function modularExponentiation ( base, exponent, modulus ) {
2        return Math.pow(base,exponent) % modulus;
3    }
```

하지만 위의 코드가 문제가 바랐던 해결책은 아니다. 위의 코드는 큰 지수를 다룰 수 없다.

위의 코드가 암호화 알고리즘에 사용된다는 점을 기억하자. 강력한 암호의 경우 대개 기저가 최소 256비트(78개 수)이다.

다음 경우를 고려해보자.

기저$^{Base}$: $6x10^{77}$, 지수$^{Exponent}$: 27, 모듈러$^{Modulus}$: 497

위의 경우 $(6x10^{77})^{27}$은 매우 큰 수이기 때문에 32비트 부동수소점에 저장할 수 없다.

수학을 좀 더 심도 있게 활용한 또 다른 접근법이 있다. 다음 수학 속성을 따라야 한다.

임의의 a와 b에 대해 다음 속성이 성립한다.

```
c % m = (a b) % m
c % m = [(a % m) (b % m)] % m
```

위의 수학적 속성을 활용해 1부터 지수까지 순회하면서 현재 모듈러를 마지막 모듈러와 곱함으로써 매번 재계산할 수 있다.

다음 의사 코드를 살펴보자.

```
1    값 = 1로 설정한다. 현재 지수는 0이다.
2    현재 지수를 1만큼 증가시킨다.
```

3    현재 지수가 목표 지수가 될 때까지 '값 = (값 x 기저) mod 모듈러'로 설정한다.

**예제:** 기저: 4, 지수: 3, 모듈러: 5

```
4^3 % 5 = 64 % 5 = 4
value = (lastValue x base ) % modulus:
value = (1 x 4) % 5 = 4 % 5 = 4
value = (4 x 4) % 5 = 16 % 5 = 1
value = (1 x 4) % 5 = 4 % 5 = 4
```

최종적으로 코드는 다음과 같다.

```
1    function modularExponentiation ( base, exponent, modulus ) {
2        if (modulus == 1) return 0;
3
4        var value = 1;
5
6        for ( var i=0; i<exponent; i++ ){
7            value = (value * base) % modulus;
8        }
9        return value;
10   }
```

**시간 복잡도:** $O(n)$

시간 복잡도는 $O(n)$이다. 여기서 $n$은 지수 값과 동일하다.

2.  $n$보다 작은 모든 소수를 출력한다.

이를 위해 3장에서 다룬 isPrime 함수를 사용하자. 단순히 0부터 $n$까지 순회하면서 isPrime( )이 true로 평가되는 모든 소수를 출력하면 된다.

```
1    function allPrimesLessThanN(n){
2        for (var i=0; i<n; i++) {
```

```
3              if (isPrime(i)){
4                  console.log(i);
5              }
6          }
7      }
8
9  function isPrime(n){
10     if (n <= 1) return false;
11     if (n <= 3) return true;
12
13     // 입력된 수가 2 또는 3인 경우 아래 반복문에서
14     // 다섯 개의 숫자를 건너뛸 수 있다.
15     if (n%2 == 0 || n%3 == 0) return false;
16
17     for (var i=5; i*i<=n; i=i+6){
18         if (n%i == 0 || n%(i+2) == 0)
19             return false;
20     }
21
22     return true;
23 }
24
25 allPrimesLessThanN(15);
26
27 // 2, 3, 5, 7, 11, 13을 출력한다.
```

**시간 복잡도:** $O(nsqrt(n))$

$O(sqrt(n))$ 시간 복잡도를 지닌 isPrime(3장 초반부에서 다뤘음)이 $n$번 실행되기 때문이다.

3. 소인수 집합 확인하기

소인수가 2 또는 3 또는 5뿐인 숫자를 못생긴 숫자라고 정의해보자. 이때 앞의 11개 못생긴 숫자를 나열해보면 1, 2, 3, 4, 5, 6, 8, 9, 10, 12, 15이다. 관례상 1이 포함된다.

이를 위해 숫자가 나머지 없이 나눠질 수 없을 때까지 숫자를 제수(2, 3, 5)로 나눠보자. 숫자가 모든 제수(2, 3, 5)에 의해서 나눠질 수 있다면 나눗셈이 끝난 다음 1이 돼야 한다.

```
1  function maxDivide (number, divisor) {
2      while (number % divisor == 0) {
3          number /= divisor;
4      }
5      return number;
6  }
7
8  function isUgly (number){
9      number = maxDivide(number, 2);
10     number = maxDivide(number, 3);
11     number = maxDivide(number, 5);
12     return number === 1;
13 }
```

n에 대해 이를 반복하자(n개의 못생긴 숫자를 찾아보자). 그러면 이제 못생긴 숫자의 목록이 반환될 수 있다.

```
1  function arrayNUglyNumbers (n) {
2      var counter = 0, currentNumber = 1, uglyNumbers = [];
3
4      while ( counter != n ) {
5
6          if ( isUgly(currentNumber) ) {
7              counter++;
8              uglyNumbers.push(currentNumber);
9          }
10
11         currentNumber++;
12     }
13
14     return uglyNumbers;
15 }
```

maxDivide(숫자, 제수)의 시간 복잡도: $O(\log_{divisor}(number))$

maxDivide의 시간 복잡도는 제수와 숫자에 따라 달라지는 로그 함수다. 2, 3, 5의 소수를 테스트할 때 $2(\log_2(n))$의 로그는 가장 높은 시간 복잡도를 나타낸다.

isUgly의 시간 복잡도: $O(\log_2(n))$

arrayNUglyNumbers의 시간 복잡도: $O(n(\log_2(n))$

isUgly 함수는 maxDivide(숫자, 2)의 시간 복잡도에 의해 제한된다. 따라서 arrayNUglyNumbers는 maxDivide의 시간 복잡도의 $n$배다.


## 요약

자바스크립트의 모든 숫자는 64비트 부동소수점 형태임을 기억하자. 가능한 가장 작은 부동소수점 증가를 얻기 위해서는 Number.EPSILON을 사용해야 한다. 자바스크립트의 가장 큰 수와 가장 작은 수는 다음 등식과 같이 요약될 수 있다.

---

```
-Infinity < Number.MIN_SAFE_INTEGER < 0 < Number.MIN_VALUE
    < Number.MAX_SAFE_INTEGER < Number.MAX_VALUE < Infinity
```

---

소수 검증과 소인수분해는 암호화와 같이 다양한 컴퓨터 과학 적용 분야에서 사용되는 개념이다. 이는 4장에서 다룰 것이다. 마지막으로 자바스크립트에서 무작위 수를 생성하기 위해 Math.random( )을 사용한다.

# 자바스크립트 문자열

4장에서는 문자열과, 자바스크립트 `String` 객체, `String` 객체의 내장 함수들을 알아볼 것이다. 실제 애플리케이션을 만들 때 일반적으로 필요한 문자열 접근, 비교, 분해, 검색을 배울 것이다. 추가로 4장에서는 문자열 인코딩, 디코딩, 암호화, 복호화도 알아볼 것이다. 4장이 끝날 무렵에는 자바스크립트 문자열을 효과적으로 처리하는 방법을 이해할 수 있고 문자열 인코딩과 암호화에 대한 기본적인 이해도를 갖게 될 것이다.

## 자바스크립트 문자열 기본

자바스크립트의 기본 자료형인 `String`에는 널리 사용할 수 있는 다양한 문자열 함수가 있다.

## 문자열 접근

문자에 접근하기 위해 `.charAt( )`을 사용한다.

```
1    'dog'.charAt(1); // "o"를 반환한다.
```

`.charAt(index)`는 0부터 시작하는 인덱스를 입력 값으로 받고 문자열의 해당 인덱스 위치에 있는 문자를 반환한다.

문자열(여러 문자들) 접근을 위해 지정된 인덱스 사이의 문자들을 반환하는 `.subString (startIndex, endIndex)`를 사용할 수 있다.

```
1    'YouTube'.substring(1,2); // 'o'를 반환한다.
2    'YouTube'.substring(3,7); // 'tube'를 반환한다.
```

두 번째 매개변수(endIndex)를 전달하지 않으면 지정된 시작 위치부터 끝까지의 모든 문자 값들을 반환한다.

```
1    return 'YouTube'.substring(1); // 'outube'를 반환한다.
```

## 문자열 비교

대부분의 프로그래밍 언어에는 문자열을 비교할 수 있는 함수가 존재한다. 자바스크립트에서는 미만 연산자와 초과 연산자를 사용해 이를 쉽게 수행할 수 있다.

```
1    var a = 'a';
2    var b = 'b';
3    console.log(a < b); // 'true'를 출력한다.
```

이러한 문자열 비교 기능은 이 책에서 나중에 다룰 정렬 알고리즘에서 문자열을 비교할 때 매우 유용하다.

하지만 다른 길이의 두 문자열을 비교한다면 문자열의 시작부터 비교하기 시작해 더 짧은 길이의 문자열 길이만큼까지 비교한다.

```
1   var a = 'add';
2   var b = 'b';
3
4   console.log(a < b); // 'true'를 출력한다.
```

위의 예에서 'a'와 'b'를 비교한다. 'a'가 'b'보다 작기 때문에 a < b는 true로 평가된다.

```
1   var a = 'add';
2   var b = 'ab';
3   console.log(a < b); // 'false'를 출력한다.
```

위의 예에서 'a'와 'b'를 비교한 다음 'd'와 'b'를 비교한다. 'ab'의 모든 문자를 비교했기 때문에 비교 처리는 중단된다. 결국 위의 코드는 'ad'와 'ab'를 비교하는 것과 동일하다.

```
1   console.log('add'<'ab' == 'ad'<'ab'); // 'true'를 출력한다.
```

## 문자열 검색

문자열 내에 특정 문자열을 찾기 위해 .indexOf(searchValue[, fromIndex])를 사용할수 있다. .indexOf 함수는 검색하고자 하는 문자열을 매개변수로 받는다. 선택적으로 검색 시작 인덱스를 지정하는 매개변수도 받는다. .indexOf 함수는 일치하는 문자열의 위치를 반환한다. 일치하는 문자열을 발견하지 못한 경우 −1이 반환된다. .indexOf 함수는 대소문자를 구분한다는 점에 유의하자.

```
1   'Red Dragon'.indexOf('Red'); // 0을 반환한다.
2   'Red Dragon'.indexOf('RedScale'); // −1을 반환한다.
```

```
3    'Red Dragon'.indexOf('Dragon', 0); // 4를 반환한다.
4    'Red Dragon'.indexOf('Dragon', 4); // 4를 반환한다.
5    'Red Dragon'.indexOf(", 9); // 9를 반환한다.
```

어떤 문자열 내에 특정 문자열이 존재하는지 확인하기 위해서는 간단히 .indexOf가 −1
을 반환하는지 확인하면 된다.

```
1    function existsInString (stringValue, search) {
2        return stringValue.indexOf(search) !== -1;
3    }
4    console.log(existsInString('red','r')); // 'true'를 출력한다.
5    console.log(existsInString('red','b')); // 'false'를 출력한다.
```

추가적인 매개변수를 사용해 문자열 검색 시 문자열의 특정 인덱스 이후부터 검색하도
록 할 수도 있다. 이러한 기능을 필요로 하는 예로 문자열 내에 특정 문자들이 몇 번 등
장하는지 세는 것이다. 다음 예는 문자 'a'의 등장 횟수를 센다.

```
1    var str = "He's my king from this day until his last day";
2    var count = 0;
3    var pos = str.indexOf('a');
4    while (pos !== -1) {
5        count++;
6        pos = str.indexOf('a', pos + 1);
7    }
8    console.log(count); // '3'을 출력한다.
```

마지막으로 startsWith는 문자열이 특정 입력으로 시작하면 true(불리언)를 반환하고
endsWith는 문자열이 특정 입력으로 끝나면 true를 반환한다.

```
1    'Red Dragon'.startsWith('Red'); // true를 반환한다.
2    'Red Dragon'.endsWith('Dragon'); // true를 반환한다.
3    'Red Dragon'.startsWith('Dragon'); // false를 반환한다.
```

```
4    'Red Dragon'.endsWith('Red'); // false를 반환한다.
```

## 문자열 분해

문자열을 여러 부분으로 나누기 위해 .split(separator)를 사용할 수 있다. .split 함수는 매우 유용한 함수다. 하나의 매개변수(분리자)를 입력받아 부분 문자열 배열을 생성한다.

```
1    var test1 = 'chicken,noodle,soup,broth';
2    test1.split(","); // ["chicken", "noodle", "soup", "broth"]
```

빈 분리자를 전달하면 문자열 내 모든 문자로 구성된 배열이 생성된다.

```
1    var test1 = 'chicken';
2    test1.split(""); // ["c", "h", "i", "c", "k", "e", "n"]
```

이는 문자열이 항목들의 나열로 구성될 때 유용하다. split 함수를 사용하면 문자열을 배열로 변환해 쉽게 항목들을 순회할 수 있다.

## 문자열 바꾸기

.replace(string, replaceString)은 문자열 변수 내에 특정 문자열을 다른 문자열로 대체한다.

```
1    "Wizard of Oz".replace("Wizard","Witch"); // "Witch of Oz"
```

# 정규 표현식

정규 표현식은 검색 패턴을 정의한 문자열들의 집합이다. 정규 표현식 사용법을 배우는 것은 그 자체만으로 엄청난 일일 수도 있다. 하지만 자바스크립트 개발자로서 정규 표현식의 기본을 아는 것은 중요하다.

자바스크립트에는 정규 표현식에 사용할 수 있는 기본 객체 RegExp가 포함된다.

RegExp의 생성자가 받는 매개변수에는 필수 매개변수인 정규 표현식과 선택 매개변수인 일치 관련 설정이 있다. 다음은 일치 관련 설정 매개변수의 세부 내용이다.

---

i    대소문자를 구분하지 않고 일치하는 문자열을 검색한다.

g    전역적으로 일치하는 문자열을 검색한다(일치하는 문자열을 처음 발견한 이후 멈추는 대신 모든 일치하는 문자열을 찾는다).

m    다중열 문자열에 대해서도 일치하는 문자열을 검색한다.

---

RegExp에는 다음 두 가지 함수가 있다.

- search(): 문자열 내에 일치하는 문자열을 찾는다. 일치하는 문자열의 인덱스를 반환한다.
- match(): 일치하는 문자열을 찾는다. 모든 일치하는 문자열을 반환한다.

자바스크립트 String 객체에는 정규 표현식과 관련된 다음 두 가지 함수가 있는데 두 함수는 RegExp 객체를 인자로 받는다.

- exec(): 문자열 내에 일치하는 문자열을 찾는다. 일치하는 첫 번째 문자열을 반환한다.
- test(): 문자열 내에 일치하는 문자열을 찾는다. true 또는 false를 반환한다.

## 기본 정규 표현식

다음은 기본 정규 표현식 규칙들이다.

- ^: 문자열/줄의 시작을 나타낸다.
- \d: 모든 숫자를 찾는다.
- [abc]: 괄호 내의 모든 문자를 찾는다.
- [^abc]: 괄호 내의 문자들을 제외한 모든 문자를 찾는다.
- [0-9]: 괄호 내의 모든 숫자를 찾는다.
- [^0-9]: 괄호 내의 숫자들을 제외한 모든 숫자를 찾는다.
- (x|y): x 또는 y를 찾는다.

다음 코드는 인덱스 11을 반환한다 이는 문자 D의 인덱스이고 정규 표현식의 패턴과 일치하는 문자열의 첫 번째 문자이다.

```
1  var str = "JavaScript DataStructures";
2  var n = str.search(/DataStructures/);
3  console.log(n); // '11'을 출력한다.
```

## 자주 사용하는 정규 표현식

정규 표현식은 자바스크립트에서 사용자의 입력이 유효한지 확인할 때 매우 유용하다. 입력 확인의 한 가지 흔한 유형으로 입력이 숫자 문자들을 지녔는지 검증하는 것이 있다.

다음은 개발자들이 자주 사용하는 5가지 정규 표현식이다.

## 숫자를 포함하는 문자

/\d+/

```
1  var reg = /\d+/;
2  reg.test("123"); // true
3  reg.test("33asd"); // true
4  reg.test("5asdasd"); // true
5  reg.test("asdasd"); // false
```

## 숫자만 포함하는 문자

/^\d+$/

```
1  var reg = /^\d+$/;
2  reg.test("123"); // true
3  reg.test("123a"); // false
4  reg.test("a"); // false
```

## 부동소수점 문자

/^[0-9]*.[0-9]*[1-9]+$/

```
1  var reg = /^[0-9]*.[0-9]*[1-9]+$/;
2  reg.test("12"); // true
3  reg.test("12.2"); // true
```

## 숫자와 알파벳만을 포함하는 문자

/[a-zA-Z0-9]/

```
1   var reg = /[a-zA-Z0-9]/;
2   reg.test("somethingELSE"); // true
3   reg.test("hello"); // true
4   reg.test("112a"); // true
5   reg.test("112"); // true
6   reg.test("^"); // false
```

## 질의 문자열

/([^?=&]+)(=([^&]*))/

웹 애플리케이션에서 웹 URL은 대개 경로 찾기나 데이터베이스 질의 목적의 매개변수를 포함한다.

예를 들어 http://your.domain/product.aspx?category=4&product_id=2140&query=lcd+tv라는 URL은 다음과 같은 백엔드 SQL에 대응될 수 있다.

```
1   SELECT LCD, TV FROM database WHERE Category = 4 AND Product_id=2140;
```

이러한 매개변수를 파싱하기 위해 정규 표현식은 유용하다.

```
1   var uri = 'http://your.domain/product.aspx?category=4&product_
    id=2140&query=lcd+tv' ;
2   var queryString = {};
3   uri.replace(
4       new RegExp ("([^?=&]+)(=([^&]*))?" , "g" ),
5       function ($0, $1, $2, $3) { queryString[$1] = $3; }
6   );
7   console.log('ID: ' + queryString['product_id' ]); // ID: 2140
8   console.log('Name: ' + queryString['product_name' ]); // Name: undefined
9   console.log('Category: ' + queryString['category' ]); // Category: 4
```

# 인코딩

인코딩은 컴퓨터 과학 분야에서 효율적인 전송 혹은 저장을 위해 문자들을 특수 포맷으로 표현하는 포괄적인 개념이다.

모든 컴퓨터 파일 유형은 특정 구조로 인코딩된다.

예를 들어 PDF를 업로드할 때 인코딩은 다음과 같이 보일 수 있다.

```
1   JVBERi0xLjMKMSAwIG9iago8PCAvVHlwZSAvQ2F0YWxvZwovT3V0bGluZX
    MgMiAwIFIKL1BhZ2VzIDMgMCBS\
2   ID4+CmVuZG9iagoyIDAgb2JqCjw8IC9UeXBlIC9PdXRsaW5lcyAvQ291bn
    QgMCA+PgplbmRvYmoKMyAwIG9i\
3   ago8PCAvVHlwZSAvUGFnZXMKL0tpZHMgWzYgMCBSCl0KL0NvdW50IDEKL1
    Jlc291cmNlcyA8PAovUHJvY1Nl\
4   dCA0IDAgUgovRm9udCA8PCAKL0YxIDggMCBSCj4+Cj4+Ci9NZWRpYUJveC
    BbMC4wMDAgMC4wMDAgNjEyLjAw\
5   MCA3OTIuMDAwXQogPj4KZW5kb2JqCjQgMCBvYmoKWy9QREYgL1RleHRdQgXQ
    plbmRvYmoKNSAwIG9iago8PAov\
6   Q3JlYXRvciAoRE9NUERGKQovQ3JlYXRpb25EYXRlIChEOjIwMTUwNzIwMT
    MzMzIzKzAyJzAwJykKL01vZERh\
7   dGUgKEQ6MjAxNTA3MjAxMzMzMjMrMDInMDAnKQo+PgplbmRvYmoKNiAwIG
    9iago8PCAvVHlwZSAvUGFnQov\
8   UGFyZW50IDMgMCBSCi9Db250ZW50cyA3IDAgUgo+PgplbmRvYmoKNyAwIG
    9iago8PCAvRmlsdGVyIC9GbGF0\
9   ZURlY29kZQovTGVuZ3RoIDY2ID4+CnN0cmVhbQp4nOMy0DMwMFBAJovSuZ
    xCFIxN9AwMzRTMDS31DCxNFUJS\
10  FPTdDBWMgKIKIWkKCtEaIanFJZqxCiFeCq4hAO4PD0MKZW5kc3RyZWFtC
    mVuZG9iago4IDAgb2JqCjw8IC9U\
11  eXBlIC9Gb250Ci9TdWJ0eXBlIC9UeXBlMQovTmFtZSAvRjEKL0Jhc2VGb
    250IC9UaW1lcy1Cb2xkCi9FbmNv\
12  ZGluZyAvV2luQW5zaUVuY29kaW5nCj4+CmVuZG9iagp4cmVmCjAgOQowM
    DAwMDAwMDAwIDY1NTM1IGYgCjAw\
13  MDAwMDAwMDggMDAwMDAgbiAKMDAwMDAwMDA3MyAwMDAwMCBuIAowMDAwM
    DAwMTE5IDAwMDAwIG4gCjAwMDAw\
14  MDAyNzMgMDAwMDAgbiAKMDAwMDAwMDMwMiAwMDAwMCBuIAowMDAwMDAwN
    DE2IDAwMDAwIG4gCjAwMDAwMDA0\
```

```
15   NzkgMDAwMDAgbiAKMDAwMDAwMDYxNiAwMDAwMCBuIAp0cmFpbGVyCjw8C
     i9TaXplIDkKL1Jvb3QgMSAwIFIK\
16   L0luZm8gNSAwIFIKPj4Kc3RhcnR4cmVmCjcyNQolJUVPRgo=.....
```

위의 예는 Base64로 인코딩된 PDF 문자열이다. PDF 파일을 업로드할 때 대개 이와 같은 자료가 서버에 전달된다.

## Base64 인코딩

btoa( ) 함수는 문자열로부터 Base64 인코딩된 ASCII 문자열을 생성한다. 문자열의 각 문자는 바이트로 취급된다(8비트: 여덟 개의 0과 1로 구성됨).

atob( ) 함수는 Base64 인코딩을 사용해 인코딩된 자료의 문자열을 디코딩한다. 예를 들어 문자열 "hello I love learning to computer program"을 Base64로 인코딩하면 다음과 같다.

aGVsbG8gSSBsb3ZlIGxlYXJuaW5nIHRvIGNvbXB1dGVyIHByb2dyYW0

```
1   btoa('hello I love learning to computer program');
2   // aGVsbG8gSSBsb3ZlIGxlYXJuaW5nIHRvIGNvbXB1dGVyIHByb2dyYW0
1   atob('aGVsbG8gSSBsb3ZlIGxlYXJuaW5nIHRvIGNvbXB1dGVyIHByb2dyYW0');
2   // hello I love learning to computer program
```

Base64에 대해 더 자세히 학습하려면 https://en.wikipedia.org/wiki/Base64를 방문하자.

## 문자열 단축

Bit.ly와 같이 단축 URL을 지닌 사이트가 어떤 식으로 동작하는지 궁금해 한 적이 있는가?

단순화된 URL 압축 알고리즘은 다음과 같이 특정 구조를 따른다. www.google.com
에 대해 살펴보자.

1.  데이터베이스가 URL에 대해 정수 기반 고유 ID를 생성한다. 그림 4-1에서
    www.google.com은 데이터베이스에 항목 11231230이 있다.

관계형 데이터베이스

| ID | URL |
|----|-----|
| 0 | www.youtube.com |
| ... | ... |
| 11231230 | www.google.com |

▲ 그림 4-1 데이터베이스 항목들

2.  정수 ID는 문자열로 단축된다. Base64 인코딩을 사용해 문자열을 단축하는 경우
    11231230은 VhU2가 된다.

관계형 데이터베이스

| ID | URL | 단축 ID |
|----|-----|---------|
| 0 | www.youtube.com | a |
| ... | ... | ... |
| 11231230 | www.google.com | VhU2 |

▲ 그림 4-2 단축 후 데이터베이스 항목들

단축 부분에 있어 다음 알고리즘이 사용될 수 있다. 가능한 62개의 문자와 숫자들이 있
다. 26개의 소문자와 26개의 대문자, 10개의 숫자(0부터 9)가 있다.

```
1   var DICTIONARY = "abcdefghijklmnopqrstuvwxyzABCDEFGHIJKLMNOPQRSTUVWXYZ
    0123456789".split("");
```

```javascript
 2
 3  function encodeId(num) {
 4      var base = DICTIONARY.length;
 5      var encoded = " ;
 6
 7      if (num === 0 ) {
 8          return DICTIONARY[0];
 9      }
10
11      while (num > 0 ) {
12          encoded += DICTIONARY[(num % base)];
13          num = Math.floor(num / base);
14      }
15
16      return reverseWord(encoded);
17  }
18
19  function reverseWord(str) {
20      var reversed = "" ;
21      for (var i = str.length - 1 ; i >= 0 ; i-- ) {
22          reversed += str.charAt(i);
23      }
24      return reversed;
25  }
26
27  function decodeId(id) {
28      var base = DICTIONARY.length;
29      var decoded = 0 ;
30
31      for (var index = 0 ; index < id.split("").length; index++ ) {
32          decoded = decoded * base + DICTIONARY.indexOf(id.charAt(index));
33      }
34
35      return decoded;
36  }
37
38  console.log(encodeId(11231230 )); // 'VhU2'를 출력한다.
39  console.log(decodeId('VhU2' )); // '11231230'를 출력한다.
```

## 암호화

온라인에서 개인정보를 보호할 때 암호화는 매우 중요하다. 구글 크롬 브라우저에서 그림 4-3과 같은 경고를 본 적이 있는가?

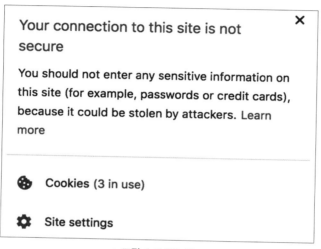

▲ 그림 4-3 SSL 경고

위의 경고는 여러분이 접속하고자 하는 웹사이트가 올바른 SSL<sup>Secure Sockets Layer</sup> 인증서를 지니지 않았음을 의미할 것이다.

▲ 그림 4-4 TLS 과정

TLS는 서버와 클라이언트(브라우저) 간에 암호화된 연결을 수립하기 위한 표준 보안 기술이다. 다음은 TSL 과정의 간략화된 단계다. 다음 단계에서는 서버는 비대칭 암호화를 사용해 다양한 키를 암호화, 복호화한다. 브라우저는 대칭 키 암호화만을 사용한다. 대칭 키 암호화의 경우 하나의 키를 사용해 자료를 암호화하고 복호화한다.

1. 서버는 브라우저에게 자신의 비대칭 공개 키를 전송한다.
2. 브라우저는 현재 세션을 위한 대칭 키를 생성한다. 해당 대칭 키는 서버의 비대칭 공개 키로 암호화된다.
3. 서버는 자신의 비밀 키로 브라우저의 세션을 복호화해 세션 키를 추출한다.
4. 이제 두 시스템 모두 세션 키를 가지고 있고 세션 키를 사용해 자료를 안전하게 전송한다.

브라우저와 서버만이 세션 키를 알기 때문에 위의 과정은 안전하다. 브라우저가 다음 날 동일한 서버에 접속하려 하면 새로운 세션 키가 생성된다.

SSL 경고 메시지가 뜬다는 것은 브라우저와 서버 간에 데이터가 암호화되지 않을 수도 있다는 의미이다.

가장 널리 사용되는 공개 키 암호화 알고리즘은 RSA 알고리즘이다.

## RSA 암호화

RSA는 큰 정수의 인수분해 난이도에 기반한 암호화 알고리즘이다. RSA에서는 두 개의 큰 소수와 보조 값이 공개 키로 생성된다. 누구나 메시지를 암호화하기 위해 공개 키를 사용할 수 있지만 소인수를 지닌 사람만이 메시지를 해독할 수 있다.

이 과정에는 키 생성과 암호화, 복호화 3단계가 존재한다.

- **키 생성:** 공개 키(공유됨)와 비밀 키(비밀로 유지됨)가 생성된다. 생성된 키 생성 방법 역시 비밀이어야 한다.
- **암호화:** 공개 키를 통해 비밀 메시지를 암호화할 수 있다.
- **복호화:** 비밀 키로만 암호화된 메시지를 복호화할 수 있다.

다음은 알고리즘의 개요다.

1. 두 개의 소수 $p$와 $q$를 선택한다. 대개 큰 소수를 선택한다.

    a. $p$와 $q$의 곱을 $n$이라고 표기한다.

    b. $(p-1)$과 $(q-1)$의 곱을 $phi$라고 표기한다.

2. 두 개의 지수 $e$와 $d$를 선택한다.

    a. $e$는 일반적으로 3이다. 2보다 큰 다른 값을 사용할 수 있다.

    b. $d$는 $(e \times d)\%phi = 1$인 값이다.

암호화 과정은 다음과 같다.

---

```
m - 메시지:
m^e % n = c
c - 암호화된 메시지
```

---

복호화 과정은 다음과 같다.

---

```
c^d % n = m
```

---

다음은 $d$를 계산하기 위한 코드다.

---

```
1   function modInverse(e, phi) {
2       var m0 = phi, t, q;
3       var x0 = 0, x1 = 1;
4
5       if (phi == 1)
6           return 0;
7
8       while (e > 1) {
9           // q는 몫이다.
10          q = Math.floor(e / phi);
11
12          t = phi;
13
```

```
14          // 여기서 phi는 나머지다.
15          // 유클리드 알고리즘과 동일하게 수행된다.
16          phi = e % phi, e = t;
17
18          t = x0;
19
20          x0 = x1 - q * x0;
21
22          x1 = t;
23      }
24
25      // x1을 양수로 만든다.
26      if (x1 < 0)
27          x1 += m0;
28
29      return x1;
30  }
31  modInverse(7,40); // 23
```

또한 공개 키와 비밀 키 쌍을 생성해야 한다.

```
1   function RSAKeyPair(p, q) {
2       // p와 q가 소수인지 확인해야 한다.
3       if (! (isPrime(p) && isPrime(q)))
4           return;
5
6       // p와 q가 동일하지 않다는 것을 확인해야 한다.
7       if (p==q)
8           return;
9
10      var n = p * q,
11          phi = (p-1)*(q-1),
12          e = 3,
13          d = modInverse(e,phi);
14
15      // 공개 키: [e,n], 비밀 키: [d,n]
16      return [[e,n], [d,n]]
17  }
```

암호화하고자 하는 메시지가 50이고 소수로 5와 11을 선택한 경우의 예를 살펴보자.

---

```
1    RSAKeyPair(5,11); //공개 키: [3,55], 비밀 키: [27,55]

     p = 5, 11
     n = p x q = 55
     phi = (5-1) x (11-1) = 4 x 10 = 40
     e = 3
     (e x d) % phi = 1 (3 x d) % 40 = 1
     (81) % 40 = 1. 81 = 3 x d = 3 x 27
     d = 27

     암호화:
     m - message: 50
     m^e % n = c
     50^3 % 55 = 40

     암호화된 메시지 c:
     40

     복호화:
     c^d % n = m
     40^27 % 55 = 50
```

---

위의 과정은 50을 완전히 암호화하고 수신자는 해당 암호화된 메시지를 다시 50으로 복호화할 수 있다. 일반적으로 RSA 알고리즘에 매우 큰 소수를 사용한다. 이는 큰 수의 소인수분해의 계산에 긴 시간이 걸리기 때문이다. 현재 표준은 4,096비트 소수 곱을 사용하는 것이다. 고성능 컴퓨터를 사용하더라도 소인수를 계산하는 데 수년이 걸릴 것이다. 그림 4-5는 4,096비트 숫자로 만들 수 있는 가장 큰 값이다.

1 044 388 881 413 152 506 691 752 710 716 624 382 579 964 249 047 383 780 ˙.
384 233 483 283 953 907 971 557 456 848 826 811 934 997 558 340 890 106 ˙.
714 439 262 837 987 573 438 185 793 607 263 236 087 851 365 277 945 956 ˙.
976 543 709 998 340 361 590 134 383 718 314 428 070 011 855 946 226 376 ˙.
318 839 397 712 745 672 334 684 344 586 617 496 807 908 705 803 704 071 ˙.
284 048 740 118 609 114 467 977 783 598 029 006 686 938 976 881 787 785 ˙.
946 905 630 190 260 940 599 579 453 432 823 469 303 026 696 443 059 025 ˙.
015 972 399 867 714 215 541 693 835 559 885 291 486 318 237 914 434 496 ˙.
734 087 811 872 639 496 475 100 189 041 349 008 417 061 675 093 668 333 ˙.
850 551 032 972 088 269 550 769 983 616 369 411 933 015 213 796 825 837 ˙.
188 091 833 656 751 221 318 492 846 368 125 550 225 998 300 412 344 784 ˙.
862 595 674 492 194 617 023 806 505 913 245 610 825 731 835 380 087 608 ˙.
622 102 834 270 197 698 202 313 169 017 678 006 675 195 485 079 921 636 ˙.
419 370 285 375 124 784 014 907 159 135 459 982 790 513 399 611 551 794 ˙.
271 106 831 134 090 584 272 884 279 791 554 849 782 954 323 534 517 065 ˙.
223 269 061 394 905 987 693 002 122 963 395 687 782 878 948 440 616 007 ˙.
412 945 674 919 823 050 571 642 377 154 816 321 380 631 045 902 916 136 ˙.
926 708 342 856 440 730 447 899 971 901 781 465 763 473 223 850 267 253 ˙.
059 899 795 996 090 799 469 201 774 624 817 718 449 867 455 659 250 178 ˙.
329 070 473 119 433 165 550 807 568 221 846 571 746 373 296 884 912 819 ˙.
520 317 457 002 440 926 616 910 874 148 385 078 411 929 804 522 981 857 ˙.
338 977 648 103 126 085 903 001 302 413 467 189 726 673 216 491 511 131 ˙.
602 920 781 738 033 436 090 243 804 708 340 403 154 190 336

▲ 그림 4-5 $2^{4096}$

## 요약

4장에서 다양한 기본 문자열 함수를 다뤘고 해당 함수들을 표 4-1에 요약했다.

▼ 표 4-1 문자열 함수 요약

| 함수 | 용도 |
|---|---|
| charAt(index) | index에 위치한 하나의 문자에 접근한다. |
| substring(startIndex, endIndex) | 문자열 중 startIndex부터 endIndex까지의 위치에 있는 부분 문자열에 접근한다. |
| str1 > str2 | str1이 str2보다 사전 편집순으로 큰 경우 true를 반환한다. |
| indexOf(str, startIndex) | 문자열 내에 문자열 str이 존재하는지 찾아서 문자열 str의 시작 인덱스를 반환한다. 이때 startIndex는 문자열에서 찾기 시작하는 위치를 나타내는 인덱스다. |

| 함수 | 용도 |
|---|---|
| str.split(delimiter) | 문자열을 지정된 delimiter를 사용해 배열(여러 문자열)로 나눈다. |
| str.replace(original,new) | str 내에 문자열 original을 문자열 new로 대체한다. |

추가적으로 자바스크립트 네이티브 객체 **Regex**를 일반적으로 사용되는 문자열 검증에 사용할 수 있다.

▼ 표 4-2 Regex 요약

| Regex 패턴 | 용도 |
|---|---|
| /₩d+/ | 숫자를 포함하는 문자들 |
| /^₩d+$/ | 숫자만 포함하는 문자들 |
| /^[0-9]*.[0-9]*[1-9]+$/ | 부동소수만 포함하는 문자들 |
| /[a-zA-Z0-9] / | 영숫자 문자들 |

# 자바스크립트 배열

5장에서는 자바스크립트의 배열을 집중적으로 알아볼 것이다. 자바스크립트 개발자로서 배열을 자주 사용하게 될 것이다. 배열은 가장 일반적으로 사용되는 자료 구조다. 자바스크립트 배열에는 내장된 메소드가 많다. 사실 경우에 따라 동일한 종류의 배열 연산을 다양한 방법으로 수행할 수 있다. 5장이 끝날 때쯤이면 여러분은 배열을 다루는 방법을 이해할 뿐만 아니라 상황에 맞는 방법을 선택할 수 있을 것이다.

## 배열 소개

배열은 가장 근간이 되는 자료 구조 중 하나다. 이전에 프로그래밍 경험이 있다면 배열을 사용한 경험이 있을 것이다.

```
1    var array1 = [1,2,3,4];
```

어떤 자료 구조를 사용하든 개발자들은 4가지 기본 연산(접근, 삽입, 삭제, 검색)과 관련해 시간 복잡도와 공간 복잡도에 관심을 갖는다(빅오 표기법을 복습하려면 1장을 참고한다).

## 삽입

삽입은 새로운 항목을 자료 구조 내에 추가하는 것을 의미한다. 자바스크립트는 `.push`(`element`) 메소드를 사용해 배열 삽입을 구현한다. 해당 메소드는 새로운 항목을 배열 끝에 추가한다.

```
1   var array1 = [1,2,3,4];
2   array1.push(5); //array1 = [1,2,3,4,5]
3   array1.push(7); //array1 = [1,2,3,4,5,7]
4   array1.push(2); //array1 = [1,2,3,4,5,7,2]
```

위 연산의 시간 복잡도는 이론상 $O(1)$이다. 사실상 시간 복잡도는 해당 코드를 실행하는 자바스크립트 엔진에 달려 있다는 사실을 유념해야 한다. 이는 자바스크립트의 모든 기본 지원 객체들에 있어 동일하다.

## 삭제

자바스크립트는 `.pop()` 메소드를 사용해 배열 삭제를 구현한다. 해당 메소드는 배열에 마지막으로 추가된 항목을 제거한다. 또한 해당 메소드는 제거된 항목을 반환한다.

```
1   var array1 = [1,2,3,4];
2   array1.pop(); // 4를 반환한다, array1 = [1,2,3]
3   array1.pop(); // 3을 반환한다, array1 = [1,2]
```

`.pop`의 시간 복잡도는 `.push`와 마찬가지로 $O(1)$이다.

배열로부터 항목을 제거하는 또 다른 방법으로 `.shift()` 메소드가 있다. 해당 메소드는 첫 번째 항목을 제거한 다음 해당 항목을 반환한다.

```
1   array1 = [1,2,3,4];
2   array1.shift(); // 1을 반환한다, array1 = [2,3,4]
```

```
3    array1.shift( ); // 2를 반환한다, array1 = [3,4]
```

## 접근

특정 인덱스의 배열에 접근하는 연산의 시간 복잡도는 O(1)이다. 접근 연산은 인덱스를
사용해 메모리의 주소로부터 직접 값을 얻기 때문이다. 접근 연산은 인덱스를 지정함으
로써 수행된다(인덱스의 시작이 0임을 기억하자).

```
1    var array1 = [1,2,3,4];
2    array1[0]; // 1을 반환한다.
3    array1[1]; //2를 반환한다.
```

## 반복

반복은 어떤 자료 구조 내에 담긴 항목들을 하나씩 접근하는 과정이다. 자바스크립트에
는 배열을 반복 접근하는 여러 방법이 존재한다. 해당 방법들 모두 O($n$)의 시간 복잡도
를 지닌다. 반복은 $n$개의 항목들을 방문하기 때문이다.

### for (변수; 조건; 수정)

for는 가장 널리 사용되는 반복 방법이다. 대개 다음과 같은 형태로 사용된다.

```
1    for ( var i=0, len=array1.length; i<len; i++ ) {
2        console.log(array1[i]);
3    }
```

위의 코드는 변수 i를 초기화하고 몸체 코드를 실행하기 전에 조건(i<len)이 거짓인지
확인하고 조건이 거짓인 경우 변수를 수정한다(i++). 마찬가지로 while 루프를 사용할

수도 있다. 하지만 계수기가 루프의 바깥에서 초기화돼야 한다.

```
1    var counter=0;
2    while(counter<array1.length){
3        // 이곳에 코드 삽입
4        counter++;
5    }
```

다음과 같이 while 루프를 사용해 무한 루프를 구현할 수 있다.

```
1    while(true){
2        if (breakCondition) {
3            break;
4        }
5    }
```

마찬가지로 for 루프는 아래와 같이 조건을 설정하지 않음으로써 무한 루프를 구현할 수 있다.

```
1    for ( ; ;) {
2        if (breakCondition) {
3            break
4        }
5    }
```


## for ( in )

자바스크립트 배열을 반복 접근하기 위한 다른 방법으로 인덱스를 하나씩 호출하는 방법이 있다. 다음 코드에서 in 앞에 지정된 변수 index는 배열의 인덱스다.

```
1    var array1 = ['all','cows','are','big'];
2
3    for (var index in array1) {
4        console.log(index);
5    }
```

위의 코드는 0, 1, 2, 3을 출력한다.

내용물을 출력하기 위해 다음 코드를 사용하자.

```
1    for (var index in array1) {
2        console.log(array1[index]);
3    }
```

위의 코드는 all, cows, are, big을 출력한다.

## for ( of )

다음 코드에서 of 앞에 지정된 변수 element는 배열의 항목(값)이다.

```
1    for (var element of array1) {
2        console.log(element);
3    }
```

위의 코드는 all, cows, are, big을 출력한다.

## forEach()

forEach와 다른 반복 방법과의 큰 차이점은 forEach는 반복 바깥으로 빠져나오거나 배열 내 특정 항목들을 건너뛸 수 없다는 것이다. forEach가 각 항목을 반복 접근한다는 의미에 있어 좀 더 명시적이다.

```
1    var array1 = ['all','cows','are','big'];
2
3    array1.forEach( function (element, index){
4        console.log(element);
5    });
6
7    array1.forEach( function (element, index){
8        console.log(array1[index]);
9    });
```

두 가지 forEach문 모두 all, cows, are, big을 출력한다.

## 도움 함수

지금부터 배열 처리에 도움이 되는 자주 사용되는 도움 함수를 알아볼 것이다. 추가로
배열을 다루는 법에 관해서도 알아볼 것이다.

### .slice(begin,end)

.slice( )는 기존 배열을 수정하지 않고도 해당 배열의 일부를 반환한다. .slice( )는
배열의 시작 인덱스와 끝 인덱스 두 개의 매개변수를 받는다.

```
1    var array1 = [1,2,3,4];
2    array1.slice(1,2); // [2]를 반환한다, array1 = [1,2,3,4]
3    array1.slice(2,4); // [3,4]를 반환한다, array1 = [1,2,3,4]
```

시작 인덱스만 매개변수로 전달하는 경우 끝 인덱스는 해당 배열의 인덱스 최댓값으로
가정한다.

```
1    array1.slice(1); // [2,3,4]를 반환한다, array1 = [1,2,3,4]
2    array1.slice(1,4); // [2,3,4]를 반환한다, array1 = [1,2,3,4]
```

매개변수로 아무것도 전달하지 않는 경우 .slice( )는 배열의 복사본을 반환한다.
array1.slice( ) === array1가 false로 평가된다는 점에 유념하자. 이는 배열의 내용
이 동일하더라도 해당 배열이 위치한 메모리 주소가 다르기 때문이다.

```
1   array1.slice( ); // [1,2,3,4]를 반환한다, array1 = [1,2,3,4]
```

자바스크립트에서 .slice( )는 배열을 복사하는데 유용하다. 자바스크립트의 배열이 참
조 기반이라는 점을 기억하자. 이는 배열에 신규 변수를 할당한 다음, 해당 신규 변수를
통해 배열을 변경하는 경우 변경 사항이 원래 배열에도 적용된다는 것을 의미한다.

```
1   var array1 = [1,2,3,4],
2       array2 = array1;
3
4   array1 // [1,2,3,4]
5   array2 // [1,2,3,4]
6
7   array2[0] = 5;
8
9   array1 // [5,2,3,4]
10  array2 // [5,2,3,4]
```

array2의 변경된 항목이 의도치 않게 원래 배열도 변경했다. array2가 원래 배열에 대
한 참조이기 때문이다. 새로운 배열을 생성하려면 .from( )을 사용할 수 있다.

```
1   var array1 = [1,2,3,4];
2   var array2 = Array.from(array1);
3
4   array1 // [1,2,3,4]
5   array2 // [1,2,3,4]
6
7   array2[0] = 5;
8
```

```
9    array1 // [1,2,3,4]
10   array2 // [5,2,3,4]
```

.from( )의 시간 복잡도는 O($n$)이다. 여기서 $n$은 배열의 크기를 나타낸다. 배열을 복사하기 위해서는 해당 배열의 $n$개 항목 모두를 복사해야 하기 때문에 말이 된다.

## .splice(begin,size,element1,element2...)

.splice( ) 도움 함수는 기존 항목을 제거하거나 신규 항목을 추가함으로써 배열의 내용을 반환하고 변경한다.

.splice( )는 세 개의 매개변수를 받는데 해당 매개변수는 시작 인덱스, 제거할 항목의 크기, 추가할 신규 항목들이다. 새로운 항목들은 첫 번째 매개변수에서 지정한 위치에 추가된다. .splice( )는 제거된 항목들을 반환한다.

```
1    var array1 = [1,2,3,4];
2    array1.splice(); // []를 반환한다, array1 = [1,2,3,4]
3    array1.splice(1,2); // [2,3]을 반환한다, array1 = [1,4]
```

위의 예는 .splice를 사용해 제거하는 방법을 보여준다. 인덱스 1번부터 두 개의 항목들을 선택했기 때문에 [2,3]이 반환됐다.

```
1    var array1 = [1,2,3,4];
2    array1.splice(); // []를 반환한다, array1 = [1,2,3,4]
3    array1.splice(1,2,5,6,7); // [2,3]을 반환한다, array1 = [1,5,6,7,4]
```

배열에 어떤 것이든(모든 종류의 객체) 추가할 수 있다. 이는 자바스크립트의 장점이자 다소 이상한 점이기도 하다.

```
1    var array1 = [1,2,3,4];
2    array1.splice(1,2,[5,6,7]); // [2,3]을 반환한다, array1 = [1,[5,6,7],4]
3    array1 = [1,2,3,4];
4    array1.splice(1,2,{'ss':1}); // [2,3]을 반환한다, array1 = [1,{'ss':1},4]
```

.splice( )의 시간 복잡도는 최악의 경우 O($n$)이다. 복사와 마찬가지로 지정된 범위가 전체 배열인 경우 각 $n$개의 항목들이 제거된다.

## .concat( )

.concat( )은 신규 항목을 배열의 맨 뒤에 추가한 다음, 해당 배열을 반환한다.

```
1    var array1 = [1,2,3,4];
2    array1.concat(); // [1,2,3,4]를 반환한다, array1 = [1,2,3,4]
3    array1.concat([2,3,4]); // [1,2,3,4,2,3,4]를 반환한다,array1 = [1,2,3,4]
```

## .length 속성

.length 속성은 배열의 크기를 반환한다. 해당 속성을 더 작은 크기로 변경하면 배열에서 항목들이 제거된다.

```
1    var array1 = [1,2,3,4];
2    console.log(array1.length); // 4를 출력한다.
3    array1.length = 3; // array1 = [1,2,3]
```

## 전개 연산자

전개 연산자는 점 세 개(...)로 표현하며 제로 인자zero arguments가 기대되는 곳에서 인자를 확장하는 데 사용된다.

```
1    function addFourNums(a, b, c, d) {
2        return a + b + c + d;
3    }
4    var numbers = [1, 2, 3, 4];
5    console.log(addFourNums(...numbers)); // 10
```

Math.max와 Math.min 함수 모두 무한 개의 매개변수를 받는다. 따라서 다음 연산을 위해 전개 연산자를 사용할 수 있다.

배열에서 최댓값을 찾기 위해 다음 코드를 사용하자.

```
1    var array1 = [1,2,3,4,5];
2    Math.max(...array1); // 5
```

배열에서 최솟값을 찾기 위해 다음 코드를 사용하자.

```
1    var array2 = [3,2,-123,2132,12];
2    Math.min(...array2); // -123
```

## 연습 문제

연습 문제의 모든 코드는 깃허브GitHub에서 확인할 수 있다.[1]

---

1    https://github.com/Apress/js-data-structures-and-algorithms - 지은이

## 어떤 수가 주어졌을 때 배열 내의 어떤 항목 두 개를 합쳐야 해당 수가 되는지 찾아라

**문제:** 배열 arr이 있고 어떤 수 weight가 주어졌을 때 합쳐서 weight가 되는 배열 내 항목 두 개의 인덱스를 반환하라. 만약 합쳐서 weight가 되는 항목 두 개가 존재하지 않는 경우 −1을 반환하라.

예를 들어 [1,2,3,4,5]와 같은 배열이 있다고 할 때 어떤 수 두 개를 더해야 9가 될까?

물론 정답은 4와 5이다.

이 문제를 해결하기 위한 간단한 방법은 다음과 같이 두 개의 for 루프를 사용해 모든 항목의 조합을 시도해보는 것이다.

```
1   function findSum(arr, weight) {
2       for (var i=0,arrLength=arr.length; i<arrLength; i++){
3           for (var j=i+1; j<arrLength; j++) {
4               if (arr[i]+arr[j]==weight){
5                   return [i,j];
6               }
7           }
8       }
9       return -1;
10  }
```

위의 해결책은 배열을 반복 접근하면서 합쳐서 weight가 되는 항목들이 있는지 확인한다.

배열의 $n$개의 항목에 대해 이중 for 루프를 수행하는 것은 높은 시간 복잡도를 갖는다. 하지만 추가적인 메모리가 필요 없다. 시간 복잡도가 입력 크기 $n$에 따라 알고리즘을 끝마치기 위해 필요한 시간을 나타내듯이 공간 복잡도는 구현에 필요한 추가적인 메모리를 나타낸다. 위의 해결책의 공간 복잡도 O(1)은 상수이다.

**시간 복잡도:** $O(n^2)$

**공간 복잡도:** $O(1)$

어떻게 하면 O($n$)의 선형 시간 안에 이를 수행할 수 있을지 생각해보자.

이전에 마주친 항목들을 저장하고, 이미 저장된 항목인지 여부를 쉽게 확인할 수 있다면 어떨까?

다음과 같이 입력해보자.

```
1    var arr = [1,2,3,4,5];
2    var weight = 9;
```

여기서 정답은 4와 5의 조합이고, 이들의 인덱스는 [3,4]이다. 5를 방문했을 때 정답을 찾았음을 어떻게 알 수 있을까?

현재 값이 5이고 weight가 9인 경우, 남은 필요한 weight는 4이다(9−5=4). 배열에서 4가 5 이전에 위치하기 때문에 정답을 O($n$) 시간에 찾을 수 있다. 마지막으로 이미 방문한 항목들을 저장하기 위해 자바스크립트 객체를 해시 테이블로 사용한다. 해시 테이블을 구현하고 사용하는 것 관련해서는 이후의 장에서 다룰 것이다. 자바스크립트 객체 속성에 값을 저장하고 자바스크립트 객체 속성으로부터 값을 얻는 것은 O(1) 시간이 걸린다.

```
1    function findSumBetter(arr, weight) {
2        var hashtable = {};
3
4        for (var i=0, arrLength=arr.length; i<arrLength; i++) {
5            var currentElement = arr[i],
6                difference = weight - currentElement;
7
8            // 이미 값이 존재하는지 확인한다.
9            if (hashtable[currentElement] != undefined) {
10               return [i, hashtable[currentElement]];
11           } else {
12               // 인덱스를 저장한다.
13               hashtable[difference] = i;
```

```
14          }
15      }
16      return -1;
17  }
```

시간 복잡도: $O(n)$

공간 복잡도: $O(n)$

해시 테이블에 값을 저장하고 해시 테이블로부터 값을 찾아보는데 걸리는 시간은 단지 $O(1)$이다. 해시 테이블 내에 방문한 배열의 인덱스를 저장하기 위해 공간 복잡도는 $O(n)$으로 증가했다.

## .slice() 함수가 무엇을 수행하는지 복습해보자

.silce()는 배열의 시작 인덱스와 끝 인덱스 두 개의 매개변수를 받는다. .slice()는 배열의 수정 없이 기존 배열의 일부를 반환한다. 함수 arraySlice(array, beginIndex, endIndex)를 다음과 같이 구현해보자.

```
1   function arraySlice(array, beginIndex, endIndex) {
2       // 전달된 매개변수가 없으면 그냥 배열을 반환한다.
3       if (! beginIndex && ! endIndex) {
4           return array;
5       }
6
7       // 시작 인덱스만 존재하는 경우 endIndex를 배열의 크기로 설정한다.
8       if(!endIndex)
9           endIndex = array.length;
10
11      var partArray = [];
12
13      // 시작 인덱스와 끝 인덱스 모두 지정된 경우 배열의 일부를 반환한다.
14      for (var i = beginIndex; i < endIndex; i++ ) {
15          partArray.push(array[i]);
```

```
15       }
17
18      return partArray;
19   }
20 arraySlice([1 , 2 , 3 , 4 ], 1 , 2 ); // [2]
21 arraySlice([1 , 2 , 3 , 4 ], 2 , 4 ); // [3,4]
```

**시간 복잡도:** $O(n)$

**공간 복잡도:** $O(n)$

배열의 $n$개의 항목 모두에 접근해야 하기 때문에 시간 복잡도는 $O(n)$이다. 또한 배열을 복사할 때 $n$개의 항목을 보관해야 하기 때문에 공간 복잡도도 $O(n)$이다.

## 두 개의 정렬된 배열이 동일한 크기일 때 해당 배열들의 중앙값 찾기

집합의 원소 개수가 짝수인 경우 두 개의 중간 숫자가 존재하게 되는데 중앙값은 해당 두 개의 중간 숫자의 평균이라는 점을 기억하자. 배열이 정렬돼 있다면 중앙값을 찾는 것은 간단하다.

다음 예를 살펴보자.

$$[1,2,3,4]의\ 중앙값은\ (2+3)/2 = 2.5이다.$$

```
1  function medianOfArray(array) {
2      var length = array.length;
3      // 홀수
4      if (length % 2 == 1) {
5          return array[Math.floor(length/2)];
6      } else {
7      // 짝수
8          return (array[length/2]+array[length/2 - 1])/2;
9      }
10  }
```

이제 중앙값을 찾기 위해 아래 medianOfTwoSortedArray(arr1, arr2, pos)와 같이 두 개의 배열을 반복 접근하면서 어느 쪽이 더 큰지 비교할 수 있다. 두 배열이 동일한 크기라면 전체 크기는 짝수가 될 것이다.

두 개의 짝수를 더하든 두 개의 홀수를 더하든 모두 짝수가 되기 때문이다. 이와 관련된 자세한 사항은 8장을 참고하자.

두 배열이 모두 정렬됐기 때문에 위 함수는 재귀적으로 호출될 수 있다. 함수를 재귀적으로 호출할 때마다 어떤 중앙값이 더 큰지 확인한다.

두 번째 배열의 중앙값이 더 큰 경우 첫 번째 배열을 반으로 나눈 다음 큰 쪽만 재귀적으로 전달된다.

첫 번째 배열의 중앙값이 더 큰 경우 두 번째 배열을 반으로 나눈 다음 큰 쪽이 다음 번 함수 호출 시 첫 번째 매개변수 배열이 된다. 이 함수의 arr2 매개변수가 arr1 매개변수보다 항상 크기 때문이다. 마지막으로 배열의 크기가 짝수인지 홀수인지 확인하기 위해 배열의 크기(매개변수 pos)가 필요하다.

다음 예를 살펴보자.

$$array1 = [1,2,3], array2 = [4,5,6]$$

여기서 array1의 중앙값은 2이고 array2의 중앙값은 5이다. 따라서 중앙값은 [2,3]과 [4,5] 내에 존재한다. 네 개의 항목만 남았기 때문에 중앙값은 다음과 같이 계산할 수 있다.

$$max(arr1[0], arr2[0]) + min(arr1[1], arr2[1]) / 2;$$

```
1  function medianOfArray(array) {
2      var length = array.length;
3      // 홀수
4      if (length % 2 == 1 ) {
5          return array[Math .floor(length / 2 )];
6      } else {
```

```
7      // 짝수
8          return (array[length / 2 ] + array[length / 2 - 1 ]) / 2 ;
9      }
10  }
11  // arr2이 더 큰 배열이다.
12  function medianOfTwoSortedArray(arr1, arr2, pos) {
13      if (pos <= 0 ) {
14          return -1 ;
15      }
16      if (pos == 1 ) {
17          return (arr1[0] + arr2[0]) / 2 ;
18      }
19      if (pos == 2 ) {
20          return (Math.max(arr1[0], arr2[0]) + Math.min(arr1[1],
              arr2[1])) / 2 ;
21      }
22
23      var median1 = medianOfArray(arr1),
24          median2 = medianOfArray(arr2);
25
26      if (median1 == median2) {
27          return median1;
28      }
29
30      var evenOffset = pos % 2 == 0 ? 1 : 0 ,
31          offsetMinus = Math.floor(pos / 2 ) - evenOffset,
32          offsetPlus = pos - Math.floor(pos / 2 ) + evenOffset;
33
34
35      if (median1 < median2) {
36          return medianOfTwoSortedArray(arr1.slice(offsetMinus),
              arr2.slice(0, -offsetMinus), offsetPlus);
37      } else {
38          return medianOfTwoSortedArray(arr2.slice(offsetMinus),
              arr1.slice(0, -offsetMinus), offsetPlus);
39      }
40  }
41
```

```
42  medianOfTwoSortedArray([1 , 2 , 3 ], [4 , 5 , 6 ], 3 ); // 3.5
43  medianOfTwoSortedArray([11 , 23 , 24 ], [32 , 33 , 450 ], 3 ); // 28
44  medianOfTwoSortedArray([1 , 2 , 3 ], [2 , 3 , 5 ], 3 ); // 2.5
```

**시간 복잡도:** $O(\log_2(n))$

배열의 크기를 매번 절반으로 나눔으로써 로그 시간 복잡도를 달성할 수 있다.

## k개의 정렬된 배열에서 공통 항목 찾기

```
1   var arr1 = [1, 5, 5, 10];
2   var arr2 = [3, 4, 5, 5, 10];
3   var arr3 = [5, 5, 10, 20];
4   var output = [5 ,10];
```

위의 예제에서 배열의 개수가 세 개이기 때문에 $k$=3이다.

세 개의 배열에서 공통 항목을 찾기 위해 각 배열을 반복 접근하면서 매 항목의 개수를 세는 방법이 있다. 하지만 반복되는 항목은 두 번 확인할 필요가 없다(위의 예에서 배열 내에 5가 중복으로 등장하지만 항목 5에 대한 개수는 한 번만 증가돼야 한다). 이를 위해 개수를 증가시키기 전에 마지막 항목과 동일한지 확인해야 한다. 이는 배열이 정렬된 경우에만 동작할 것이다.

위의 세 개의 배열 모두를 반복 루프를 통해 접근한 뒤 해시 테이블의 속성을 반복 루프를 통해 접근해야 한다. 만약 해시 테이블의 어떤 항목의 값이 3인 경우 해당 항목은 세 개의 배열 모두에서 등장한다는 것을 의미한다. 또 다른 for 루프에 해당 항목이 몇 번 등장했는지 확인해(24번째 줄) 세 개의 배열 모두에 등장한 공통 항목만을 포함하는 배열로 일반화할 수 있다.

```
1    function commonElements(kArray) {
2        var hashmap = {},
3            last, answer = [];
4
5        for (var i = 0 , kArrayLength = kArray.length; i < kArrayLength; i++) {
6            var currentArray = kArray[i];
7                last = null ;
8            for (var j = 0 , currentArrayLen = currentArray.length;
9                j < currentArrayLen; j++ ) {
10               var currentElement = currentArray[j];
11               if (last != currentElement) {
12                   if (! hashmap[currentElement]) {
13                       hashmap[currentElement] = 1 ;
14                   } else {
15                       hashmap[currentElement]++ ;
16                   }
17               }
18               last = currentElement;
19           }
20       }
21
22       // hashmap을 순회한다.
23       for (var prop in hashmap) {
24           if (hashmap[prop] == kArray.length) {
25               answer.push(parseInt (prop));
26           }
27       }
28       return answer;
29   }
30
31   commonElements([[1 ,2 ,3 ],[1 ,2 ,3 ,4 ],[1 ,2 ]]); // [ 1, 2 ]
```

**시간 복잡도:** $O(kn)$

**공간 복잡도:** $O(n)$

여기서 $n$은 가장 긴 배열의 길이이고 $k$는 배열의 개수다.

# 자바스크립트 함수형 배열 메소드

자바스크립트에서 특정 부분을 함수형 프로그래밍 언어처럼 작성할 수 있다. 명령형 프로그래밍과 달리 자바스크립트는 프로그램의 상태를 상관하지 않는다. 루프를 사용하지 않고 함수(메소드) 호출만을 사용한다. 자바스크립트의 함수형 프로그래밍에 관해 더 알고 싶다면 안토 아라빈스[Anto Aravinth]의 『Beginning Functional Javascript(함수형 자바스크립트 시작하기)』(Apress, 2017)를 참고하자.

이번 절에서는 자바스크립트의 함수형 배열 메소드 3가지 map, filter, reduce에 대해서만 알아볼 것이다. 해당 메소드들은 원래 배열의 내용을 변경하지 않는다.

## map

map 함수는 매개변수로 전달된 함수 변환을 배열의 모든 항목에 적용한 다음 변환이 적용된 항목들을 포함하는 신규 배열을 반환한다.

예를 들어 다음과 같이 모든 항목에 10을 곱할 수 있다.

```
1  [1,2,3,4,5,6,7].map(function (value){
2      return value*10;
3  });
4  // [10, 20, 30, 40, 50, 60, 70]
```

## filter

filter 함수는 배열 내 항목들 중 함수의 매개변수로 전달된 조건을 충족시키는 배열들만 반환한다. 다시 한 번 이야기하지만 이는 원래 배열을 변경하지 않는다.

예를 들어 다음 코드는 100보다 큰 항목들만 반환한다.

```
1    [100,2003,10,203,333,12].filter(function (value){
2        return value > 100;
3    });
4    // [2003, 203, 333]
```

## reduce

reduce 함수는 매개변수로 전달된 변환 함수를 사용해 배열의 모든 항목을 하나의 값으로 결합한다.

예를 들어 다음 코드는 모든 항목을 더한다.

```
1    var sum = [0,1,2,3,4].reduce( function (prevVal, currentVal, index, array) {
2        return prevVal + currentVal;
3    });
4    console.log(sum); // 10을 출력한다.
```

reduce 함수는 initialValue를 두 번째 인자로 받을 수 있다. 해당 인자는 감소 값을 초기화한다. 예를 들어 다음과 같이 initialValue로 1을 제공함으로써 실행 결과가 11이 된다.

```
1    var sum = [0,1,2,3,4].reduce( function (prevVal, currentVal, index, array) {
2        return prevVal + currentVal;
3    }, 1);
4    console.log(sum); // 11을 출력한다.
```

# 다차원 배열

자바와 C++와 달리 자바스크립트에는 다차원 배열이 없다(그림 5-1 참고).

106

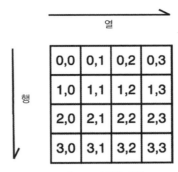

▲ 그림 5-1 다차원 배열

대신에 '가변^jagged' 배열이 있다. 가변 배열은 항목이 배열인 배열이다. 가변 배열의 항목은 차원과 크기가 다를 수 있다(그림 5-2 참고).

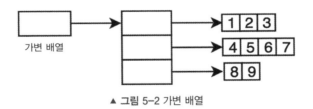

▲ 그림 5-2 가변 배열

다음은 그림 5-3의 배열과 같은 가변 배열을 생성하는 도움 함수다.

```javascript
1  function Matrix(rows, columns) {
2      var jaggedarray = new Array(rows);
3      for (var i=0; i < columns; i +=1) {
4          jaggedarray[i]=new Array(rows);
5      }
6      return jaggedarray;
7  }
8  console.log(Matrix(3,3));
```

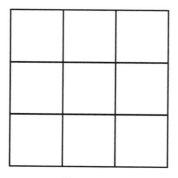

▲ 그림 5-3 3×3 행렬

가변 배열의 항목들을 접근하기 위해서는 행과 열을 지정해야 한다(그림 5-4 참고).

|   |   |   |
|---|---|---|
| 1 | 2 | 3 |
| 4 | 5 | 6 |
| 7 | 8 | 9 |

▲ 그림 5-4 숫자 항목이 포함된 3×3 행렬

```
1   var matrix3by3 = [[1,2,3],[4,5,6],[7,8,9]];
2   matrix3by3[0]; // [1,2,3]
3   matrix3by3[1]; // [4,5,6]
4   matrix3by3[2]; // [7,8,9]
5
6   matrix3by3[0][0]; // 1
7   matrix3by3[0][1]; // 2
8   matrix3by3[0][2]; // 3
9
10  matrix3by3[1][0]; // 4
```

```
11  matrix3by3[1][1]; // 5
12  matrix3by3[1][2]; // 6
13
14  matrix3by3[2][0]; // 7
15  matrix3by3[2][1]; // 8
16  matrix3by3[2][2]; // 9
```

## 연습 문제

연습 문제의 모든 코드는 깃허브[2]에서 확인할 수 있다.

### 나선형으로 출력

행렬을 이용해 예제 문제를 만들어보자. 어떤 행렬이 있을 때 그림 5-5와 같이 나선형 순서로 항목들을 출력해보자.

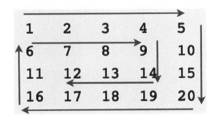

▲ 그림 5-5 나선형으로 출력

처음에는 매우 복잡한 문제처럼 보인다. 하지만 이 문제를 다섯 개의 주요 항목으로 나눌 수 있다.

---

2   https://github.com/Apress/js-data-structures-and-algorithms – 지은이

- 왼쪽에서 오른쪽으로 출력하기
- 위에서 아래쪽으로 출력하기
- 오른쪽에서 왼쪽으로 출력하기
- 아래쪽에서 위쪽으로 출력하기
- 위의 4가지 연산에 제한 걸기

즉, 4가지 주요 변수는 다음과 같다.

- 상부 행
- 하부 행
- 왼쪽 열
- 오른쪽 열

네 개의 print 함수 중 하나가 성공적으로 수행될 때마다 단순히 네 개의 변수 중 하나를 증가시키자. 예를 들어 상부 행을 출력한 다음 상부 행 변수를 1만큼 증가시킨다.

```
1   var M = [
2       [1, 2, 3, 4, 5],
3       [6, 7, 8, 9, 10],
4       [11, 12, 13, 14, 15],
5       [16, 17, 18, 19, 20]
6   ];
7   function spiralPrint(M) {
8       var topRow = 0,
9           leftCol = 0,
10          btmRow = M.length - 1,
11          rightCol = M[0].length - 1;
12
13      while (topRow < btmRow && leftCol < rightCol) {
14          for (var col = 0; col <= rightCol; col++) {
15              console.log(M[topRow][col]);
16          }
17          topRow++;
```

```
18          for (var row = topRow; row <= btmRow; row++) {
19              console.log(M[row][rightCol]);
20          }
21          rightCol--;
22          if (topRow <= btmRow) {
23              for (var col = rightCol; col >= 0; col--) {
24                  console.log(M[btmRow][col]);
25              }
26              btmRow--;
27          }
28          if (leftCol <= rightCol) {
29              for (var row = btmRow; row > topRow; row--) {
30                  console.log(M[row][leftCol]);
31              }
32              leftCol++;
33          }
34      }
35  }
36  spiralPrint(M);
```

**시간 복잡도:** $O(mn)$

**공간 복잡도:** $O(1)$

여기서 $m$은 열의 개수이고 $n$은 행의 개수다. 행렬의 각 항목을 단 한 번만 방문한다.

## 틱택토(tic-tac-toe) 게임

틱택토 판을 나타내는 행렬이 있을 때 누군가 게임을 이겼는지 비겼는지, 혹은 게임이 아직 끝나지 않았는지 결정해야 한다.[3]

---

3  틱택토의 규칙에 관해 더 알고 싶다면 https://en.wikipedia.org/wiki/Tic-tac-toe를 참고하자. – 지은이

다음 예를 살펴보자.

다음 예에서 X가 이겼다.

---

```
OX-
-XO
OX
```

---

위의 예는 행렬 [['O', 'X', '-'], ['-' ,'X', 'O'], ['O', 'X', '-']]로 나타낼 수 있다.

다음 예에서 O가 이겼다.

---

```
O-X
-O-
-XO
```

---

위의 예는 행렬 [['O','-','X'], ['-','O','-'], ['-','X','O']]로 나타낼 수 있다.

이를 위해 for 루프를 사용해 세 개의 행 모두를 확인한 다음 for 루프를 사용해 모든 열을 확인한 다음 대각선을 확인해야 한다.

---

```
1    function checkRow ( rowArr, letter ) {
2        for ( var i=0; i < 3; i++) {
3            if (rowArr[i]!=letter) {
4                return false;
5            }
6        }
7        return true;
8    }
9
10   function checkColumn ( gameBoardMatrix, columnIndex, letter ) {
11       for ( var i=0; i < 3; i++) {
12           if (gameBoardMatrix[i][columnIndex]!=letter) {
13               return false;
```

```
14          }
15       }
16       return true;
17  }
18
19  function ticTacToeWinner ( gameBoardMatrix, letter) {
20
21      // 행을 확인한다.
22      var rowWin = checkRow(gameBoardMatrix[0], letter)
23          || checkRow(gameBoardMatrix[1], letter)
24          || checkRow(gameBoardMatrix[2], letter);
25
26      var colWin = checkColumn(gameBoardMatrix, 0, letter)
27          || checkColumn(gameBoardMatrix, 1, letter)
28          || checkColumn(gameBoardMatrix, 2, letter);
29
30      var diagonalWinLeftToRight = (gameBoardMatrix[0][0]==letter &&
             gameBoardMatrix[1][1]==letter && gameBoardMatrix[2][2]==letter);
31      var diagonalWinRightToLeft = (gameBoardMatrix[0][2]==letter &&
             gameBoardMatr ix[1][1]==letter && gameBoardMatrix[2][0]==letter);
32
33      return rowWin || colWin || diagonalWinLeftToRight ||
          diagonalWinRightToLeft;
34  }
35
36  var board = [['O','-','X'],['-','O','-'],['-','X','O']];
37  ticTacToeWinner(board, 'X'); // false
38  ticTacToeWinner(board, 'O'); // true
```

## 길 찾기

그림 5–6에서 현재 위치가 $x$일 때 출구 $e$를 찾아라.

```
%e%%%%%%%%
%...%.%...%
%.%.%.%.%%%
%.%.......%
%.%%%%.%%.%
%.%.....%.%
%%%%%%%%%x%
```

▲ 그림 5-6 길 찾기

다른 표준 프로그래밍 언어와 마찬가지로 자바스크립트에서 \n은 줄을 나누는 데 사용되는 문자다. 쉼표와 \n을 결합해 변수에 문자열을 할당하는 과정에서 줄바꿈을 할 수 있다.

```
1   var board =
2     `%e%%%%%%%%\n
3   %...%.%...%\n
4   %.%.%.%.%%%\n
5   %.%.......%\n
6   %.%%%%.%%.%\n
7   %.%.....%.%\n
8   %%%%%%%%%x%`;
9   var rows = board.split("\n");
```

그리고 나서 배열에 .map을 사용해 특정 문자들을 기준으로 해당 배열을 열로 나눌 수 있다.

```
function generateColumnArr (arr) {
    return arr.split("");
}
var mazeMatrix = rows.map(generateColumnArr);
```

위의 코드는 틱택토 판을 위한 올바른 행렬을 생성할 것이다. 해당 행렬에서 각 행은 문자들의 배열이고 틱택토 판은 이러한 행들의 배열이다.

이제 우선 입구 $e$와 출구 $x$를 찾자. 다음 findChar 함수는 찾고자 하는 문자의 행 위치 $i$와 열 위치 $j$를 반환할 것이다.

```
1   function findChar(char , mazeMatrix) {
2       var row = mazeMatrix.length,
3           column = mazeMatrix[0 ].length;
4
5       for (var i = 0 ; i < row; i++ ) {
6           for (var j = 0 ; j < column; j++ ) {
7               if (mazeMatrix[i][j] == char ) {
8                   return [i, j];
9               }
10          }
11      }
12  }
```

물론 다음과 같이 행렬을 문자열로 깔끔하게 출력하는 함수도 필요하다.

```
1   function printMatrix(matrix) {
2       var mazePrintStr = "" ,
3           row = matrix.length,
4           column = matrix[0 ].length;
5
6       for (var i = 0 ; i < row; i++ ) {
7
8           for (var j = 0 ; j < column; j++ ) {
9               mazePrintStr += mazeMatrix[i][j];
10          }
11
12          mazePrintStr += "\n" ;
13
14      }
```

```
15      console.log(mazePrintStr);
16   }
```

마지막으로 path라는 함수를 정의하자. path 함수는 위쪽, 오른쪽, 아래쪽, 왼쪽을 재귀적으로 확인한다.

위쪽: path(x+1,y)
오른쪽: path(x,y+1)
아래쪽: path(x-1,y)
왼쪽: path(x,y-1)

```
function mazePathFinder(mazeMatrix) {
    var row = mazeMatrix.length,
        column = mazeMatrix[0].length,
        startPos = findChar('e', mazeMatrix),
        endPos = findChar('x', mazeMatrix);

    path(startPos[0], startPos[1]);

    function path(x, y) {
        if (x > row - 1 || y > column - 1 || x < 0 || y < 0) {
            return false;
        }
        // 찾았다.
        if (x == endPos[0] && y == endPos[1]) {
            return true;
        }
        if (mazeMatrix[x][y] == '%' || mazeMatrix[x][y] == '+') {
            return false;
        }
        // 현재 위치를 표시한다.
        mazeMatrix[x][y] = '+';
        printMatrix(mazeMatrix);

        if (path(x, y - 1) || path(x + 1, y) || path(x, y + 1) || path(x - 1, y)) {
```

```
        return true;
    }
    mazeMatrix[x][y] = '.';
    return false;
    }
}
```

그림 5-7은 콘솔 출력을 보여준다.

```
%+%%%%%%%
%...%.%...%
%.%.%.%.%%%
%.%......%
%.%%%.%%.%
%.%....%.%
%%%%%%%%x%

%+%%%%%%%
%+..%.%...%
%.%.%.%.%%%
%.%......%
%.%%%.%%.%
%.%....%.%
%%%%%%%%x%

. . .

%+%%%%%%%
%+++%.%...%
%.%+%.%.%%%
%.%+++++++%
```

```
%.%%%.%%+%
%.%....%.%
%%%%%%%%x%


%+%%%%%%%%
%+++%.%...%
%.%+%.%.%%%
%.%++++++%
%.%%%.%%+%
%.%....%+%
%%%%%%%%x%
```

▲ 그림 5-7 콘솔 출력

**시간 복잡도:** $O(mn)$

**공간 복잡도:** $O(1)$

여기서 $m$은 행의 길이이고 $n$은 열의 길이이다. 각 항목은 단 한 번만 방문한다.

## 행렬 회전

행렬을 왼쪽으로 90도 회전하라.

예를 들어 다음 행렬을 회전한다.

---

```
101
001
111
```

---

그러면 다음과 같이 된다.

```
111
001
101
```

그림 5–8은 행렬의 회전을 나타낸다.

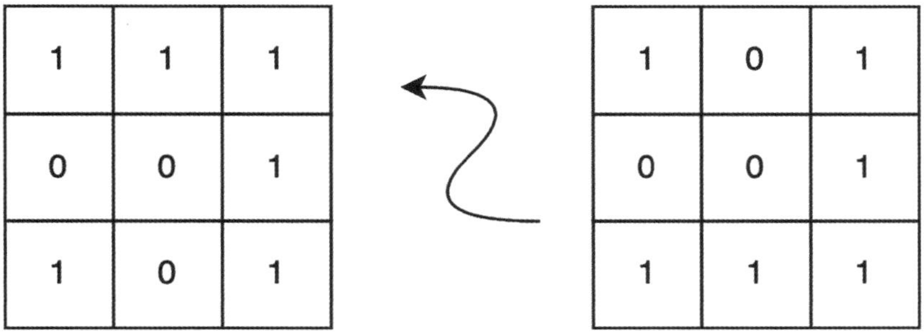

▲ 그림 5–8 행렬의 반시계 방향 회전

그림 5–8에서 보듯이 왼쪽으로 90도 회전하면 다음 사항들이 일어난다.

1. 행렬의 세 번째 열이 회전된 행렬의 첫 번째 행이 된다.
2. 행렬의 두 번째 열이 회전된 행렬의 두 번째 행이 된다.
3. 행렬의 첫 번째 열이 회전된 행렬의 세 번째 행이 된다.

다음 회전은 원래 행렬의 세 번째 열을 회전시킨다.

```
1   var matrix = [[1,0,1],[0,0,1],[1,1,1]];
2
3
4   function rotateMatrix90Left (mat){
5       var N = mat.length;
6
7       // 항목들을 하나씩 처리한다.
8       for (var x = 0; x < N / 2; x++) {
9           // 현재 항목을 기준으로
```

```
10          // 네 개의 항목들(상,하,좌,우)을 처리한다.
11          for (var y = x; y < N-x-1; y++) {
12              // 현재 칸의 값을 임시(temp) 변수에 저장한다.
13              var temp = mat[x][y];
14
15              // 현재 항목 기준 오른쪽 값을 현재 항목 기준 위쪽 칸에 할당한다.
16              mat[x][y] = mat[y][N-1-x];
17
18              // 현재 항목 기준 아래쪽 값을 현재 항목 기준 오른쪽 칸에 할당한다.
19              mat[y][N-1-x] = mat[N-1-x][N-1-y];
20
21              // 현재 항목 기준 왼쪽 값을 현재 항목 기준 아래쪽 칸에 할당한다.
22              mat[N-1-x][N-1-y] = mat[N-1-y][x];
23
24              // 임시 변수의 값을 현재 항목 기준 왼쪽 칸에 할당한다.
25              mat[N-1-y][x] = temp;
26          }
27      }
28  }
29  rotateMatrix90Left(matrix);
30  console.log(matrix); // [[1,1,1],[0,0,1],[1,0,1]]
```

---

**시간 복잡도:** $O(mn)$

**공간 복잡도:** $O(1)$

여기서 $m$은 행의 길이이고 $n$은 열의 길이이다. 각 항목은 단 한 번만 방문한다.

공간 복잡도는 $O(1)$이다. 새로운 배열을 생성하는 대신에 원래 배열이 수정되기 때문이다.


## 요약

5장에서는 배열과 관련된 다양한 기본 함수들을 다뤘다. 해당 함수들을 표 5−1에 요약했다.

| 함수 | 용도 |
| --- | --- |
| push(element) | 항목을 배열의 끝에 추가한다. |
| pop( ) | 배열의 마지막 항목을 제거한다. |
| shift( ) | 배열의 첫 번째 항목을 제거한다. |
| slice(beginIndex, endIndex) | beginIndex부터 endIndex까지의 부분 배열을 반환한다. |
| splice(beginIndex, endIndex) | beginIndex부터 endIndex까지의 부분 배열을 반환하고 해당 항목들을 제거함으로써 원래 배열을 수정한다. |
| concat(arr) | arr로부터 신규 항목들을 배열의 끝에 추가한다. |

표준 while과 for 루프 방식 외에도 배열 항목들의 반복 접근을 위해 표 5-2에 있는 대체 루프 방식을 사용할 수 있다.

▼ 표 5-2 반복 접근 요약

| 함수 | 용도 |
| --- | --- |
| for (var prop in arr) | 배열의 인덱스를 사용해 반복 접근한다. |
| for (var elem of arr) | 배열의 값을 사용해 반복 접근한다. |
| arr.forEach(fnc) | 각 항목에 fnc 값을 적용한다. |

마지막으로 자바스크립트는 다차원 배열 방식을 지원하기 위해 가변 배열과 배열의 배열을 활용한다는 점을 기억하자. 이러한 2차원 가변 배열 덕분에 틱택토 판과 같은 2차원 데이터와 미로를 쉽게 표현할 수 있다.

# 6장

# 자바스크립트 객체

자바스크립트 언어가 여러 용도로 자유자재로 사용될 수 있는 이유는 자바스크립트 객체 덕분이다. 자료 구조와 알고리즘에 관해 자세히 알아보기 전에 자바스크립트 객체가 어떤 식으로 동작하는지 복습해보자. 6장은 자바스크립트 객체가 무엇인지와 자바스크립트 객체를 어떤 식으로 선언하는지, 자바스크립트 객체의 속성을 어떤 식으로 변경할 수 있는지 집중적으로 알아볼 것이다. 추가적으로 자바스크립트 클래스가 프로토타입 활용 상속을 사용해 어떤 식으로 구현됐는지 다룰 것이다.

## 자바스크립트 객체 속성

객체 상수 {} 또는 new Object(); 구문을 통해 자바스크립트 객체를 생성할 수 있다. 추가적인 속성을 추가하거나 속성에 접근하는 방법은 object.propertyName<sup>객체.속성이름</sup>을 사용하거나 object['propertyName']<sup>객체['속성이름']</sup>을 사용하면 된다.

```
1    var javaScriptObject = {};
2    var testArray = [1,2,3,4];
```

```
3
4    javaScriptObject.array = testArray;
5    console.log(javaScriptObject); // {array: [1,2,3,4]}
6
7    javaScriptObject.title = 'Algorithms';
8    console.log(javaScriptObject); // {array: [1,2,3,4], title:'Algorithms'}
```

위의 코드에서 알 수 있듯이 일곱 번째 줄에서 title 속성이 자바스크립트에 동적으로 추가됐다. 마찬가지로 자바스크립트 클래스의 함수들도 객체에 함수들을 동적으로 추가하는 방식으로 추가된다.

## 프로토타입 활용 상속

자바와 같은 대부분의 강 자료형<sup>strongly typed</sup> 언어에서는 클래스의 메소드가 클래스와 동시에 정의된다. 하지만 자바스크립트에서는 함수가 클래스의 자바스크립트 Object 속성으로 추가돼야 한다.

다음 코드는 this.functionName = function( ){}을 사용해 함수를 추가하는 예다.

```
1    function ExampleClass(){
2        this.name = "JavaScript";
3        this.sayName = function(){
4            console.log(this.name);
5        }
6    }
7
8    // 신규 객체
9    var example1 = new ExampleClass();
10   example1.sayName(); //"JavaScript"
```

위 클래스는 생성자에서 sayName 함수를 동적으로 추가한다. 이러한 패턴을 프로토타입 활용 상속<sup>prototypical inheritance</sup>이라고 한다.

자바스크립트에서 프로토타입 활용 상속은 유일한 상속 방법이다. 클래스의 함수를 추가하기 위해서는 .prototype 속성을 사용한 다음 함수의 이름을 지정하기만 하면 된다.

.prototype 속성을 사용하는 것은 해당 객체의 자바스크립트 Object 속성을 동적으로 확장하는 것이다. 자바스크립트는 동적이고 클래스는 새로운 함수 멤버를 이후에 필요할 때 추가할 수 있기 때문에 이러한 방식이 표준이다. 자바와 같은 컴파일 언어에서는 이러한 방식을 사용할 수 없다. 자바에서 동적으로 함수를 추가하려 하면 컴파일 시 오류가 발생할 것이다. 자바스크립트의 이러한 독특한 속성으로 인해 자바스크립트 개발자들은 프로토타입 활용 상속을 활용할 수 있다.

다음 코드는 .prototype을 사용하는 예다.

```
1   function ExampleClass(){
2       this.array = [1,2,3,4,5];
3       this.name = "JavaScript";
4   }
5
6   // 신규 객체
7   var example1 = new ExampleClass();
8
9   ExampleClass.prototype.sayName = function() {
10      console.log(this.name);
11  }
12
13  example1.sayName(); //"JavaScript"
```

다시 한 번 언급하자면 함수를 클래스에 동적으로 추가하는 방식이 자바스크립트가 프로토타입 활용 상속을 구현한 방식이다. 클래스의 함수들을 생성자에서 추가하거나 .prototype을 통해 추가할 수 있다.

## 생성자와 변수

자바스크립트에서 클래스의 변수가 해당 클래스 객체의 속성이기 때문에 this.property Name<sup>this.속성이름</sup>으로 선언된 모든 속성을 공개적으로 접근할 수 있다. 이는 해당 객체의 속성들을 다른 범위에서도 직접 접근할 수 있다는 의미이다.

```
1    function ExampleClass(name, size){
2        this.name = name;
3        this.size = size;
4    }
5
6    var example = new ExampleClass("Public",5);
7    console.log(example); // {name:"Public", size: 5}
8
9    // 공개 변수 접근하기
10   console.log(example.name); // "Public"
11   console.log(example.size); // 5
```

비공개 변수를 흉내내기 위해 this.propertyName<sup>this.속성이름</sup>을 사용하는 대신 지역 변수를 선언한 다음 해당 변수에 대한 접근을 허용하는 getter와 setter를 만들 수 있다. 이런 식으로 변수는 해당 생성자의 범위 내에서만 사용 가능하다. 동시에 이러한 비공개 변수를 흉내 낸 지역 변수들에 접근하기 위해서는 인터페이스 함수들을 정의해야 한다 (getter의 경우 속성 이름 앞에 get을 붙이고 setter의 경우 속성 이름 앞에 set을 붙인다). 이러한 인터페이스 함수들은 생성자 바깥에서는 추가할 수 없다.

```
1    function ExampleClass(name, size) {
2        var privateName = name;
3        var privateSize = size;
4
5        this.getName = function() {return privateName;}
6        this.setName = function(name) {privateName = name;}
7
8        this.getSize = function() {return privateSize;}
```

126

```
 9      this.setSize = function(size) {privateSize = size;}
10    }
11
12    var example = new ExampleClass("Sammie",3);
13    example.setSize(12);
14    console.log(example.privateName); // undefined
15    console.log(example.getName()); // "Sammie"
16    console.log(example.size); // undefined
17    console.log(example.getSize()); // 12
```

## 요약

다른 객체지향 프로그래밍 언어와 달리 자바스크립트에서는 프로토타입 활용 상속이
상속에 있어 선호되는 방법이다. 프로토타입 활용 상속은 .prototype을 통해 신규 함수
들을 자바스크립트 클래스에 추가함으로써 동작한다. 자바와 C++에서 비공개 변수는
명시적으로 선언된다. 하지만 자바스크립트는 비공개 변수를 지원하지 않는다. 따라서
비공개 변수의 기능을 흉내내기 위해서는 생성자 함수의 범위에 한정된 변수를 생성해
야 한다. this.variableName<sup>this.변수이름</sup>을 통해 변수를 해당 객체의 일부로서 선언하면
해당 속성은 자동으로 공개 속성이 된다.

## 연습 문제

### 객체에 속성 추가하기

exampleKey 속성을 빈 자바스크립트 객체에 두 가지 방식으로 추가한 다음 해당 속성에
exampleValue를 설정하자.

6장의 앞에서 다뤘듯이 속성을 객체에 추가하는 2가지 방법이 있다. 어떤 방법을 사용

하든 성능상의 이점이 있거나 손실이 있는 것은 아니다. 어떤 방식이 더 편한지에 달려 있다.

```
1   var emptyJSObj = {};
2   emptyJSObj['exampleKey'] = 'exampleValue';
3   emptyJSObj.exampleKey = 'exampleValue';
```

## 클래스 정의하기

Animal과 Dog라는 두 개의 클래스를 생성하자. Animal 클래스는 생성자에서 두 개의 매개변수(name과 animalType)를 받아야 한다. 해당 속성들을 공개 속성으로 설정하자.

추가로 Animal 클래스에는 sayName과 sayAnimalType이라는 두 개의 함수가 있어야 한다. sayName은 name을 출력하고 sayAnimalType은 animalType을 출력한다. 두 속성 모두 생성자에서 초깃값이 설정된다.

마지막으로 Dog 클래스는 Animal 클래스를 상속한다.

  1. 우선 Animal 클래스와 지정된 필요 함수들을 정의한다.

```
1    function Animal(name, animalType) {
2        this.name = name;
3        this.animalType = animalType;
4    }
5    Animal.prototype.sayName = function () {
6        console.log(this.name);
7    }
8    Animal.prototype.sayAnimalType = function () {
9        console.log(this.animalType);
10   }
```

2. Dog 클래스가 Animal 클래스를 상속받기 위해서는 다음 코드와 같이 Dog 클래스를 정의한 다음 해당 클래스의 프로토타입을 복사한다.

```
1   function Dog(name) {
2       Animal.call(this, name, "Dog");
3   }
4   // 메소드들에 대해 복사한다.
5   Dog.prototype = Object.create(Animal.prototype);
6   var myAnimal = new Animal("ditto", "pokemon");
7   myAnimal.sayName(); // "ditto"
8   myAnimal.sayAnimalType(); // "pokemon"
9   var myDog = new Dog("candy", "dog");
10  myDog.sayName(); // "candy"
11  myDog.sayAnimalType(); // "dog"
```

# 7장

# 자바스크립트 메모리 관리

어떤 프로그램이든 변수는 메모리를 차지한다. C와 같은 저수준 프로그래밍 언어에서는 프로그래머가 메모리를 수동으로 할당하고 해제한다. 반면 V8 자바스크립트 엔진과 다른 최신 자바스크립트 엔진에는 프로그래머를 위해 사용하지 않는 변수를 삭제하는 가비지 컬렉터<sup>garbage collector</sup>가 있다. 하지만 자바스크립트 엔진이 수행하는 메모리 관리에도 개발자들이 쉽게 빠질 수 있는 함정이 존재한다. 7장에서는 어떤 함정들이 있는지 기본 예를 알아보고 가비지 컬렉터가 자바스크립트 메모리 문제를 최소화할 수 있도록 돕기 위한 기법들을 알아볼 것이다.

## 메모리 누수

메모리 누수는 프로그램에서 버려진 메모리를 해제하지 못한 경우를 말한다. 이로 인해 성능이 떨어지고 간혹 프로그램 자체가 중단되기도 한다. 메모리 누수는 자바스크립트 엔진의 가비지 컬렉터가 메모리를 올바른 방식으로 해제하지 않은 경우 발생할 수 있다.

자바스크립트 개발 과정 중에 메모리 누수 문제를 피하기 위해 7장에서 제시하는 핵심 원칙을 따르도록 하자.

## 객체에 대한 참조

객체에 대한 참조가 있다면 해당 참조는 메모리에 있는 것이다. 다음 예에서 `memory()` 함수는 5KB 데이터와 함께 배열을 반환한다고 가정해보자.

```
1  var foo = {
2      bar1: memory(), // 5kb
3      bar2: memory() // 5kb
4  }
5
6  function clickEvent(){
7      alert(foo.bar1[0]);
8  }
```

`clickEvent()` 함수가 5KB의 메모리를 사용할 것이라고 기대할 수도 있다. `foo` 객체가 `bar1`만을 참조하기 때문이다. 하지만 실제 `clickEvent()` 함수는 10KB의 메모리를 사용한다. `bar1` 속성에 접근하기 위해서는 `foo` 객체 전체를 `clickEvent()` 함수의 범위에 로딩해야 하기 때문이다.

## DOM 메모리 누수

DOM 항목을 가리키는 변수가 이벤트 콜백 외부에 선언된 경우 해당 DOM 항목을 제거하더라도 해당 항목은 여전히 메모리에 남게 된다.

다음 예에서 `document.getElementByID`에 의해 선택되는 두 개의 DOM 항목들이 있다.

```
1  <div id="one">One</div>
2  <div id="two">Two</div>
```

다음 자바스크립트 코드는 DOM 메모리 누수를 보여준다. one을 클릭하면 two가 제거된다. one을 다시 한 번 클릭하더라도 여전히 제거된 two를 참조하려 시도한다.

```
1   var one = document.getElementById("one");
2   var two = document.getElementById("two");
3   one.addEventListener('click', function(){
4       two.remove();
5       console.log(two); // 삭제 이후에도 html을 출력할 것이다.
6   });
```

one 항목에 대한 이벤트 리스너는 one 항목 클릭 시 웹 페이지로부터 two 항목을 사라지게 만들 것이다. 하지만 해당 DOM이 HTML에서 사라지더라도 해당 DOM이 이벤트 콜백에서 사용됐다면 참조는 남는다. two 항목이 더 이상 사용 중이 아닌 경우 이를 '메모리 누수'라고 부르며 미리 누수를 피해야 한다.

다음과 같은 방법으로 DOM 메모리 누수를 쉽게 수정할 수 있다.

```
1   var one = document.getElementById("one");
2
3   one.addEventListener('click', function(){
4       var two = document.getElementById("two");
5       two.remove();
6   });
```

DOM 메모리 누수를 막는 또 다른 방법으로 다음과 같이 클릭 핸들러를 사용한 뒤 등록 해지하는 방법이 있다.

```
1   var one = document.getElementById("one");
2   one.addEventListener('click', function(){
3       var two = document.getElementById("two");
4       two.remove();
5   });
6   one.removeEventListener('click');
```

## window 전역 객체

객체가 window 전역 객체에 포함되는 경우 해당 객체는 메모리에 존재하는 것이다. window는 브라우저에서 전역 객체이며 alert()과 setTimeout()과 같은 다양한 내장 메소드를 지닌다. window의 속성으로 선언된 추가적인 객체는 모두 제거할 수 없다. window는 브라우저가 실행하는 데 필요한 객체이기 때문이다. 모든 선언된 전역변수는 window 객체의 속성으로 설정될 수 있다는 점을 기억하자.

다음 예에서 두 개의 전역변수가 선언됐다.

```
1   var a = "apples"; // var 키워드를 통해 전역변수로 선언
2   b = "oranges"; // var 키워드 없이 전역변수로 선언
3
4   console.log(window.a); // "apples"를 출력한다.
5   console.log(window.b); // "oranges"를 출력한다.
```

가능하면 전역변수는 사용하지 않는 것이 좋다. 전역변수를 사용하지 않음으로써 메모리를 절약할 수 있다.


## 객체 참조 제한하기

객체에 대한 모든 참조가 제거되면 해당 객체는 제거된다. 함수에 객체의 전체 범위가 아닌 필요한 범위만 전달해야 하며 특히 전체 객체가 아닌 필요한 속성만 전달하도록 해야 한다. 객체가 차지하는 메모리 공간이 매우 클 수도 있기 때문이다(예를 들어 데이터 시각화 프로젝트를 위한 100,000개의 정수로 구성된 배열). 해당 객체의 단 하나의 속성만 필요한 경우 전체 객체를 매개변수로 전달해서는 안 된다.

예를 들어 다음 코드와 같이 구현해서는 안 된다.

```
1   var test = {
2       prop1: 'test'
3   }
4
5   function printProp1(test){
6       console.log(test.prop1);
7   }
8
9   printProp1(test); //'test'
```

대신 다음과 같이 속성을 전달해야 한다.

```
1   var test = {
2       prop1: 'test'
3   }
4
5   function printProp1(prop1){
6       console.log(prop1);
7   }
8
9   printProp1(test.prop1); //'test'
```

## delete 연산자

원치 않는 객체 속성을 제거하기 위해 delete 연산자를 사용할 수 있다는 점을 꼭 기억하자(단, 객체 외의 것들에 관해서는 동작하지 않는다).

```
1   var test = {
2       prop1: 'test'
3   }
4   console.log(test.prop1); // 'test'
```

```
5    delete test.prop1;
6    console.log(test.prop1); // _undefined_
```

## 요약

자바스크립트에서 메모리는 프로그래머에 의해 할당되지 않지만 여전히 메모리 누수 문제를 줄이기 위한 다양한 방법들이 있다. 객체가 참조 중이면 해당 객체는 메모리에 존재한다. 마찬가지로 HTML DOM 객체들은 삭제된 이후에는 참조돼서는 안 된다. 마지막으로 함수에서 객체를 참조할 때 필요한 부분만 참조해야 한다. 많은 경우 객체 전체를 전달하기보다는 객체의 속성을 전달하는 것이 가능하다. 또한 전역변수를 선언할 때는 매우 조심해야 한다.

## 연습 문제

7장의 연습 문제들은 비효율적인 메모리 사용을 찾아내고 주어진 코드를 최적화하는 내용이다.

### 속성 호출을 분석하고 최적화하기

printProperty에 대한 호출을 분석하고 최적화하자.

```
1    function someLargeArray() {
2        return new Array(1000000);
3    }
4    var exampleObject = {
5        'prop1': someLargeArray(),
6        'prop2': someLargeArray()
7    }
```

```
8   function printProperty(obj){
9       console.log(obj['prop1']);
10  }
11  printProperty(exampleObject);
```

**문제:** printProperty에서 과다한 양의 메모리가 사용된다. 전체 객체를 printProperty 함수에 전달했기 때문이다. 이 문제를 해결하려면 출력하고자 하는 속성만 함수의 매개 변수로 전달해야 한다.

**답:**

```
1   function someLargeArray() {
2       return new Array(1000000);
3   }
4   var exampleObject = {
5       'prop1': someLargeArray(),
6       'prop2': someLargeArray()
7   }
8   function printProperty(prop){
9       console.log(prop);
10  }
11  printProperty(exampleObject['prop1']);
```

## 범위를 분석하고 최적화하기

다음 코드에서 전역 범위를 분석하고 최적화하자.

```
1   var RED = 0,
2       GREEN = 1,
3       BLUE = 2;
4
5   function redGreenBlueCount(arr) {
6       var counter = new Array(3) .fill(0);
```

```
7        for (var i=0; i < arr.length; i++) {
8            var curr = arr[i];
9            if (curr == RED) {
10               counter[RED]++;
11           } else if (curr == GREEN) {
12               counter[GREEN]++;
13           } else if (curr == BLUE) {
14               counter[BLUE]++;
15           }
16       }
17       return counter;
18   }
19   redGreenBlueCount([0,1,1,1,2,2,2]); // [1, 3, 3]
```

문제: 필요하지 않은 곳에 전역변수가 사용됐다. 크기가 작긴 하지만 전역변수 RED, GREEN, BLUE는 전역 범위에 속하기 때문에 redGreenBlueCount 함수 내부로 이동해야 한다.

답:

```
1    function redGreenBlueCount(arr) {
2        var RED = 0,
3            GREEN = 1,
4            BLUE = 2,
5            counter = new Array(3) .fill(0);
6        for (var i=0; i < arr.length; i++) {
7            var curr = arr[i];
8            if (curr == RED) {
9                counter[RED]++;
10           } else if (curr == GREEN) {
11               counter[GREEN]++;
12           } else if (curr == BLUE) {
13               counter[BLUE]++;
14           }
15       }
16       return counter;
17   }
18   redGreenBlueCount([0,1,1,1,2,2,2]); // [1, 3, 3]
```

다음 코드에서 메모리 문제를 분석하고 수정하자.

HTML:

```
<button id="one">Button 1</button>
<button id="two">Button 2</button>
```

자바스크립트:

```
1   var one = document.querySelector("#one");
2   var two = document.querySelector("#two");
3   function callBackExample () {
4       one.removeEventListener("",callBackExample);
5   }
6   one.addEventListener('hover', function(){
7       two.remove();
8       console.log(two); // 삭제 이후에도 HTML을 출력한다.
9   });
10  two.addEventListener('hover', function(){
11      one.remove();
12      console.log(one); // 삭제 이후에도 HTML을 출력한다.
13  });
```

**문제:** 위의 코드에는 앞에서 다뤘던 'DOM 메모리 누수' 문제가 있다. 항목들을 제거했지만 여전히 콜백함수에서 참조한다. 이를 수정하기 위해 one 변수와 two 변수를 콜백 범위 내로 이동하고 항목 제거 후 이벤트 리스너를 제거한다.

**답:**

HTML:

```
<button id="one"> Button 1 </button>
<button id="two"> Button 2 </button>
```

자바스크립트:

```
1   var one = document.querySelector("#one");
2   var two = document.querySelector("#two");
3   function callbackOne() {
4       var two = document.querySelector("#two");
5       if (!two)
6           return;
7       two.remove();
8       one.removeEventListener("hover", callbackOne);
9   }
10
11  function callbackTwo() {
12      var one = document.querySelector("#one");
13      if (!one)
14          return;
15      one.remove();
16      two.removeEventListener("hover", callbackTwo);
17  }
18  one.addEventListener("click", callbackOne);
19  two.addEventListener("click", callbackTwo);
```

# 8장

# 재귀

8장에서는 재귀의 개념과 재귀 알고리즘에 관해 소개할 것이다. 우선 재귀의 정의와 재귀 알고리즘의 기본적인 규칙을 알아볼 것이다. 추가로 재귀함수의 효율성을 분석하기 위한 방법을 수식을 사용해 자세히 다룰 것이다. 마지막으로 학습한 내용을 여러분의 것으로 만들기 위해 연습 문제를 풀어볼 것이다.

## 재귀 소개

수학과 언어학, 예술에서 재귀는 그 자신에 관해 정의한 것이 발생하는 것을 나타낸다. 컴퓨터 과학 분야에서는 재귀함수는 자기 자신을 호출하는 함수다. 재귀함수는 대개 우아하며 '분할 정복' 방식을 통해 복잡한 문제를 해결한다. 여러분은 재귀를 다양한 자료구조의 구현에서 반복적으로 접할 것이기 때문에 재귀에 관해 이해하는 것은 중요하다. 그림 8-1은 그림이 동일하지만 자신보다는 작은 그림을 지닌 재귀의 예를 시각적으로 표현한 것이다.

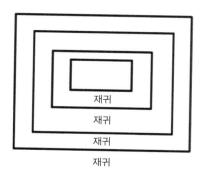

▲ 그림 8-1 재귀의 시각적 예시

## 재귀의 규칙

재귀함수를 잘못 구현한 경우 재귀함수는 심각한 문제를 일으킨다. 프로그램이 어느 한 곳에 빠져서 종료되지 않기 때문이다. 무한 재귀 호출은 스택 오버플로stack overflow를 초래한다. 스택 오버플로는 프로그램의 콜 스택 최대 개수가 제한된 양의 주소 공간(메모리)을 초과할 때를 나타낸다.

재귀함수를 올바르게 구현하기 위해서는 스택 오버플로를 피하기 위한 특정 규칙을 따라야 한다. 다음으로 해당 규칙들을 알아가보자.

## 기저 조건

재귀에는 기저 조건(종료 조건이라고 부름)이 존재한다. 재귀 메소드는 자기 자신을 호출하기 때문에 기저 조건에 도달하지 않으면 중단되지 않고 계속 자기 자신을 호출한다. 재귀로 인한 스택 오버플로는 올바른 기저 조건을 갖추지 못한 결과일 가능성이 매우 높다. 기저 조건에서는 더 이상 재귀함수 호출을 하지 않는다.

그 예로 n부터 0까지 세면서 숫자를 출력하는 다음 함수를 살펴보자.

```
1    function countDownToZero(n) {
2        // 기저 조건. 0에서 중단한다.
3        if (n < 0) {
4            return; // 함수를 중단한다.
5        } else {
6            console.log(n);
7            countDownToZero(n - 1); // 1만큼 감소시킨다.
8        }
9    }
10   countDownToZero(12);
```

위 함수의 기저 조건은 n이 0보다 작거나 같은 경우다. 원하는 결과가 숫자 세기를 0에서 멈추는 것이기 때문이다. 음수가 입력으로 주어진 경우 이미 기저 조건에 도달한 것이기 때문에 어떤 숫자도 출력되지 않을 것이다. 기저 조건 외에도 재귀함수는 분할 정복 방식을 활용한다.

## 분할 정복 방식

컴퓨터 과학 분야에서 분할 정복 방식은 어떤 문제를 작은 단위로 나눠서 해당 작은 단위의 문제들을 모두 해결함으로써 문제를 해결하는 것을 말한다. 위의 숫자 세기 예에서 2가 입력일 때 숫자를 세는 문제는 2를 출력한 다음 1이 입력일 때 숫자를 세는 문제를 호출한다. 여기서 1이 입력일 때 숫자를 세는 문제는 2가 입력일 때 숫자를 세는 문제의 부분 문제다. 이런 식으로 문제는 '분할 정복'에 의해 점점 작아지면서 기저 경우에 도달해야 한다. 그렇지 않으면 재귀 호출은 기저 사례에 수렴하지 못해 스택 오버플로가 발생할 것이다.

## 대표적인 예: 피보나치 수열

피보나치 수열은 무한한 숫자들의 목록이다. 이때 각 수는 이전 두 수의 합이다(1부터 시작된다).

$$1, 1, 2, 3, 5, 8, 13, 21 \cdots$$

피보나치 수열의 N번째 수를 출력하기 위한 프로그램을 어떤 식으로 만들 것인가?

### 반복 루프를 활용한 해결책: 피보나치 수열

for 루프를 활용한 해결책은 다음과 같을 것이다.

```
1   function getNthFibo(n) {
2       if ( n <= 1) return n;
3       var sum = 0,
4           last = 1,
5           lastlast = 0;
6
7       for (var i = 1; i < n; i++) {
8           sum = lastlast + last;
9           lastlast = last;
10          last = sum;
11      }
12      return sum;
13  }
```

for 루프는 피보나치 수열의 마지막 두 개 항목을 추적하는 데 사용될 수 있다. 마지막 두 개 항목의 합이 피보나치 수가 된다.

이제 이를 재귀적으로 프로그래밍하려면 어떻게 해야 할까?

### 재귀 해결법: 피보나치

다음 코드는 재귀 해결법을 나타낸다.

```
1   function getNthFibo(n) {
2       if (n <= 1) {
3           return n;
4       } else {
```

```
5          return getNthFibo(n - 1) + getNthFibo(n - 2);
6      }
7  }
```

**기저 경우:** 피보나치 수열의 기저 경우는 첫 번째 항목이 1일 때다.

**분할 정복:** 피보나치 수열의 정의에 따르면 N번째 피보나치 수는 $(n-1)$번째 피보나치 수와 $(n-2)$번째 피보나치 수의 합이다. 하지만 이러한 구현의 시간 복잡도는 $O(2^n)$이다. 이는 8장 앞에서 다룬 바 있다. 다음 절에서 꼬리 재귀를 사용한 피보나치 수열의 좀 더 효과적인 재귀 알고리즘을 알아볼 것이다.

## 피보나치 수열: 꼬리 재귀

꼬리 재귀$^{tail\ recursion}$ 함수는 재귀 호출이 함수에서 가장 마지막에 실행되는 방식의 재귀 함수다. 우선 다음 반복 루프를 활용한 해결책을 살펴보자.

```
1  function getNthFibo(n) {
2      if ( n <= 1) return n;
3      var sum = 0,
4          last = 1,
5          lastlast = 0;
6
7      for (var i = 1; i < n; i++) {
8          sum = lastlast + last;
9          lastlast = last;
10         last = sum;
11     }
12     return sum;
13 }
```

매번 루프가 반복될 때마다 다음 갱신이 일어난다.

```
(lastlast, last) = (last, lastlast+last)
```

이러한 점을 염두해 다음과 같이 재귀함수를 구현할 수 있다.

```
1   function getNthFiboBetter(n, lastlast, last) {
2       if (n == 0) {
3           return lastlast;
4       }
5       if (n == 1) {
6           return last;
7       }
8       return getNthFiboBetter(n-1, last, lastlast + last);
9   }
```

**시간 복잡도:** $O(n)$

기껏해야 함수는 $n$번 실행된다. 재귀 호출이 일어날 때마다 $n-1$씩 감소하기 때문이다.

**공간 복잡도:** $O(n)$

위의 함수에 사용된 스택 콜 때문에 공간 복잡도 역시 $O(n)$이다. 이에 관해서는 8장의 '재귀 콜 스택 메모리' 절에서 자세히 다룰 것이다.

재귀 규칙에 관해 마무리하기 위해 좀 더 복잡한 또 다른 예를 살펴보자.

## 파스칼의 삼각형

이번 예에서 파스칼의 삼각형의 숫자를 계산하는 함수에 관해 알아볼 것이다. 그림 8-2에서 보듯이 파스칼의 삼각형은 어떤 항목의 값이 해당 항목의 위쪽 두 개 항목 값(왼쪽과 오른쪽)의 합인 삼각형이다.

$$1$$
$$1\ 1$$
$$1\ 2\ 1$$
$$1\ 3\ 3\ 1$$
$$1\ 4\ 6\ 4\ 1$$
$$1\ 5\ 10\ 10\ 5\ 1$$

▲ 그림 8-2 파스칼의 삼각형

**기저 경우:** 파스칼의 삼각형의 기저 경우는 최상위 항목(행=1, 열=1)인 1이다. 나머지 모든 수는 해당 항목으로부터 파생된 것이다. 따라서 열이 1이면 1을 반환하고 행이 0이면 0을 반환한다.

**분할 정복:** 파스칼의 삼각형의 수학적 정의에 따르면 파스칼의 삼각형의 수는 해당 수의 위쪽 수들의 합이다. 따라서 다음과 같이 표현할 수 있다.

```
pascalTriangle(row - 1, col) + pascalTriangle(row - 1, col - 1)
```

```
1   function pascalTriangle(row, col) {
2       if (col == 0) {
3           return 1;
4       } else if (row == 0) {
5           return 0;
6       } else {
7           return pascalTriangle(row - 1, col) + pascalTriangle(row - 1,
                col - 1);
8       }
9   }
10  pascalTriangle(5, 2); // 10
```

이것이 재귀의 멋진 점이다! 또한 코드가 얼마나 간결하면서 우아한지 살펴보자.

# 재귀의 빅오 분석

1장에서 재귀 알고리즘의 빅오 분석을 다루지 않았다. 재귀 알고리즘이 분석하기에 훨씬 더 어렵기 때문이다. 재귀 알고리즘에 대한 빅오 분석을 수행하기 위해서는 알고리즘의 어떤 식으로 반복되는지 점화식recurrence relations을 분석해야 한다.

## 점화식

반복 루프를 사용해 구현된 알고리즘의 경우 빅오 분석이 훨씬 간단하다. 루프가 언제 중단돼야 할지 그리고 각 반복 루프마다 얼마나 증가시켜야 할지를 명확하게 정의하기 때문이다. 재귀 알고리즘을 분석하는 경우 점화식을 사용한다. 점화식은 기저 경우에 대한 빅오와 재귀 경우에 대한 빅오 두 부분에 대한 분석으로 구성된다.

피보나치 수열 예를 다시 살펴보자.

```
function getNthFibo(n) {
    if (n <= 1) {
        return n;
    } else {
        return getNthFibo(n - 1) + getNthFibo(n - 2);
    }
}
getNthFibo(3);
```

기저 경우의 시간 복잡도는 $O(1)$이다. 재귀 경우는 자기 자신을 두 번 호출한다. 이를 $T(n) = T(n-1) + T(n-2) + O(1)$이라고 표현하자.

- **기저 경우:** $T(n) = O(1)$
- **재귀 경우:** $T(n) = T(n-1) + T(n-2) + O(1)$

위의 점화식 $T(n) = T(n-1) + T(n-2) + O(1)$에서 $n$을 $n-1$로 대체하면 $T(n-1) =$

$T(n{-}2) + T(n{-}3) + \mathrm{O}(1)$이다. 마찬가지로 $n{-}1$을 $n{-}2$로 대체하면 $T(n-2) = T(n-3)$ $+ T(n-4) + \mathrm{O}(1)$이다. 따라서 함수를 호출할 때마다 각 함수 호출에 대해 두 개의 함수 호출이 더 일어나는 것을 확인할 수 있다. 즉, 이 함수의 시간 복잡도는 $\mathrm{O}(2^n)$이다.

이를 다음과 같이 시각화할 수 있다.

```
F(6)                    * <-- 단 한 번
F(5)                    *
F(4)                    **
F(3)                   ****
F(2)                 ********
F(1)            ****************          <-- 16
F(0) ******************************** <-- 32
```

빅오를 계산하는 것은 어렵고 실수하기 쉽다. 다행히도 이를 계산하는 데 도움이 되는 마스터 정리master theorem라는 개념이 있다. 마스터 정리 덕분에 프로그래머들은 재귀 알고리즘의 시간 복잡도와 공간 복잡도를 쉽게 분석할 수 있다.

## 마스터 정리

마스터 정리는 다음과 같이 기술한다.

> a >= 1이고 b >= 1인 $T(n) = aT(n/b) + \mathrm{O}(n^c)$의 형태를 지닌 점화식이 있을 때 세 가지 경우가 존재한다.

$a$는 재귀 호출에 곱해지는 계수다. $b$는 "로그" 항이다. $b$는 재귀 호출 시에 $n$을 나누는 항이다. 마지막으로 $c$는 등식의 비재귀 구성 요소에 대한 다항식의 항이다.

첫 번째 경우는 비재귀 구성요소인 $\mathrm{O}(n^c)$의 항인 c가 $log_b(a)$보다 작은 경우다.

**경우 1:** $c < log_b(a)$이면 $\mathrm{O}(n^{(log_b(a))})$이다.

예를 들어 $T(n) = 8T(n/2) + 1000n^2$이라고 해보자.

**a, b, c 식별:** $a = 8$, $b = 2$, $c = 2$

**평가:** $log_2(8) = 3$. $c < 3$을 만족한다.

**결과:** $T(n) = O(n^3)$

두 번째 경우는 c가 $log_b(a)$와 같은 경우다.

**경우 2:** c = $log_b(a)$이면 $T(n) = O(n^c log(n))$이다.

예를 들어 $T(n) = 2T(n/2) + 10n$이라고 해보자.

**a, b, c 식별:** $a = 2$, $b = 2$, $c = 1$

**평가:** $log_2(2) = 1$. c = 1을 만족한다.

**결과:** $T(n) = O(n^c log(n)) = T(n) = O(n^1 log(n)) = T(n) = O(nlog(n))$

세 번째이자 마지막 경우는 c가 $log_b(a)$보다 큰 경우다.

**경우 3:** $c > log_b(a)$이면 $T(n) = O(f(n))$이다.

예를 들어 $T(n) = 2T(n/2) + n^2$이라고 해보자.

**a, b, c 식별:** $a = 2$, $b = 2$, $c = 2$

**평가:** $log_2(2) = 1$. $c > 1$을 만족한다.

**결과:** $T(n) = f(n) = O(n^2)$

이번 절은 재귀 알고리즘의 시간 복잡도를 분석과 관련해 많은 부분을 알아봤다. 공간 복잡도 역시 시간 복잡도만큼 중요하다. 공간 복잡도 분석을 위해 재귀함수 호출에 사용되는 메모리 역시 주의 깊게 보고 분석해야 한다.

## 재귀 호출 스택 메모리

재귀함수가 자기 자신을 호출하는 경우 메모리를 차지한다. 따라서 이는 빅오 공간 복잡도 분석에서 매우 중요하다.

예를 들어 $n$부터 1까지 재귀적으로 출력하는 간단한 함수의 공간 복잡도는 $O(n)$이다.

```
1    function printNRecursive(n) {
2        console.log(n);
3        if (n > 1){
4            printNRecursive(n-1);
5        }
6    }
7    printNRecursive(10);
```

위의 코드를 브라우저나 아무 자바스크립트 엔진에서 실행한 다음 그림 8-3과 같이 콜 스택에서의 결과를 확인할 수 있다.

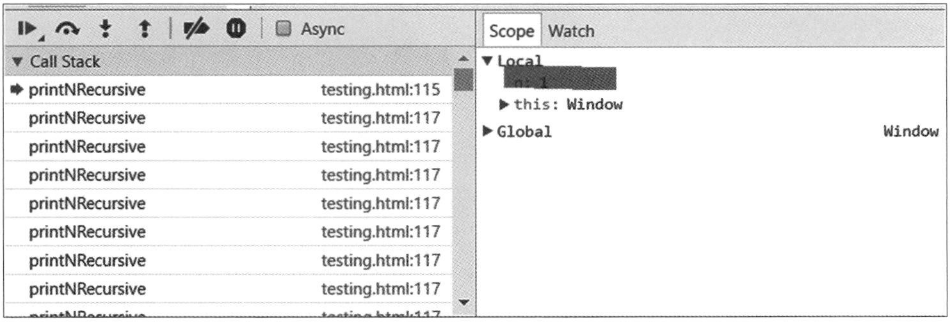

▲ 그림 8-3 개발자 툴에서의 콜 스택

그림 8-3과 그림 8-4에서 보듯이 각 재귀 호출은 기저 경우가 해결될 때까지 메모리에 저장돼야 한다. 이러한 콜 스택으로 인해 재귀 알고리즘은 추가적인 메모리를 필요로 한다.

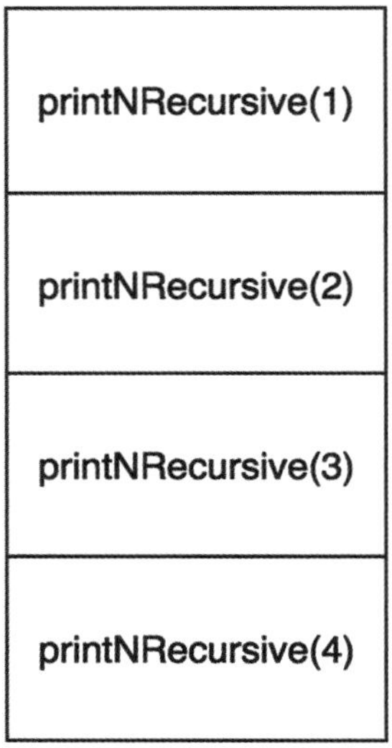

▲ 그림 8-4 콜 스택 메모리

재귀 호출은 운영체제의 메모리 스택에 저장돼야 하는데, 재귀함수는 이러한 재귀 호출로 인해 발생하는 추가적인 공간 복잡도 비용을 지닌다. 스택은 기저 경우가 해결될 때까지 축적된다. 사실 이러한 이유로 인해 재귀 해결책보다 반복 루프를 활용한 해결책을 선호하기도 한다. 최악의 상황으로 기저 경우가 잘못 구현된 경우 재귀함수는 스택 오버플로 오류로 인해 프로그램에 치명적 오류를 일으키며 프로그램을 중단시킬 것이다. 스택 오버플로 오류는 메모리 스택에 허용된 수의 항목보다 많은 수가 있는 경우에 발생한다.

## 요약

재귀는 복잡한 알고리즘을 구현하기 위한 강력한 도구다. 모든 재귀함수는 두 가지 부분으로 구성됨을 기억하자. 바로 기저 경우와 분할 정복 방식(하위 문제 해결하기)이다.

이러한 재귀 알고리즘의 빅오 분석은 경험적으로 수행되거나(추천하지 않음) 마스터 정리를 통해 수행된다. 마스터 정리는 $T(n) = aT(n/b) + O(n^c)$와 같은 형태의 점화식을 필요로 한다는 점을 기억하자. 마스터 정리를 사용하는 경우 해당 경우가 마스터 정리의 세 가지 중 어디에 속하는지 결정하기 위해 $a$와 $b$, $c$를 식별해야 한다.

마지막으로 재귀 알고리즘을 구현할 때 재귀함수 호출의 콜 스택으로 인한 추가적인 메모리를 고려해야 한다. 각 재귀 호출은 실행 시간에 콜 스택에서의 공간을 필요로 한다. 콜 스택이 $n$ 호출만큼 축적된 경우 해당 함수의 공간 복잡도는 $O(n)$이다.

## 연습 문제

다음 재귀에 관한 연습 문제들은 8장에서 학습한 내용을 자신의 것으로 만드는 데 도움이 되는 다양한 문제를 다룬다. 우선 전체 문제를 해결하기 전에 올바른 기저 경우를 식별할 수 있어야 한다. 연습 문제의 코드는 깃허브[1]에서 확인할 수 있다.

### 십진수를 이진수로 변환하기

십진수를 이진수로 변환하기 위해서는 숫자를 계속해서 2로 나누고 매번 나머지와 나눗셈을 계산해야 한다.

**기저 경우:** 이 문제의 기저 경우는 $n$이 2보다 작을 때다. $n$이 2보다 작다는 것은 $n$이 0 또는 1이라는 의미다.

```
1    function base10ToString(n) {
2        var binaryString = "";
3
4        function base10ToStringHelper(n) {
5            if (n < 2) {
```

---

1    https://github.com/Apress/js-data-structures-and-algorithms – 지은이

```
6              binaryString += n;
7              return;
8          } else {
9              base10ToStringHelper(Math.floor(n / 2));
10             base10ToStringHelper(n % 2);
11         }
12     }
13     base10ToStringHelper(n);
14
15     return binaryString;
16 }
17
18 console.log(base10ToString(232)); // 11101000
```

**시간 복잡도:** $O(log_2(n))$

위의 코드에서 재귀 호출이 $n$을 2로 나눠서 알고리즘을 빠르게 만들기 때문에 시간 복잡도는 로그 시간이다. 예를 들어 $n$ = 8에 대해 함수가 세 번만 실행된다. $n$ = 1024에 대해 함수가 10번 실행된다.

**공간 복잡도:** $O(log_2(n))$

## 배열의 모든 순열 출력하기

이는 대표적인 재귀 문제이고 해결하기에 꽤나 어렵다. 이 문제의 전제는 배열의 항목들을 모든 가능한 위치의 항목들과 교환해보는 것이다.

우선 이 문제의 재귀 트리를 그려보자(그림 8-5 참고).

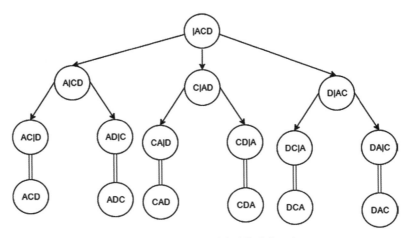

▲ 그림 8-5 배열의 순열에 대한 재귀 트리

**기저 경우:** beginIndex<sup>시작 인덱스</sup>가 endIndex<sup>종료 인덱스</sup>와 동일하다.

beginIndex가 endIndex와 동일한 경우 다음 함수는 현재 순열을 출력한다.

**순열:** 항목들을 교환하기 위한 함수가 필요하다.

```
1   function swap(strArr, index1, index2) {
2       var temp = strArr[index1];
3       strArr[index1] = strArr[index2];
4       strArr[index2] = temp;
5   }
```

```
1   function permute(strArr, begin, end) {
2       if (begin == end) {
3           console.log(strArr);
4       } else {
5           for (var i = begin; i < end + 1; i++) {
6               swap(strArr, begin, i);
7               permute(strArr, begin + 1, end);
8               swap(strArr, begin, i);
```

```
9            }
10       }
11  }
12
13  function permuteArray(strArr) {
14       permute(strArr, 0, strArr.length - 1);
15  }
16
17  permuteArray(["A", "C", "D"]);
18  // ["A", "C", "D"]
19  // ["A", "D", "C"]
20  // ["C", "A", "D"]
21  // ["C", "D", "A"]
22  // ["D", "C", "A"]
23  // ["D", "A", "C"]
```

**시간 복잡도:** $O(n!)$

**공간 복잡도:** $O(n!)$

$n!$개의 순열이 있다. 따라서 $n!$개의 호출 스택이 생성된다.

## 객체 펼치기

다음과 같은 자바스크립트 배열이 있다고 하자.

```
1  var dictionary = {
2      'Key1': '1',
3      'Key2': {
4          'a' : '2',
5          'b' : '3',
6          'c' : {
7              'd' : '3',
8              'e' : '1'
9          }
```

```
10      }
11  }
```

위의 배열을 { 'Key1': '1', 'Key2.a': '2','Key2.b' : '3', 'Key2.c.d' : '3', 'Key2.c.e' : '1'}로 펼쳐보자. 여기서 자식은 그림 8–6과 같이 부모와 자식 사이에 .을 표시해 나타낸다.

이를 위해 모든 속성에 반복적으로 접근하면서 해당 속성에 자식 속성이 있는지 재귀적으로 확인한다. 이때 연결된 문자열 이름을 매개변수로 전달된다.

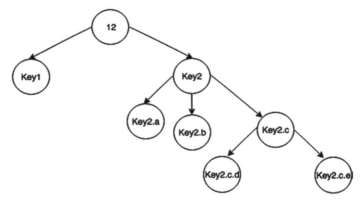

▲ 그림 8–6 딕셔너리 재귀 트리 펼치기

**기저 경우:** 이 문제의 기저 경우는 입력이 객체가 아닐 때다.

```
1   function flattenDictionary(dictionary) {
2       var flattenedDictionary = {};
3
4       function flattenDitionaryHelper(dictionary, propName) {
5           if (typeof dictionary != 'object') {
6               flattenedDictionary[propName] = dictionary;
7               return;
8           }
9           for (var prop in dictionary) {
```

```
10                  if (propName == ''){
11                      flattenDitionaryHelper(dictionary[prop], propName+prop);
12                  } else {
13                      flattenDitionaryHelper(dictionary[prop], propName+'.'+prop);
14                  }
15              }
16          }
17
18      flattenDitionaryHelper(dictionary, '');
19      return flattenedDictionary;
20  }
```

**시간 복잡도**: $O(n)$

**공간 복잡도**: $O(n)$

위의 함수는 각 속성을 단 한 번씩 방문하고, 저장은 마지막 속성의 개수만큼 일어난다.

## 문자열이 거꾸로 읽어도 동일한지 여부를 재귀적으로 결정하는 프로그램 작성하기

deified, racecar, testset, aibohphobia와 같은 단어는 거꾸로 읽어도 동일한 철자를 지니는 단어다.

```
1   function isPalindromeRecursive(word) {
2       return isPalindromeHelper(word, 0, word.length-1);
3   }
4
5   function isPalindromeHelper(word, beginPos, endPos) {
6       if (beginPos >= endPos) {
7           return true;
8       }
9       if (word.charAt(beginPos) != word.charAt(endPos)) {
10          return false;
11      } else {
12          return isPalindromeHelper(word, beginPos + 1, endPos - 1);
```

```
13      }
14  }
15
16  isPalindromeRecursive('hi'); // false
17  isPalindromeRecursive('iii'); // true
18  isPalindromeRecursive('ii'); // true
19  isPalindromeRecursive('aibohphobia'); // true
20  isPalindromeRecursive('racecar'); // true
```

위의 구현은 두 개의 인덱스(앞 인덱스와 뒤 인덱스)를 활용해 앞과 뒤가 만날 때까지 매 단계에 문자가 같은지 확인하는 방식이다.

**시간 복잡도:** $O(n)$

**공간 복잡도:** $O(n)$

여기서 공간 복잡도는 재귀 호출 스택 때문에 여전히 $O(n)$이다. 변수를 선언하지 않거나 자료 구조 내에 무언가를 저장되지 않더라도 호출 스택이 메모리의 일부로 남는다는 점을 기억하자.

# 9장

# 집합

9장에서는 집합을 집중적으로 알아볼 것이다. 수학적 정의 관점과 구현 단계 관점 모두에서 집합의 개념을 기술하고 자세히 알아볼 것이다. 공통 집합 연산과 이러한 연산의 구현에 관해 매우 자세히 다룰 것이다. 9장이 끝날 무렵 여러분은 집합 연산을 활용하기 위해 자바스크립트의 기본 Set 객체를 사용하는 법을 이해하게 될 것이다.

## 집합 소개

집합set은 가장 근간이 되는 자료 구조 중 하나다. 집합의 개념은 간단하다. 유한하고 구분되는 객체들의 그룹이다. 일반적인 용어로 표현하자면 프로그래밍에서 집합은 정렬되지 않은 유일한(중복되지 않는) 항목들의 그룹이다. 예를 들어 {1,2,3,4}는 정수 집합이다. 해당 집합 내의 부분 집합으로 {}, {1}, {2}, {3}, {4}, {1, 2}, {1, 3}, {1, 4}, {2, 3}, {2, 4}, {3, 4}, {1, 2, 3}, {1, 2, 4}, {1, 3, 4}, {2, 3, 4}가 있다. 집합은 O(1) 상수 시간에 유일한 항목을 확인하고 추가할 수 있기 때문에 중요하다. 집합이 상수 시간 연산이 가능한 이유는 집합의 구현이 해시 테이블의 구현을 기초로 하기 때문이다(11장에서 다룰 예정).

다음과 같이 자바스크립트에서는 Set<sup>집합</sup>이 기본 지원된다.

```
1   var exampleSet = new Set();
```

기본 Set 객체에는 속성이 하나만 존재하는 데 size라는 정수 속성이다. 해당 속성은
집합 내 항목들의 현재 개수를 나타낸다.

## 집합 연산

집합은 항목이 유일한지 확인하는 데 있어 강력한 자료 구조다. 이번 절에서는 삽입, 삭
제, 포함이라는 집합의 핵심 연산을 다룰 것이다.

### 삽입

Set의 주요 특징은 유일함을 확인한다는 것이다. Set은 항목들을 추가할 수 있지만 중
복되는 항목은 허용되지 않는다.

```
1   var exampleSet = new Set();
2   exampleSet.add(1); // exampleSet: Set {1}
3   exampleSet.add(1); // exampleSet: Set {1}
4   exampleSet.add(2); // exampleSet: Set {1, 2}
```

위의 코드로부터 집합에는 중복 항목들을 추가할 수 없다는 것을 확인할 수 있다. 소개
때 언급했던 것처럼 집합에 항목을 삽입하는 것은 상수 시간에 일어난다.

**시간 복잡도**: $O(1)$

## 삭제

Set은 집합으로부터 항목들을 삭제할 수도 있다. Set.delete는 불리언을 반환한다(해당 항목이 존재해서 삭제됐다면 true가 반환되고, 해당 항목이 존재하지 않으면 false가 반환된다).

```
1  var exampleSet = new Set();
2  exampleSet.add(1); // exampleSet: Set {1}
3  exampleSet.delete(1); // true
4  exampleSet.add(2); // exampleSet: Set {2}
```

배열에서 항목 하나를 삭제하기 위해서는 O($n$) 시간이 걸린다는 것을 고려할 때 집합의 경우 상수 시간에 항목을 삭제할 수 있다는 것은 유용하다.

**시간 복잡도:** O($1$)

## 포함

Set.has는 해당 항목이 집합 내에 존재하는지 확인하는데 O(1) 찾기 시간밖에 걸리지 않는다.

```
1  var exampleSet = new Set();
2  exampleSet.add(1); // exampleSet: Set {1}
3  exampleSet.has(1); // true
4  exampleSet.has(2); // false
5  exampleSet.add(2); // exampleSet: Set {1, 2}
6  exampleSet.has(2); // true
```

**시간 복잡도:** O($1$)

# 기타 유틸리티 함수

기본 지원되는 집합 함수 외에도 기타 필수 연산들이 사용 가능하다. 이번 절에서는 해당 필수 연산들을 다룬다.

## 교집합

우선 두 집합의 교집합은 해당 두 집합의 공통 항목들로 구성된다. 교집합 함수는 다음과 같이 두 집합의 공통 항목들로 이루어진 집합을 반환한다.

```
1   function intersectSets (setA, setB) {
2       var intersection = new Set();
3       for (var elem of setB) {
4           if (setA.has(elem)) {
5               intersection.add(elem);
6           }
7       }
8       return intersection;
9   }
10  var setA = new Set([1, 2, 3, 4]),
11      setB = new Set([2, 3]);
12  intersectSets(setA,setB); // Set {2, 3}
```

## 상위 집합 여부 확인

두 번째로 어떤 집합이 다른 집합의 모든 항목들을 포함하는 경우 해당 다른 집합의 '상위 집합superset'이다. isSuperSet 함수는 집합이 다른 집합의 상위 집합인지 확인한다. isSuperSet 함수는 집합이 다른 집합의 모든 항목들을 포함하는지 확인함으로써 간단히 구현할 수 있다.

```
1   function isSuperset(setA, subset) {
```

```
2        for (var elem of subset) {
3            if (!setA.has(elem)) {
4                return false;
5            }
6        }
7        return true;
8   }
9   var setA = new Set([1, 2, 3, 4]),
10      setB = new Set([2, 3]),
11      setC = new Set([5]);
12  isSuperset(setA, setB); // true
13  // setA가 setB의 모든 항목을 포함하기 때문에
14  isSuperset(setA, setC); // false
15  // setA가 setC의 항목 5를 포함하지 않기 때문에
```

## 합집합

세 번째로 두 집합의 합집합<sup>union</sup>은 양쪽 집합의 항목들을 합친다. unionSet 함수는 중복 없이 두 집합의 항목들을 모두 포함하는 신규 집합을 반환한다.

```
1   function unionSet(setA, setB) {
2       var union = new Set(setA);
3       for (var elem of setB) {
4           union.add(elem);
5       }
6       return union;
7   }
8   var setA = new Set([1, 2, 3, 4]),
9       setB = new Set([2, 3]),
10      setC = new Set([5]);
11  unionSet(setA,setB); // Set {1, 2, 3, 4}
12  unionSet(setA,setC); // Set {1, 2, 3, 4, 5}
```

## 차집합

마지막으로 집합 A에 대한 집합 B의 차집합<sup>difference</sup>은 A에는 있지만 B에는 없는 항목들의 집합이다. differenceSet 함수는 기본 delete 메소드를 활용해 차집합 연산을 구현한다.

```javascript
1   function differenceSet(setA, setB) {
2     var difference = new Set(setA);
3     for (var elem of setB) {
4         difference.delete(elem);
5     }
6     return difference;
7   }
8   var setA = new Set([1, 2, 3, 4]),
9       setB = new Set([2, 3]);
10  differenceSet(setA, setB); // Set {1, 4}
```

## 요약

집합은 정렬되지 않은 유일한 항목들을 나타내는 근간이 되는 자료 구조다. 9장에서 자바스크립트의 기본 Set 객체를 소개했다. Set 객체는 삽입, 삭제, 포함 여부 확인을 지원한다. 해당 연산들은 모두 O(1) 시간 복잡도를 지닌다. 이러한 내장된 메소드들을 활용해 교집합과 차집합, 합집합, 상위 집합 여부 확인 등의 기타 기본 집합 연산들을 구현했다. 이후의 장에서 이러한 집합 연산들을 활용해 유일성 여부를 빠르게 확인하는 알고리즘을 구현할 것이다.

집합 연산을 표 9-1에 요약했다.

| 연산 | 함수 이름 | 설명 |
|------|-----------|------|
| 삽입 | Set.add | 기본 자바스크립트 함수. 항목이 집합에 이미 존재하지 않으면 해당 항목을 집합에 추가한다. |
| 삭제 | Set.delete | 기본 자바스크립트 함수. 항목이 집합에 존재하면 해당 항목을 집합에서 제거한다. |
| 포함 여부 | Set.has | 기본 자바스크립트 함수. 항목이 집합에 존재하는지 확인한다. |
| 교집합(A∩B) | intersectSets | 집합 A와 집합 B의 공통 항목들을 지닌 집합을 반환한다. |
| 합집합(A∪B) | unionSet | 집합 A와 집합 B의 모든 항목들을 지닌 집합을 반환한다. |
| 차집합(A−B) | differenceSet | 집합 A에는 있지만 집합 B에는 없는 항목들을 지닌 집합을 반환한다. |

# 연습 문제

## 집합을 사용해 배열의 중복 항목 확인하기

집합을 사용해 정수 배열에 중복 항목이 있는지 확인한다. 배열을 집합으로 변환함으로써 집합의 크기를 배열의 길이와 비교해 중복이 있는지 쉽게 확인할 수 있다.

```
1   function checkDuplicates(arr) {
2       var mySet = new Set(arr);
3       return mySet.size < arr.length;
4   }
5   checkDuplicates([1,2,3,4,5]); // false
6   checkDuplicates([1,1,2,3,4,5]); // true
```

시간 복잡도: $O(n)$

공간 복잡도: $O(n)$

배열의 길이가 $n$일 때 최악의 경우 위 함수는 전체 배열을 반복 루프를 통해 접근하면서 집합에 모든 항목들을 저장해야 한다.

## 개별적인 배열들로부터 유일한 값만을 반환하기

일부 동일한 값을 지닌 두 개의 정수 배열이 있을 때 두 배열의 유일한 항목들만을 지닌 하나의 배열을 반환한다.

집합을 사용해 유일한 항목들을 쉽게 저장할 수 있다. 두 배열을 합친 다음 해당 두 배열을 집합으로 변환함으로써 유일한 항목들만을 저장한다. 그리고 나서 해당 집합을 다시 배열로 변환하면 결과적으로 유일한 항목들만을 지닌 배열이 생성된다.

```
1    function uniqueList(arr1, arr2) {
2        var mySet = new Set(arr1.concat(arr2));
3        return Array.from(mySet);
4    }
5
6    uniqueList([1,1,2,2],[2,3,4,5]); // [1,2,3,4,5]
7    uniqueList([1,2],[3,4,5]); // [1,2,3,4,5]
8    uniqueList([],[2,2,3,4,5]); // [2,3,4,5]
```

**시간 복잡도:** $O(n+m)$

**공간 복잡도:** $O(n+m)$

위 알고리즘의 시간 및 공간 복잡도는 $O(n+m)$이다. 이때 $n$은 arr1의 길이이고 $m$은 arr2의 길이이다. 이는 두 배열 내에 모든 항목을 순회해야 하기 때문이다.

# 10장

# 검색과 정렬

자료를 검색하고 해당 자료를 정렬하는 것은 근간이 되는 알고리즘이다. 검색은 자료를 얻기 위해 자료 구조의 항목들을 반복적으로 접근하는 것을 말한다. 정렬은 자료 구조의 항목들을 순서대로 위치시키는 것을 말한다. 검색과 정렬 알고리즘은 자료 구조에 따라 다르다. 10장에서는 배열의 검색과 정렬을 집중적으로 알아볼 것이다. 10장을 통해 배열에 대한 일반적인 정렬 및 검색 알고리즘을 사용하는 법을 이해할 것이다.

## 검색

앞에서 언급했듯이 검색은 자료 구조 내에 특정 항목을 찾는 일을 말한다. 배열에서 검색을 수행할 때 배열이 정렬됐는지 여부에 따라 두 가지 주요 기법이 있다. 이번 절에서는 선형 검색과 이진 검색에 대해 배울 것이다. 선형 검색은 정렬된 자료와 정렬되지 않은 자료 모두에 사용 가능하기 때문에 매우 유연하다. 이진 검색은 정렬된 자료에 대해 사용한다. 하지만 선형 검색의 시간 복잡도가 이진 검색에 비해 더 높다.

## 선형 검색

선형 검색은 배열의 각 항목을 한 인덱스씩 순차적으로 접근하면서 동작한다. 다음 코드 예제는 숫자 배열 전체를 반복 접근하며 배열 내에 6과 10이 존재하는지 찾는 선형 검색을 구현한 것이다.

```
1   // 배열을 순회하면서 찾는다.
2   function linearSearch(array,n){
3       for(var i=0; i<array.length; i++) {
4           if (array[i]==n) {
5               return true;
6           }
7       }
8       return false;
9   }
10  console.log(linearSearch([1,2,3,4,5,6,7,8,9], 6)); // true
11  console.log(linearSearch([1,2,3,4,5,6,7,8,9], 10)); // false
```

**시간 복잡도**: $O(n)$

그림 10-1에서 보듯이 6을 검색하는 경우 반복이 6번 수행된다. 10을 검색하는 경우 모든 $n$개의 항목을 반복 접근해야 한 다음 false를 반환한다. 따라서 시간 복잡도는 $O(n)$이다.

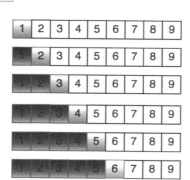

▲ 그림 10-1 선형 검색

또 다른 예로 배열 [1,2,3,4,5]가 있고 3을 검색하는 경우 선형 알고리즘은 (1,2,3)에 대한 접근을 완료하기 위해 반복 접근을 세 번 수행할 것이다. 선형 알고리즘이 O($n$)의 빅오를 갖는 이유는 최악의 경우 전체 배열을 순회해야 하기 때문이다. 예를 들어 5를 검색하는 경우 (1,2,3,4,5)를 순회하기 위해 반복 접근을 다섯 번 수행해야 한다. 6을 검색하는 경우 전체 배열 (1,2,3,4,5)를 순회한 다음 6을 찾지 못했기 때문에 false를 반환해야 한다.

앞에서 언급했듯이 이와 같은 선형 검색 알고리즘은 배열의 정렬 여부와 상관없이 동작하기 때문에 좋다. 선형 검색 알고리즘에서는 배열의 모든 항목을 확인해야 한다. 따라서 배열이 정렬되지 않은 경우에 선형 검색을 사용해야 한다. 배열이 정렬된 경우에는 이진 검색을 통해 검색을 좀 더 빠르게 수행할 수 있다.

## 이진 검색

이진 검색은 정렬된 자료에 사용할 수 있는 검색 알고리즘이다. 배열의 모든 항목을 확인해야 하는 선형 검색 알고리즘과 달리 이진 검색은 중간 값을 확인해 원하는 값보다 해당 중간 값이 큰지 작은지 확인한다. 원하는 값이 중간 값보다 작은 경우 이진 검색 알고리즘은 중간 값보다 작은 쪽을 검색하고 원하는 값이 중간 값보다 큰 경우 중간 값보다 큰 쪽을 검색한다.

그림 10-2는 이진 검색의 과정을 나타낸다. 첫째 검색 범위는 1부터 9이다. 중간 항목이 5가 3보다 크기 때문에 검색 범위는 1부터 4로 제한된다. 마지막으로 검색 범위 1부터 4에서 3이 중간 값이기 3은 중간 값으로 발견된다. 그림 10-3은 배열의 오른쪽에서 항목을 찾는 것을 나타낸다.

▲ 그림 10–2 배열의 좌측 반쪽에 대해 이진 검색 수행

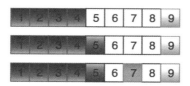

▲ 그림 10–3 배열의 우측 반쪽에 대해 이진 검색 수행

다음 코드는 앞에서 언급한 이진 검색 알고리즘을 구현한 것이다.

```
1   function binarySearch(array,n){
2       var lowIndex = 0, highIndex = array1.length-1;
3
4       while(lowIndex<=highIndex){
5           var midIndex = Math.floor((highIndex+lowIndex) /2);
6           if (array[midIndex]==n) {
7               return midIndex;
8           } else if (n>array[midIndex]) {
9               lowIndex = midIndex+1;
10          } else {
11              highIndex = midIndex-1;
12          }
13      }
14      return -1;
15  }
16  console.log(binarySearch([1,2,3,4], 4)); // 3
17  console.log(binarySearch([1,2,3,4], 5)); // -1
```

이진 검색 알고리즘은 빠르지만 배열이 정렬된 경우에만 사용할 수 있다. 이진 검색 알고리즘은 중간 값이 검색 값과 일치하는지 확인한다. 그리고 나서 검색 값이 중간 값보다 큰 경우 검색 범위의 하한 값을 중간 값에 1을 더한 값으로 설정한다. 검색 값이 중간 값보다 작은 경우 검색 범위의 상한 값을 중간 값에 1을 뺀 값으로 설정한다.

이런 식으로 이진 검색 알고리즘은 배열을 계속해서 두 부분(작은 반쪽과 큰 반쪽)으로 나눈다. 검색 값이 중간 값보다 작은 경우 작은 반쪽에서 검색 값을 찾아야 하고 검색 값이 중간 값보다 큰 경우 큰 반쪽에서 검색 값을 찾아야 한다.

사람들은 자신도 모르는 사이에 이진 검색을 사용한다. 예로 이름의 성이 A부터 Z까지 정렬된 전화번호부가 있다.

여러분이 성이 Lezer인 사람을 찾는 경우 L 부분으로 우선 이동한 다음 반 정도 되는 위치에 있는 쪽을 펼칠 것이다. 펼친 쪽에 Lizar가 있다면 펼친 쪽의 이전 부분(작은 쪽)에는 L+[a부터 i]의 성이 있을 것이고 펼친 쪽의 이후 부분(큰 쪽)에는 L+[i부터 z]의 성이 있을 것이다. 그 다음으로 여러분은 Lezer를 검색하기 위해 이전 부분(작은 쪽)의 중간을 확인할 것이다. Laar가 해당 쪽에 있다면 해당 쪽을 기준으로 이후 부분(큰 쪽)을 확인할 것이다. 이러한 과정은 Lezer를 찾을 때까지 반복될 것이다.


## 정렬

정렬은 컴퓨터 과학 분야에서 가장 중요한 주제 가운데 하나다. 정렬된 배열에서 항목을 찾는 것이 정렬되지 않은 배열에서 찾는 것보다 빠르고 쉽다. 정렬 알고리즘을 사용해 프로그램에서 나중에 검색하기 위해서 메모리에서 배열을 정렬하거나 나중에 사용하기 위해 정렬된 배열을 파일에 기록할 수도 있다. 이번 절에서는 다양한 정렬 기법을 알아볼 것이다. 우선 기초적인 정렬 알고리즘부터 시작해 효율적인 정렬 알고리즘을 알아볼 것이다. 효율적인 정렬 알고리즘에는 사용 시 고려해야 할 다양한 장단점이 있다.

## 거품 정렬

거품 정렬<sup>bubble sort</sup>은 가장 간단한 정렬 알고리즘이다. 거품 정렬은 전체 배열을 순회하면서 항목이 다른 항목보다 큰 경우 두 항목을 교환한다. 그림 10-4와 그림 10-5를 참고하자.

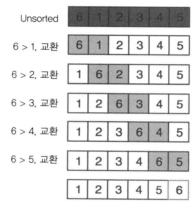

▲ 그림 10-4 거품 정렬 1회차

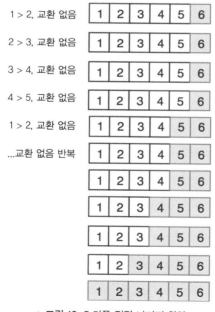

▲ 그림 10-5 거품 정렬 나머지 회차

swap은 정렬에 사용되는 일반적인 함수다. swap은 두 배열 항목 값들을 교환하며 앞에서 언급한 대부분의 정렬 알고리즘의 도움 함수로 사용된다.

```
1   function swap(array, index1, index2) {
2       var temp = array[index1];
3       array[index1] = array[index2];
4       array[index2] = temp;
5   }
```

다음 bubbleSort 코드 블록은 앞에서 기술한 거품 정렬 알고리즘을 구현한 것이다.

```
1   function bubbleSort(array) {
2       for (var i=0, arrayLength = array.length; i<arrayLength; i++) {
3           for (var j=0; j<=i; j++) {
4               if (array[j] > array[j+1]) {
5                   swap(array, i, j);
6               }
7           }
8       }
9       return array;
10  }
11  bubbleSort([6,1,2,3,4,5]); // [1,2,3,4,5,6]
```

**시간 복잡도**: $O(n^2)$

**공간 복잡도**: $O(1)$

거품 정렬은 최악의 종류의 정렬이다. 다른 정렬 알고리즘은 배열의 이미 정렬된 부분을 활용하는데 비해 거품 정렬은 모든 가능한 짝을 비교하기 때문이다. 거품 정렬은 중첩 루프를 사용하기 때문에 시간 복잡도는 $O(n^2)$이다.

# 선택 정렬

선택 정렬selection sort은 가장 작은 항목을 찾아서 해당 항목을 배열의 현 위치에 삽입하는 방식으로 동작한다. 선택 정렬 알고리즘은 거품 정렬 알고리즘보다 약간 더 낫다. 그림 10-6은 최솟값 선택 과정을 나타낸다.

▲ 그림 10-6 선택 정렬

다음 코드는 선택 정렬을 구현한 것이다. 다음 코드에서 배열을 순회하기 위한 for 루프가 하나 있고 최소 항목을 얻기 위해 검색하는 중첩 for 루프가 하나 있다.

```
1   function selectionSort(items) {
2       var len = items.length,
3           min;
4
5       for (var i=0; i < len; i++){
6           // 최소 항목을 현재 위치로 설정한다.
7           min = i;
8           // 더 작은 항목이 있는지 배열의 나머지를 확인한다.
9           for (j=i+1; j < len; j++){
10              if (items[j] < items[min]){
11                  min = j;
12              }
```

```
13              }
14              // 현재 위치가 최소 항목 위치가 아니라면 항목들을 교환한다.
15              if (i != min){
16                  swap(items, i, min);
17              }
18          }
19
20          return items;
21      }
22  selectionSort([6,1,23,4,2,3]); // [1, 2, 3, 4, 6, 23]
```

**시간 복잡도:** $O(n^2)$

**공간 복잡도:** $O(1)$

중첩 루프 때문에 선택 정렬의 시간 복잡도는 여전히 $O(n^2)$이다.


## 삽입 정렬

삽입 정렬<sup>insertion sort</sup>은 배열을 순차적으로 검색하면서 정렬되지 않은 항목들을 배열의 왼쪽의 정렬된 부분으로 이동시킨다. 이러한 점에 있어 삽입 정렬은 선택 정렬과 비슷하다. 그림 10-7은 삽입 정렬의 동작 과정을 자세히 나타낸다.

| | 14 | 33 | 27 | 10 | 35 | 40 | 42 | 44 |
|---|---|---|---|---|---|---|---|---|
| 14 < 33이면 교환 없음. 14는 정렬된 부분에 위치함 | 14 | 33 | 27 | 10 | 35 | 40 | 42 | 44 |
| 27 < 33이면 교환. 14, 27은 정렬된 부분에 위치함 | 14 | 33 | 27 | 10 | 35 | 40 | 42 | 44 |
| 33 > 10이면 교환. 14, 27, 10은 정렬된 부분에 위치함 | 14 | 27 | 33 | 10 | 35 | 40 | 42 | 44 |
| 27 > 10이면 교환 | 14 | 27 | 10 | 33 | 35 | 40 | 42 | 44 |
| 14 > 10이면 교환 | 14 | 10 | 27 | 33 | 35 | 40 | 42 | 44 |
| | 10 | 14 | 27 | 33 | 35 | 40 | 42 | 44 |

▲ 그림 10-7 삽입 정렬

다음 코드는 삽입 정렬 알고리즘을 구현한 것이다. 외부 for 루프는 배열 인덱스를 순회하고 내부 for 루프는 정렬되지 않은 항목들을 배열의 왼쪽의 정렬된 부분으로 이동시킨다.

```
1   function insertionSort(items) {
2       var len = items.length, // 배열의 항목 수
3           value, // 현재 비교 중인 값
4           i, // 정렬되지 않은 부분의 인덱스
5           j; // 정렬된 부분의 인덱스
6
7       for (i=0; i < len; i++) {
8           // 현재 값이 이후에 이동될 수도 있기 때문에 저장한다.
9           value = items[i];
10
11          // 정렬된 부분의 값이 정렬되지 않은 부분의 값보다 큰 경우
12          // 정렬된 부분의 모든 항목을 하나씩 이동시킨다.
13          // 이는 값을 삽입할 공간을 만든다.
14
15          for (j=i-1; j > -1 && items[j] > value; j--) {
16              items[j+1] = items[j];
17          }
18          items[j+1] = value;
19      }
20      return items;
21  }
22  insertionSort([6,1,23,4,2,3]); // [1, 2, 3, 4, 6, 23]
```

시간 복잡도: $O(n^2)$

공간 복잡도: $O(1)$

역시나 삽입 정렬 알고리즘도 중첩 for 루프 때문에 거품 정렬과 삽입 정렬과 마찬가지로 $O(n^2)$의 이차 시간 복잡도를 지닌다.

## 빠른 정렬

빠른 정렬quicksort은 기준점을 획득한 다음 해당 기준점을 기준으로 배열을 나눈다(한쪽에는 기준점보다 큰 항목들이 위치하고 다른 쪽에는 기준점보다 작은 항목들이 위치한다). 이런 식으로 모든 항목이 정렬될 때까지 이 과정을 반복한다. 가장 이상적인 기준점은 배열의 중간 값이다. 중간 값이 배열을 균등하게 나눌 수 있기 때문이다. 하지만 정렬되지 않은 배열의 중간 값을 얻기 위해서는 계산하는 데 선형 시간이 걸린다. 따라서 일반적으로 분할 부분의 첫 번째 항목과 중간 항목, 마지막 항목의 중간 값을 취해 기준점을 얻는다. 이러한 정렬은 재귀 정렬이고 분할 정복 방식을 사용해 시간 복잡도를 이차에서 $O(nlog_2(n))$으로 낮춘다. 하지만 모든 항목을 한쪽으로만 위치시키는 기준점을 선택하는 최악의 경우 시간 복잡도는 $O(n^2)$이다.

그림 10-8은 빠른 정렬 알고리즘의 분할 과정을 자세히 나타낸다.

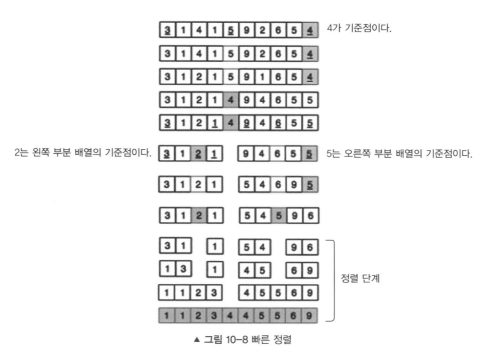

▲ 그림 10-8 빠른 정렬

다음 코드는 빠른 정렬 알고리즘을 구현한 것이다.

```
1   function quickSort(items) {
2       return quickSortHelper(items, 0, items.length-1);
3   }
4
5   function quickSortHelper(items, left, right) {
6       var index;
7       if (items.length > 1) {
8           index = partition(items, left, right);
9
10          if (left < index - 1) {
11              quickSortHelper(items, left, index - 1);
12          }
13
14          if (index < right) {
15              quickSortHelper(items, index, right);
16          }
17      }
18      return items;
19  }
20
21  function partition(array, left, right) {
22      var pivot = array[Math.floor((right + left) / 2)];
23      while (left <= right) {
24          while (pivot > array[left]) {
25              left++;
26          }
27          while (pivot < array[right]) {
28              right--;
29          }
30          if (left <= right) {
31              var temp = array[left];
32              array[left] = array[right];
33              array[right]= temp;
34              left++;
35              right--;
36          }
```

```
37        }
38        return left;
39    }
40
41    quickSort([6,1,23,4,2,3]); // [1, 2, 3, 4, 6, 23]
```

**시간 복잡도:** 평균 $O(nlog_2(n))$, 최악의 경우 $O(n^2)$

**공간 복잡도:** $O(log_2(n))$

빠른 정렬 알고리즘의 단점 중 하나는 기준점을 항상 잘못 선택하는 경우 시간 복잡도가 $O(n^2)$이 될 수 있다는 것이다. 잘못된 기준점은 배열을 균등하게 분할하지 않는다. 이상적인 기준점은 배열의 중간 항목이다. 추가로 빠른 정렬 알고리즘은 다른 정렬 알고리즘과 비교할 때 더 큰 공간 복잡도인 $O(log_2(n))$을 필요로 한다. 이는 재귀에서의 콜 스택 때문이다.

평균 성능이 최적화돼야 하는 경우에 빠른 정렬 알고리즘을 사용하자. 빠른 정렬 알고리즘은 램 캐시에 대해 더 나은 성능을 보인다는 사실과 관련 있다.

## 빠른 선택

빠른 선택$^{\text{quickselect}}$은 정렬되지 않은 목록에서 k번째로 작은 항목을 찾는 선택 알고리즘이다. 빠른 선택은 빠른 정렬 알고리즘과 같은 접근법을 사용한다. 기준점을 선택한 다음 배열을 분할한다. 하지만 빠른 정렬처럼 기준점의 양쪽 모두를 재귀적으로 수행하는 대신 한쪽만을 재귀적으로 수행한다. 이로 인해 복잡도는 $O(nlog_2(n))$에서 $O(n)$으로 낮아진다.

다음 코드는 빠른 선택을 구현한 것이다.

```
1    var array = [1,3,3,-2,3,14,7,8,1,2,2];
2    // 정렬된 형태: [-2, 1, 1, 2, 2, 3, 3, 3, 7, 8, 14]
```

```
3
4   function quickSelectInPlace(A, l, h, k){
5       var p = partition(A, l, h);
6       if(p==(k-1)) {
7           return A[p];
8       } else if(p>(k-1)) {
9           return quickSelectInPlace(A, l, p - 1,k);
10      } else {
11          return quickSelectInPlace(A, p + 1, h,k);
12      }
13  }
14
15  function medianQuickselect(array) {
16      return quickSelectInPlace(array,0,array.length-1, Math.floor(array.
        length/2));
17  }
18
19  quickSelectInPlace(array,0,array.length-1,5); // 2
20  // 2 - 5번째로 가장 작은 항목이기 때문이다.
21  quickSelectInPlace(array,0,array.length-1,10); // 7
22  // 7 - 10번째로 가장 작은 항목이기 때문이다.
```

시간 복잡도: $O(n)$

## 병합 정렬

병합 정렬$^{mergesort}$은 각 하위 배열에 하나의 항목이 존재할 때까지 배열을 하위 배열로 나눈다. 그리고 나서 각 하위 배열을 정렬된 순서로 연결(병합)한다(그림 10–9 참조).

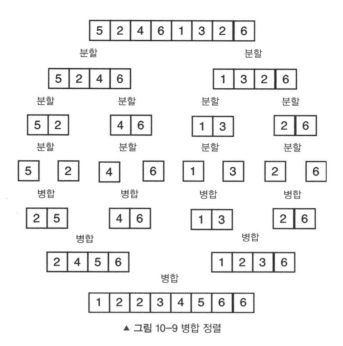

▲ 그림 10-9 병합 정렬

merge 함수는 양쪽 배열의 모든 항목을 정렬된 순서로 더해서 '결과 배열'에 저장해야한다. 이를 위해서는 각 배열의 인덱스를 생성해 이미 비교한 항목들을 추적해야 한다.한 배열의 모든 항목을 다 사용한 뒤 남은 항목들을 결과 배열에 더하면 한다.

```
1    function merge(leftA, rightA){
2        var results= [], leftIndex= 0, rightIndex= 0;
3
4        while (leftIndex < leftA.length && rightIndex < rightA.length) {
5            if( leftA[leftIndex]<rightA[rightIndex] ){
6                results.push(leftA[leftIndex++]);
7            } else {
8                results.push(rightA[rightIndex++]);
9            }
10       }
11       var leftRemains = leftA.slice(leftIndex),
12           rightRemains = rightA.slice(rightIndex);
```

```
13
14        // 남은 항목들을 결과 배열에 추가한다.
15        return results.concat(leftRemains).concat(rightRemains);
16    }
```

병합 함수는 두 배열(왼쪽, 오른쪽)을 가지고 하나의 결과 배열로 병합한다. 순서를 지키기 위해 배열을 병합하면서 배열의 항목들을 비교해야 한다.

다음 mergeSort 함수는 큰 배열을 두 개의 개별적인 배열로 분할한 다음 재귀적으로 merge를 호출한다.

```
1    function mergeSort(array) {
2
3        if(array.length<2){
4            return array; // 기저 조건: 항목이 하나뿐이라서 해당 배열은 이미 정렬된 것이다.
5        }
6
7        var midpoint = Math.floor((array.length)/2),
8            leftArray = array.slice(0, midpoint),
9            rightArray = array.slice(midpoint);
10
11        return merge(mergeSort(leftArray), mergeSort(rightArray));
12    }
13    mergeSort([6,1,23,4,2,3]); // [1, 2, 3, 4, 6, 23]
```

**시간 복잡도:** $O(n log_2(n))$

**공간 복잡도:** $O(n)$

병합 정렬은 이후에 병합할 $n$개의 배열을 생성해야 하기 때문에 공간 복잡도가 크다. 안정적인 정렬이 필요한 경우에 병합 정렬을 사용한다. 안정적인 정렬은 동일한 키를 지닌 항목들의 순서가 바뀌지 않음을 보장하는 정렬이다.[1] 병합 정렬의 시간 복잡도는 $O(nlog_2(n))$임이 보장된다. 병합 정렬의 단점은 병합 정렬이 $O(n)$의 공간을 사용한다는 것이다.

## 계수 정렬

계수 정렬count sort은 값들을 비교하지 않기 때문에 $O(k+n)$시간 안에 수행된다. 계수 정렬은 숫자에 대해서만 동작하며 특정 범위가 주어져야 한다. 항목들을 교환하면서 정렬하는 대신에 배열의 각 항목의 등장 횟수를 센다. 각 항목의 등장 횟수를 센 다음 해당 등장 횟수를 사용해 새로운 배열을 생성할 수 있다. 그림 10-10에서 보듯이 계수 정렬은 항목들을 교환하지 않고도 자료를 정렬한다.

▲ 그림 10-10 계수 정렬

다음은 자바스크립트 객체를 사용해 계수 정렬을 구현한 것이다.

---

1    5, 4, 8, 5, 3, 10이라는 목록이 있다고 가정할 때, 5라는 동일한 키를 지닌 항목이 두 개 존재한다. 첫 번째 5를 5(1)이라고 하고 두 번째 5를 5(2)라고 할 때 정렬이 완료된 배열에서 5(1)이 5(2)보다 항상 앞에 위치하도록 정렬하는 것을 안정적인 정렬(stable sort)이라고 한다. 반면 결과 배열에서 5(2)가 5(1)보다 앞에 올 수 있다면 이를 불안정적인 정렬(unstable sort)이라고 한다. - 옮긴이

```
1    function countSort(array) {
2        var hash = {}, countArr= [];
3        for(var i=0;i<array.length;i++){
4            if(!hash[array[i]]){
5                hash[array[i]] = 1;
6            }else{
7                hash[array[i]]++;
8            }
9        }
10
11       for(var key in hash){
12           //항목이 몇 개가 되든 해당 항목을 배열에 추가한다.
13           for(var i=0;i<hash[key];i++) {
14               countArr.push(parseInt(key));
15           }
16       }
17
18       return countArr;
19   }
20   countSort([6,1,23,2,3,2,1,2,2,3,3,1,123,123,4,2,3]); // [1,1,1,2,2,2,2,2,3,3,
     3,3,4,6,23,123,123]
```

**시간 복잡도:** $O(k+n)$

**공간 복잡도:** $O(k)$

제한된 범위의 정수를 정렬할 때는 계수 정렬을 사용한다. 이러한 종류의 자료에 대해
서는 계수 정렬이 가장 빠른 정렬이다.

## 자바스크립트 내장 정렬

자바스크립트에는 배열 객체에 사용 가능한 내장 메소드인 sort( )가 있다. sort( )는 항
목들을 오름차순으로 정렬한다. 필요한 경우 sort( ) 함수 호출 시 비교 함수를 sort( )
함수의 매개변수로 전달할 수 있다.

기본 비교 함수는 배열을 알파벳순으로 정렬한다. 따라서 기본 비교 함수는 숫자 자료에 대해서는 제대로 동작하지 않을 것이다.

```
1   var array1 = [12,3,4,2,1,34,23];
2   array1.sort(); // array1: [1, 12, 2, 23, 3, 34, 4]
```

위의 예제에서 1로 시작하는 숫자인 1과 12가 앞으로 왔고 그 다음으로 2로 시작하는 숫자가 왔다는 점을 주목하자. 이는 비교 함수가 전달되지 않아서 기본 비교 함수가 사용돼 자바스크립트가 항목들을 문자열로 변환한 다음, 항목들을 알파벳순으로 정렬했기 때문이다.

숫자를 올바르게 정렬하기 위해서는 다음 코드를 사용한다.

```
1   var array1 = [12,3,4,2,1,34,23];
2
3   function comparatorNumber(a,b) {
4       return a-b;
5   }
6
7   array1.sort(comparatorNumber);
8   // array1: [1, 2, 3, 4, 12, 23, 34]
```

a-b는 가장 작은 값부터 가장 큰 값순으로(오름차순으로) 정렬돼야 함을 나타낸다. 내림차순으로 정렬하길 원하는 경우 코드가 다음과 같아야 한다.

```
1   var array1 = [12,3,4,2,1,34,23];
2
3   function comparatorNumber(a,b) {
4       return b-a;
5   }
6
7   array1.sort(comparatorNumber); // array1: [34, 23, 12, 4, 3, 2, 1]
```

sort( ) 함수는 무언가를 정렬해야 할 때 스스로 구현하지 않아도 되기 때문에 간편하다.

## 요약

배열 내에서 검색을 하기 위한 두 가지 방법이 있다. 바로 선형 검색과 이진 검색이다. 이진 검색의 시간 복잡도는 $O(log_2(n))$으로 선형 검색의 시간 복잡도 $O(n)$보다 빠르다. 하지만 이진 검색은 정렬된 배열에만 사용할 수 있다.

다양한 정렬 알고리즘들의 시간 복잡도와 공간 복잡도를 표 10-1에 요약했다. 가장 효율적인 정렬 알고리즘은 빠른 정렬, 병합 정렬, 계수 정렬이다. 계수 정렬이 가장 빠르기는 하지만 배열의 값 범위를 아는 경우에만 사용할 수 있다.

▼ 표 10-1 정렬 요약

| 알고리즘 | 시간 복잡도 | 공간 복잡도 |
|---|---|---|
| 빠른 정렬 | $O(nlog_2(n))$ | $O(nlog_2(n))$ |
| 병합 정렬 | $O(nlog_2(n))$ | $O(nlog_2(n))$ |
| 거품 정렬 | $O(n^2)$ | $O(n^2)$ |
| 삽입 정렬 | $O(n^2)$ | $O(n^2)$ |
| 선택 정렬 | $O(n^2)$ | $O(n^2)$ |
| 계수 정렬 | $O(k+n)$ | $O(k)$ |

## 연습 문제

**수학 라이브러리를 사용하지 않고 정수의 제곱근 함수 구현하기**

가장 먼저 떠오르는 해결책은 다음과 같이 1부터 해당 숫자까지 모든 가능성을 시도해보는 것이다.

```
1   function sqrtIntNaive(number){
2       if(number == 0 || number == 1)
3           return number;
4
5       var index = 1, square = 1;
6
7       while(square < number){
8           if (square == number){
9               return square;
10          }
11
12          index++;
13          square = index*index;
14      }
15      return index;
16  }
17  sqrtIntNaive(9);
```

**시간 복잡도:** $O(n)$

위의 코드는 당연히 선형 검색이다. 제곱근을 찾기 위해 값을 선형적으로 하나씩 확인해야 하기 때문이다.

이진 검색 알고리즘을 이 문제에 적용할 수 있다. 1부터 1씩 증가하는 대신 1과 주어진 수 사이의 범위를 큰 쪽과 작은 쪽 두 개로 분할 수 있다.

```
1   function sqrtInt(number) {
2       if(number == 0 || number == 1) return number;
3
4       var start = 1, end = number, ans;
5
6       while(start <= end) {
7           let mid = parseInt((start+end)/2);
```

```
8
9              if (mid*mid == number)
10                 return mid;
11
12          if(mid*mid<number){
13              start = mid+1; // 큰 쪽을 사용한다.
14              ans = mid;
15          }else{
16              end = mid-1; // 작은 쪽을 사용한다.
17          }
18      }
19      return ans;
20  }
21  sqrtInt(9);
```

시간 복잡도: $O(log_2(n))$

## 보너스: 부동소수점의 제곱근을 찾는다

이 문제의 유일한 차이점은 배정밀도 수의 제곱근에는 소수부가 있기 때문에 어느 정도의 정확도를 가질지 계산하기 위한 임계값을 지닌다. 따라서 시간 복잡도는 항상 동일하다.

```
1   function sqrtDouble(number) {
2       var threshold = 0.1;
3
4       var upper = number;
5       var lower = 0;
6       var middle;
7       while(upper-lower>threshold){
8           middle = (upper+lower)/2;
9           if(middle*middle>number){
10              upper = middle;
11          }else{
12              lower = middle;
```

```
13            }
14        }
15        return middle
16    }
17    sqrtDouble(9); // 3.0234375
```

## 배열의 두 항목을 더해서 주어진 수가 될 수 있는지 확인하기

이 문제의 간단한 해결법은 배열의 각 항목에 대해 나머지 모든 항목을 하나씩 더해보는 것이다.

```
1    function findTwoSum(array, sum) {
2
3        for(var i=0, arrayLength = array.length; i<arrayLength;i++){
4            for(var j=i+1;j<arrayLength;j++){
5                if(array[j]+array[i] == sum){
6                    return true;
7                }
8            }
9        }
10        return false;
11    }
```

**시간 복잡도:** $O(n^2)$

**공간 복잡도:** $O(1)$

각 항목에 대해 나머지 항목들을 확인해야 하기 때문에 확인 작업이 많아서 이차 시간이 걸린다.

더 나은 방법으로 합에서 이미 방문한 숫자를 기억했다가 다른 숫자 방문 시 확인하는 방법이 있다. 이런 식으로 이 문제를 선형 시간에 해결할 수 있다.

```
1   function findTwoSum(array, sum){
2       var store = {};
3
4       for(var i=0, arrayLength = array.length; i<arrayLength;i++){
5           if(store[array[i]]){
6               return true;
7           }else{
8               store[sum-array[i]] = array[i];
9           }
10      }
11      return false;
12  }
```

시간 복잡도: $O(n)$

공간 복잡도: $O(n)$

위 알고리즘은 시간 복잡도를 $O(n)$으로 낮춘다. 하지만 **store** 객체에 항목들을 저장하기 위해 $O(n)$의 공간을 필요로 한다.

## 배열에서 단 한 번만 등장하는 항목 찾기

하나의 항목만 한 번 등장하고 나머지 모든 항목이 연달아 두 번 등장하는 정렬된 배열이 있을 때 한 번만 등장하는 항목을 찾는 것의 복잡도는 $O(log_2 n)$이다. 이진 검색 알고리즘을 수정해 덧셈 인덱스를 확인하면 된다.

입력: arr = [1, 1, 3, 3, 4, 5, 5, 7, 7, 8, 8]   출력: 4

입력: arr = [1, 1, 3, 3, 4, 4, 5, 5, 7, 7, 8]   출력: 8

```
1   function findOnlyOnce(arr, low, high) {
2       if (low > high) {
3           return null;
```

```
 4        }
 5        if (low == high) {
 6            return arr[low];
 7        }
 8
 9        var mid = Math.floor((high+low)/2);
10
11        if (mid%2 == 0) {
12            if (arr[mid] == arr[mid+1]) {
13                return findOnlyOnce(arr, mid+2, high);
14            } else {
15                return findOnlyOnce(arr, low, mid);
16            }
17        } else {
18            if (arr[mid] == arr[mid-1]) {
19                return findOnlyOnce(arr, mid+1, high);
20            } else {
21                return findOnlyOnce(arr, low, mid-1);
22            }
23        }
24    }
25    function findOnlyOnceHelper(arr) {
26        return findOnlyOnce(arr, 0, arr.length);
27    }
28    findOnlyOnceHelper([ 1, 1, 2, 4, 4, 5, 5, 6, 6 ]);
```

시간 복잡도: $O(log_2 n)$

공간 복잡도: $O(1)$

## 문자열을 길이순으로 정렬하는 자바스크립트 정렬 비교 함수 생성하기

이는 꽤 간단하다. 문자열 배열인 경우 문자열은 전부 length 속성을 가지고 있다. length 속성은 배열을 정렬할 때 사용할 수 있다.

```
1   var mythical = ['dragon', 'slayer','magic','wizard of oz', 'ned stark'];
2
3   function sortComparator(a,b){
4       return a.length - b.length;
5   }
6   mythical.sort(sortComparator);
7   // ["magic", "dragon", "slayer", "ned stark", "wizard of of"]
```

<u>예</u>

다음은 문자열 내 a의 위치에 따라 문자열 항목들을 정렬한다.

```
1   var mythical = ['dragon', 'slayer','magic','wizard of oz', 'ned tark'];
2
3   function sortComparator(a,b){
4       return a.indexOf("a") - b.indexOf("a");
5   }
6
7   mythical.sort(sortComparator);
8   // ["magic", "dragon", "slayer", "wizard of oz", "ned stark"]
```

다음은 속성의 개수에 따라 객체 항목들을 정렬한다.

```
1   var mythical=[{prop1:", prop2:"},{prop1:", prop2:", prop3:"},{prop1:",
    prop2:"}];
2
3   function sortComparator(a,b){
4       return Object.keys(a).length - Object.keys(b).length;
5   }
6
7   mythical.sort(sortComparator);
    // [{prop1:", prop2:"},{prop1:", prop2:"},{prop1:", prop2:", prop3:"}]
```

앞에서 봤듯이 비교 함수를 사용하면 유연하게 정렬할 수 있다. 또한 정렬을 직접 구현하지 않고도 비교 함수를 통해 원하는 정렬을 수행할 수 있다.

## 단어 세기 목록 구현하기

단어 객체를 키로 생성하고 해당 단어가 문자열 내에 등장하는 횟수를 생성하는 함수를 만들어보자. 이때 많이 등장하는 단어부터 적게 등장하는 단어순으로 정렬한다.

practice makes perfect. get perfect by practice. just practice.라고 입력하는 경우, { practice: 3, perfect: 2, makes: 1, get: 1, by: 1, just: 1 }라는 출력이 나온다.

```
1   function wordCount(sentence) {
2       // 마침표가 단어로 인식되지 않도록 마침표를 제거한다.
3       var wordsArray = sentence.replace(/[.]/g,"").split(" "),
4           occurenceList = {}, answerList = {};
5
6       for (var i=0, wordsLength=wordsArray.length; i<wordsLength; i++) {
7           var currentWord = wordsArray[i];
8           // 존재하지 않는다. 따라서 첫 번째 등장으로 설정한다.
9           if (!occurenceList[currentWord]) {
10              occurenceList[currentWord] = 1;
11          } else {
12              occurenceList[currentWord]++; // 등장 횟수를 증가한다.
13          }
14      }
15
16      var arrayTemp = [];
17      // 값과 키를 고정 배열로 저장한다.
18      for (var prop in occurenceList) {
19          arrayTemp.push([occurenceList[prop], prop]);
20      }
21
22      function sortcomp(a, b) {
23          return b[0] - a[0]; // 배열의 첫 번째 항목을 비교한다.
```

```
24        }
25
26        arrayTemp.sort(sortcomp); // 정렬
27
28        for (var i = 0, arrlength = arrayTemp.length; i < arrlength; i++) {
29            var current = arrayTemp[i];
30            answerList[current[1]] = current[0]; // 키-값 쌍
31        }
32        return answerList;
33 }
34 wordCount("practice makes perfect. get perfect by practice. just practice");
```

**시간 복잡도:** $O(nlog_2(n))$

**공간 복잡도:** $O(n)$

시간 복잡도는 자바스크립트 엔진이 사용하는 정렬 알고리즘에 의해 제약을 받는다. 대부분의 자바스크립트 엔진은 병합 정렬 또는 빠른 정렬을 사용한다. 둘 다 시간 복잡도가 $O(nlog_2(n))$이다.

# 11장

# 해시 테이블

해시 테이블<sup>hash table</sup>은 고정된 크기의 자료 구조로 처음에 크기가 정해진다. 11장은 해싱과 고유 키를 생성하는 방법에 초점을 맞춰 해시 테이블이 어떤 식으로 동작하는지 설명한다. 11장이 끝날 무렵에는 다양한 해싱 기법에 관해 이해할 것이고, 해시 테이블을 처음부터 직접 구현하는 법을 알게 될 것이다.

## 해시 테이블 소개

해시 테이블을 사용하면 자료를 쉽고 빠르게 저장할 수 있고 키-값 쌍을 기반으로 자료를 얻을 수 있다. 자바스크립트에서 자바스크립트 객체는 해시 테이블과 같은 방식으로 키(속성)와 해당 키의 연관된 값을 정의하는 방식으로 동작한다. 그림 11-1은 각 키와 해당 키에 연관된 항목을 나타낸다.

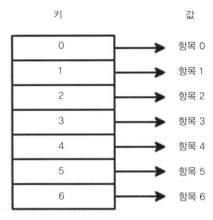

▲ 그림 11-1 간단한 해시 테이블 개요

해시 테이블에는 put( )과 get( )이라는 두 가지 주요 함수가 있다. put( )은 자료를 해시 테이블에 저장하는 데 사용되고 get( )은 해시 테이블로부터 자료를 얻는 데 사용된다. 두 함수 모두 시간 복잡도가 O(1)이다.

간단히 말하자면 해시 테이블은 인덱스가 해싱 함수에 의해 계산되는 배열과 유사하다. 이때 인덱스는 메모리에서 유일한 공간을 식별하기 위한 것이다.

localStorage는 해시 테이블에 기반한 자료 구조의 예다. localStorage는 모든 주요 브라우저가 지원하는 기본 자바스크립트 객체다. localStorage 덕분에 개발자들은 브라우저 내에 자료를 유지할 수 있다. 이는 해당 자료가 세션 이후에도 접근 가능하다는 것을 의미한다.

```
1    localStorage.setItem("testKey","testValue");
2    location = location; // 페이지를 새로고침한다.
3
4    //-----------------------------------
5    localStorage.getItem("testKey"); // "testValue"를 출력한다.
```

# 해싱 기법

해시 테이블에서 가장 중요한 부분은 해시 함수다. 해시 함수는 특정 키를 자료를 저장하는 배열의 인덱스로 변환한다. 좋은 해시 함수가 되기 위한 세 가지 주요 요구 사항은 다음과 같다.

- **결정성**deterministic : 동일한 키는 동일한 해시 값을 생성해야 한다.
- **효율성**efficiency : 시간 복잡도가 $O(1)$이어야 한다.
- **균일한 분배**uniform distribution : 배열 전체를 최대한 활용해야 한다.

해싱의 첫 번째 기법은 소수를 사용하는 것이다. 소수와 모듈러 연산을 사용함으로써 인덱스의 균일한 분배를 보장할 수 있다.

## 소수 해싱

해싱에서 소수는 중요하다. 소수를 사용한 모듈러 나눗셈이 균일한 방식으로 배열 인덱스를 생성하기 때문이다.

```
모듈러 숫자: 11
      4 % 11 = 4
      7 % 11 = 7
      9 % 11 = 9
     15 % 11 = 4
```

입력이 15와 4인 경우 동일한 키가 생성돼 충돌이 발생한 것을 확인할 수 있다. 이러한 충돌을 다루는 것은 11장 후반부에서 다룰 것이다. 여기서 중요한 것은 소수에 의한 모듈러는 고정된 크기에 대해 가장 균등한 분배를 보장한다는 것이다. 4와 같이 소수가 아닌 작은 수에 의한 모듈러는 단지 0부터 3까지의 범위만을 보장하고 충돌이 자주 일어난다.

모듈러 숫자: 4
    6 % 4 = 2
   10 % 4 = 2

모듈러 나눗셈은 해싱에 있어 지켜야 할 첫 번째 해싱 기법이다. 그림 11-2를 살펴보자. 크기가 11인 두 개의 배열을 지닌 해시 테이블이 있고 각 11개의 항목은 비어 있다. 한 배열은 키를 저장하고 다른 배열은 값을 저장한다.

| | 0 | 1 | 2 | 3 | 4 | 5 | 6 | 7 | 8 | 9 | 10 |
|---|---|---|---|---|---|---|---|---|---|---|---|
| 키 | | | | | | | | | | | |
| 값 | | | | | | | | | | | |

▲ 그림 11-2 모든 항목이 비어 있는 크기가 11인 해시 테이블

위의 예에서 키는 정수이고 문자열이 값으로 저장된다. 다음 키-값 쌍을 해싱해보자.

```
{key:7, value: "hi"}
{key:24, value: "hello"}
{key:42, value: "sunny"}
{key:34, value: "weather"}

소수: 11
7 % 11 = 7
24 % 11 = 2
42 % 11 = 9
34 % 11 = 1
```

모든 키-값 쌍을 삽입하면 그림 11-3과 같은 해시 테이블이 결과로 나온다.

| 0 | 1 | 2 | 3 | 4 | 5 | 6 | 7 | 8 | 9 | 10 |
|---|---|---|---|---|---|---|---|---|---|---|
| | 34 | 24 | | | | | 7 | | 42 | |
| | weather | hello | | | | | hi | | sunny | |

▲ 그림 11-3 키-값 쌍을 삽입한 이후의 해시 테이블

이제 {key:18, value:"wow"}를 해싱해보자.

---

소수: 11
18 % 11 = 7

---

7이 인덱스 7에 이미 존재해 인덱스 충돌이 일어난다. 완벽한 해싱 함수의 경우 충돌이 일어나지 않는다. 하지만 충돌이 일어나지 않는 해싱은 대부분의 경우 거의 불가능하다. 따라서 해시 테이블에는 충돌을 다루는 전략이 필요하다.

## 탐사

충돌이 발생하는 것을 피하기 위해 탐사probling 해싱 기법을 사용해 배열에서 다음으로 사용 가능한 인덱스를 찾을 수 있다. 선형 탐사linear probling 기법은 증분 시도를 통해 다음으로 사용 가능한 인덱스를 찾음으로써 충돌을 해결한다. 반면 이차 탐사quadratic probling는 점진적으로 증분 시도를 생성하기 위해 이차 함수를 사용한다.

### 선형 탐사

선형 탐사는 한 번에 한 인덱스를 증가시킴으로써 사용 가능한 인덱스를 찾는다. 예를 들어 동일한 키로 해싱되는 18과 7의 경우 18은 키 8로 해싱된다. 8이 다음 빈 곳이기 때문이다(그림 11-4 참고).

| 0 | 1 | 2 | 3 | 4 | 5 | 6 | 7 | 8 | 9 | 10 |
|---|---|---|---|---|---|---|---|---|---|----|
|   | 34 | 24 |   |   |   |   | 7 | 18 | 42 |    |
|   | weather | hello |   |   |   |   | hi | wow | sunny |    |

▲ 그림 11-4 선형 탐사를 사용한 이후의 해시 테이블

하지만 get(key) 함수를 사용할 때 원래 해시 결과인 7부터 시작해서 18을 찾을 때까지 테이블을 순회한다.

선형 탐사의 주요 단점은 군집<sup>cluster</sup>이 쉽게 발생한다는 것이다. 군집은 순회해야 할 자료를 더 많이 생성하기 때문에 좋지 못하다.

### 이차 탐사

이차 탐사는 군집 문제를 해결하는 데 좋은 기법이다. 이차 탐사는 매번 1씩 증가시키는 대신 완전 제곱을 사용한다. 완전 제곱은 그림 11-5와 같이 사용 가능한 인덱스에 키를 균등하게 분배하는 데 도움이 된다.

---

```
h + (1)^2, h + (2)^2, h + (3)^2, h + (4)^2
h + 1, h + 4, h + 9, h + 16
```

---

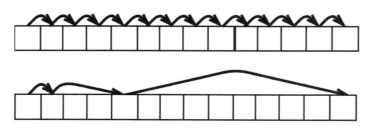

▲ 그림 11-5 선형 탐사(위쪽)와 이차 탐사(아래쪽)

## 재해싱/이중 해싱

키를 균일하게 분배하는 또 다른 좋은 방법으로 이차 해싱 함수를 사용해 원래 해싱 함수로부터 나온 결과를 한 번 더 해싱하는 것이 있다. 다음은 좋은 두 번째 해싱 함수가 지녀야 할 세 가지 주요 요구 사항이다.

- **달라야 함**: 두 번째 해싱 함수가 키를 더 잘 분배하기 위해서는 첫 번째 해싱 함수와 달라야 한다.
- **효율적이어야 함**: 두 번째 해싱 함수의 시간 복잡도가 여전히 $O(1)$이어야 한다.

- **0이 아니어야 함**: 두 번째 해싱 함수의 결과가 0이 돼서는 안 된다. 0은 초기 해시 값을 결과로 내기 때문이다.

일반적으로 사용하는 두 번째 해싱 함수는 다음과 같다.

$$hash_2(x) = R - (x \% R)$$

여기서 x는 첫 번째 해싱의 결과이고 $R$은 해시 테이블의 크기보다 작다. 각 해시 충돌은 다음을 통해 해결된다. 여기서 $i$는 반복 시도 횟수다.

$$i * hash_2(x)$$

## 해시 테이블 구현

해시 테이블에 관해 설명했으니 이제 해시 테이블을 처음부터 구현해보자. 이번 절에서 동일한 예제에 세 가지 다른 기법을 적용할 것이다. 다음은 세 가지 다른 기법에 적용할 키-값 쌍 예제다.

7, "hi"

20, "hello"

33, "sunny"

46, "weather"

59, "wow"

72, "forty"

85, "happy"

98, "sad"

## 선형 탐사 사용하기

키-값 쌍 예제에 간단한 선형 탐사를 적용해보자.

```javascript
1   function HashTable(size) {
2       this.size = size;
3       this.keys = this.initArray(size);
4       this.values = this.initArray(size);
5       this.limit = 0;
6   }
7
8   HashTable.prototype.put = function(key, value) {
9       if (this.limit >= this.size) throw 'hash table is full';
10
11      var hashedIndex = this.hash(key);
12
13      // 선형 탐사
14      while (this.keys[hashedIndex] != null) {
15          hashedIndex++;
16
17          hashedIndex = hashedIndex % this.size;
18
19      }
20
21      this.keys[hashedIndex] = key;
22      this.values[hashedIndex] = value;
23      this.limit++;
24  }
25
26  HashTable.prototype.get = function(key) {
27      var hashedIndex = this.hash(key);
28
29      while (this.keys[hashedIndex] != key) {
30          hashedIndex++;
31
32          hashedIndex = hashedIndex % this.size;
33
34      }
```

```
35      return this.values[hashedIndex];
36  }
37
38  HashTable.prototype.hash = function(key) {
39      // 키가 정수인지 확인한다.
40      if (!Number.isInteger(key)) throw 'must be int';
41      return key % this.size;
42  }
43
44  HashTable.prototype.initArray = function(size) {
45      var array = [];
46      for (var i = 0; i < size; i++) {
47          array.push(null);
48      }
49      return array;
50  }
51
52  var exampletable = new HashTable(13);
53  exampletable.put(7, "hi");
54  exampletable.put(20, "hello");
55  exampletable.put(33, "sunny");
56  exampletable.put(46, "weather");
57  exampletable.put(59, "wow");
58  exampletable.put(72, "forty");
59  exampletable.put(85, "happy");
60  exampletable.put(98, "sad");
```

결과는 다음과 같다.

```
키:
    [ 85, 98, null, null, null, null, null, 7, 20, 33, 46, 59, 72 ]
값:
    [ 'happy', 'sad', null, null, null, null, null, 'hi', 'hello', 'sunny',
    'weather', 'wow', 'forty' ]
```

## 이차 탐사 사용하기

이제 put( )과 get( ) 메소드를 변경해 이차 탐사를 사용해보자.

```
1   HashTable.prototype.put = function (key, value) {
2       if (this.limit >= this.size) throw 'hash table is full'
3
4       var hashedIndex = this.hash(key), squareIndex = 1;
5
6       // 이차 탐사
7       while (this.keys[hashedIndex % this.size] != null) {
8           hashedIndex += Math.pow(squareIndex,2);
9
10          squareIndex++;
11      }
12
13      this.keys[hashedIndex % this.size] = key;
14      this.values[hashedIndex % this.size] = value;
15      this.limit++;
16  }
17
18  HashTable.prototype.get = function (key) {
19      var hashedIndex = this.hash(key), squareIndex = 1;
20
21      while ( this.keys[hashedIndex % this.size] != key ) {
22          hashedIndex += Math.pow(squareIndex, 2);
23
24          hashedIndex = hashedIndex % this.size;
25          squareIndex++;
26      }
27
28      return this.values[hashedIndex % this.size];
29  }
```

결과는 다음과 같다.

```
    [ null, null, null, 85, 72, null, 98, 7, 20, null, 59, 46, 33 ]
```

값:

```
    [ null, null, null, 'happy', 'forty', null, 'sad', 'hi', 'hello', null,
    'wow', 'weather', 'sunny' ]
```

이차 탐사의 결과로부터 선형 탐사의 결과보다 키가 더 균등하게 분배됐음을 알 수 있다.
배열의 크기가 더 크고 더 많은 항목들이 있는 경우 차이는 더 극명하게 보일 것이다.

## 선형 탐사를 활용해 이중 해싱 사용하기

마지막으로 이중 해싱과 선형 탐사를 조합해보자. 앞에서 일반적인 이차 해시 함수는
$hash_2(x) = R - (x \% R)$이라고 배웠다. 이때 $x$는 첫 번째 해시의 결과이고 $R$은 해시 테
이블의 크기보다 작다.

```javascript
1   HashTable.prototype.put = function(key, value) {
2       if (this.limit >= this.size) throw 'hash table is full'
3
4       var hashedIndex = this.hash(key);
5
6       while (this.keys[hashedIndex] != null) {
7           hashedIndex++;
8
9           hashedIndex = hashedIndex % this.size;
10
11      }
12      this.keys[hashedIndex] = key;
13      this.values[hashedIndex] = value;
14      this.limit++;
15  }
16
17  HashTable.prototype.get = function(key) {
18      var hashedIndex = this.hash(key);
```

```
19
20      while (this.keys[hashedIndex] != key) {
21          hashedIndex++;
22
23          hashedIndex = hashedIndex % this.size;
24
25      }
26      return this.values[hashedIndex];
27  }
28
29  HashTable.prototype.hash = function(key) {
30      if (!Number.isInteger(key)) throw 'must be int'; // 정수인지 확인한다.
31      return this.secondHash(key);
32  }
33
34  HashTable.prototype.secondHash = function(hashedKey) {
35      var R = this.size - 2;
36      return R - hashedKey % R;
37  }
```

결과는 다음과 같다.

```
키:
    [ null, 59, 20, 85, 98, 72, null, 7, null, 46, null, 33, null ]
값:
    [ null, 'wow', 'hello', 'happy', 'sad', 'forty', null, 'hi', null, 'weather',
    null, 'sunny', null ]
```

이중 해싱 결과 역시 선형 탐사 결과보다 더 균등하게 분배된 배열이 된다. 이차 탐사와
이중 해싱 모두 해시 테이블에서 충돌 횟수를 줄이기 위한 좋은 기법이다. 이러한 기법
보다 더 고급인 충돌 해결 알고리즘들이 있다. 하지만 해당 알고리즘들은 이 책의 범위
를 벗어난다.

## 요약

해시 테이블은 크기가 처음에 정의되는 고정된 크기의 자료 구조다. 해시 테이블은 배열의 인덱스를 생성하는 해시 함수를 사용해 구현된다. 좋은 함수는 결정적이고 효율적이면서 균등하게 분배한다. 해시 충돌은 균등하게 분배하는 해시 함수를 사용해 최소화돼야 한다. 하지만 일부 충돌이 발생하는 것은 피할 수 없다. 해시 충돌 처리 기법에는 선형 탐사(인덱스를 1씩 증가)와 이차 탐사(이차 함수를 사용해 인덱스 증가), 이중 해싱(다중 해시 함수 사용)이 있다. 하지만 이외에도 다른 기법들이 존재한다.

12장에서는 스택과 큐를 알아볼 것이다. 스택과 큐는 동적으로 크기가 변하는 자료 구조다.

# 스택과 큐

12장에서는 스택과 큐를 알아볼 것이다. 스택과 큐 모두 다양한 용도로 사용할 수 있는 자료 구조로 다른 더 복잡한 자료 구조 구현에 널리 사용된다. 스택과 큐가 무엇인지, 스택과 큐를 어떤 식으로 언제 사용해야 할지, 스택과 큐를 어떻게 구현해야 할지 학습할 것이다. 마지막으로 연습 문제를 통해 스택과 큐의 개념뿐만 아니라 스택과 큐를 알고리즘 문제에 적용하는 법에 대한 이해를 증진할 것이다.

## 스택

스택stack은 자료 구조의 일종으로, 마지막에 삽입된 항목만을 제거하고 접근할 수 있다 (그림 12-1 참고). 탁자 위에 그릇을 쌓는 과정을 상상해보자. 가장 아래에 있는 그릇을 꺼내기 위해서는 위에 쌓인 다른 모든 그릇들을 제거해야 한다. 이러한 원리를 후입선출LIFO, last in first out이라고 부른다. 스택은 속도가 빠르다는 점이 장점이다. 마지막 항목이 제거될 것이라는 것을 알기 때문에 찾기와 삽입이 상수 시간인 O(1)에 이루어진다. 스택은 알고리즘이 마지막에 추가된 항목만을 접근해야 하는 후입선출 형태로 자료를 처리해야 하는 경우에만 배열에 대해 사용한다. 스택의 한계는 배열과 달리 마지막에 추가된 항목 외에는 직접 접근할 수 없다는 것이다. 게다가 초반에 추가된 항목을 접근하기 위해서는 이후에 추가된 항목들을 자료 구조로부터 제거해야 한다.

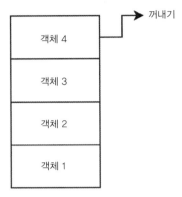

▲ 그림 12-1 스택, 후입선출

자바스크립트에서 배열에는 스택 클래스를 정의한 pop과 push라는 메소드가 있다(5장에서 이미 다룬 바 있다). 해당 메소드들을 사용해 스택을 쉽게 구현할 수 있다.

다음은 기본 뼈대 코드다. 다음 코드는 깃허브[1]에서 확인할 수 있다.

```
1   function Stack(array){
2       this.array = [];
3       if(array) this.array = array;
4   }
5
6   Stack.prototype.getBuffer = function(){
7       return this.array.slice();
8   }
9
10  Stack.prototype.isEmpty = function(){
11      return this.array.length == 0;
```

---

1   https://github.com/Apress/js-data-structures-and-algorithms - 지은이

```
12  }
13
14  // 스택 클래스의 인스턴스
15  var stack1 = new Stack();
16
17  console.log(stack1); // {array: []}
```

이제 가장 최근에 추가된 항목에 대해 '들여다보기'를 수행해보자. 들여다보기는 배열의 가장 큰 인덱스를 사용해 간단히 수행할 수 있다.

## 들여다보기

스택의 마지막에 추가된 항목을 들여다보는 것<sup>peeking</sup>은 마지막에 추가된 항목을 스택 자료 구조에서 제거하지 않고 반환하는 것을 의미한다. 들여다보기는 마지막에 추가된 항목을 다른 변수와 비교해 마지막에 추가된 항목을 자료 구조에서 제거해야 할지 결정하기 위해 주로 사용된다.

```
1  Stack.prototype.peek = function(){
2      return this.array[this.array.length-1];
3  }
4  stack1.push(10);
5  console.log(stack1.peek()); // 10
6  stack1.push(5);
7  console.log(stack1.peek()); // 5
```

시간 복잡도: $O(1)$

## 삽입

스택에 항목을 삽입하는 것은 자바스크립트 배열이 기본 지원하는 push 함수를 통해 수행된다.

```
1   Stack.prototype.push = function(value){
2       this.array.push(value);
3   }
4
5   stack1.push(1);
6   stack1.push(2);
7   stack1.push(3);
8   console.log(stack1); // {array: [1,2,3]}
```

**시간 복잡도:** $O(1)$

## 삭제

삭제 역시 자바스크립트가 기본 지원하는 배열 메소드인 pop을 통해 수행된다.

```
1   Stack.prototype.pop = function() {
2       return this.array.pop();
3   };
4
5   stack1.pop(1);
6   stack1.pop(2);
7   stack1.pop(3);
8
9   console.log(stack1); // {array: []}
```

**시간 복잡도:** $O(1)$

## 접근

자료 구조에서 특정 항목에 접근하는 것은 중요하다. 여기서 순서에 따라 항목을 접근하는 법을 살펴보자.

위에서부터 $n$번째 노드에 접근하기 위해서는 pop을 $n$번 호출해야 한다.

```
1   function stackAccessNthTopNode(stack, n){
2       var bufferArray = stack.getBuffer();
3       if(n<=0) throw 'error'
4
5       var bufferStack = new Stack(bufferArray);
6
7       while(--n!==0){
8           bufferStack.pop();
9       }
10      return bufferStack.pop();
11  }
12
13  var stack2 = new Stack();
14  stack2.push(1);
15  stack2.push(2);
16  stack2.push(3);
17  stackAccessNthTopNode(stack2,2); // 2
```

시간 복잡도: $O(n)$

비슷한 방식으로 검색을 구현할 수 있다.

## 검색

스택 자료 구조에서 특정 항목을 검색하는 것은 중요한 연산이다. 이를 위해 우선 pop이
버퍼 스택에 대해 호출될 수 있도록 버퍼 스택을 만들어야 한다. 이런 식으로 원래 스택
으로부터 어떤 항목도 제거되지 않도록 원래 스택은 건드리지 않는다.

```
1   function stackSearch(stack, element) {
2       var bufferArray = stack.getBuffer();
3
4       var bufferStack = new Stack(bufferArray); // 버퍼 스택으로 복사한다.
5
6       while(!bufferStack.isEmpty()){
```

```
7          if(bufferStack.pop( )==element){
8              return true;
9          }
10     }
11     return false;
12 }
```

---

**시간 복잡도**: $O(n)$

# 큐

큐는 스택과 달리 첫 번째로 추가된 항목만을 제거할 수 있는 자료 구조다(그림 12-2 참고). 이러한 원리를 선입선출FIFO, first in, first out이라고 한다. 연산이 상수 시간이라는 점이 큐의 장점이다. 큐는 스택과 비슷하게 한 번에 한 개의 항목만 접근할 수 있기 때문에 한계를 갖는다. 큐는 알고리즘이 첫 번째로 추가된 항목만을 접근해야 하는 선입선출 방식으로 자료를 처리해야 하는 경우에만 배열에 대해 사용한다.

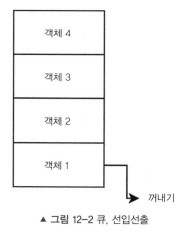

▲ 그림 12-2 큐, 선입선출

자바스크립트에서 배열에는 큐 클래스를 정의한 shift( )와 push( )라는 메소드가 있다

(5장에서 이미 다룬 바 있다). 자바스크립트에서 배열에 대해 shift( ) 메소드를 호출하면 배열의 첫 번째 항목을 제거해 반환한다는 점을 기억하자. 큐에 항목을 추가하는 것을 인큐<sup>enqueuing</sup>라 하고, 큐에서 항목을 제거하는 것을 디큐<sup>dequeuing</sup>라 한다. shift( )는 디큐에 대해 사용할 수 있고 push( )는 인큐에 대해 사용할 수 있다.

다음은 기본 뼈대 코드다. 다음 코드는 깃허브[2]에서 확인할 수 있다.

```
1   function Queue(array){
2       this.array = [];
3       if(array) this.array = array;
4   }
5
6   Queue.prototype.getBuffer = function(){
7       return this.array.slice();
8   }
9
10  Queue.prototype.isEmpty = function(){
11      return this.array.length == 0;
12  }
13
14  // 큐 클래스의 인스턴스
15  var queue1 = new Queue();
16
17  console.log(queue1); // { array: [] }
```

## 들여다보기

peek 함수는 큐에서 첫 번째 항목을 제거하지 않고도 첫 번째 항목을 반환한다. 스택 구현의 경우 배열의 마지막 항목이 반환됐지만 큐의 경우 선입선출이기 때문에 배열의 첫 번째 항목이 반환된다.

---

2  https://github.com/Apress/js-data-structures-and-algorithms – 지은이

```
1   Queue.prototype.peek = function(){
2       return this.array[0];
3   }
```

## 삽입

앞에서 언급했듯이 큐에서 삽입을 인큐$^{enqueue}$라 부른다. 배열이 스택 자료를 담는 데 사용되기 때문에 push() 메소드를 사용해 enqueue를 구현할 수 있다.

```
1   Queue.prototype.enqueue = function(value){
2       return this.array.push(value);
3   }
```

**시간 복잡도**: $O(1)$

## 삭제

앞에서 언급했듯이 큐에서 삭제를 디큐$^{dequeue}$라 부른다. 배열이 스택 자료를 담는 데 사용되기 때문에 shift() 메소드를 사용해 큐의 첫 번째 항목을 제거하고 반환할 수 있다.

```
1   Queue.prototype.dequeue = function() {
2       return this.array.shift();
3   };
4
5   var queue1 = new Queue();
6
7   queue1.enqueue(1);
8   queue1.enqueue(2);
9   queue1.enqueue(3);
10
11  console.log(queue1); // {array: [1,2,3]}
```

```
12
13   queue1.dequeue( );
14   console.log(queue1); // {array: [2,3]}
15
16   queue1.dequeue( );
17   console.log(queue1); // {array: [3]}
```

**시간 복잡도:** $O(n)$

위의 shift( ) 구현은 인덱스 0의 항목을 제거한 다음 남은 인덱스를 연속적으로 하나씩
감소시키기 때문에 배열의 나머지 전체 항목들의 인덱스가 변경돼야 한다. 이로 인해
$O(n)$의 시간이 걸린다. 13장에서 다룰 연결 리스트 구현의 경우 시간 복잡도를 $O(1)$로
줄일 수 있다.

## 접근

배열과 달리 인덱스를 통해 큐의 항목들을 접근할 수 없다. $n$번째 마지막으로 추가된
노드에 접근하려면 dequeue를 $n$번 호출해야 한다. 원래 큐에 변경이 생기지 않도록 버
퍼가 필요하다.

```
1    function queueAccessNthTopNode(queue, n){
2        var bufferArray = queue.getBuffer( );
3        if(n<=0) throw 'error'
4
5        var bufferQueue = new Queue(bufferArray);
6
7        while(--n!==0){
8            bufferQueue.dequeue( );
9        }
10       return bufferQueue.dequeue( );
11   }
```

**시간 복잡도:** $O(n)$

## 검색

큐에 어떤 항목이 존재하는지 확인하기 위해서는 큐를 검색해야 한다. 검색 역시 원래 큐에 변경이 생기지 않도록 버퍼 큐를 우선 생성해야 한다.

```
1   function queueSearch(queue, element){
2       var bufferArray = queue.getBuffer();
3
4       var bufferQueue = new Queue(bufferArray);
5
6       while(!bufferQueue.isEmpty()){
7           if(bufferQueue.dequeue()==element){
8               return true;
9           }
10      }
11      return false;
12  }
```

**시간 복잡도:** $O(n)$


## 요약

스택과 큐 모두 들여다보기, 삽입, 삭제를 $O(1)$ 시간에 지원한다. 스택과 큐 사이에 가장 중요한 차이점은 스택은 후입선출이고 큐는 선입선출이라는 것이다. 표 12-1에 시간 복잡도를 요약했다.

▼ 표 12-1 큐와 스택 시간 복잡도 요약

|      | 접근 | 검색 | 들여다보기 | 삽입 | 삭제 |
|------|------|------|----------|------|------|
| 큐   | $O(n)$ | $O(n)$ | $O(1)$ | $O(1)$ | $O(n)$[3] |
| 스택 | $O(n)$ | $O(n)$ | $O(1)$ | $O(1)$ | $O(1)$ |

---

3   연결 리스트 구현을 사용하는 경우 O(1)로 개선할 수 있다. – 지은이

# 연습 문제

연습 문제의 모든 코드는 깃허브[4]에서 확인할 수 있다.

스택만을 사용해 큐를 설계한 다음 큐만을 사용해 큐를 설계하라

## 스택을 사용해 큐 구현하기

두 개의 스택을 사용해 큐를 만들 수 있다. 큐는 dequeue( ) 메소드를 통해 첫 번째로 추가된 항목을 반환하는 자료 구조다. 스택은 pop( ) 메소드를 통해 마지막으로 추가된 항목을 반환하는 자료 구조다. 즉, 큐는 스택과 반대 방향으로 항목들을 제거한다.

[1,2,3,4,5]인 스택 배열을 살펴보자.

순서를 뒤집기 위해서는 모든 항목들을 두 번째 스택에 삽입한[push] 다음 두 번째 스택에서 항목들을 꺼내야[pop] 할 것이다. 따라서 두 번째 스택 배열은 [5,4,3,2,1]이 될 것이다.

두 번째 스택에서 항목을 꺼내면 마지막 항목이 제거되는데, 이때 항목은 1이다. 따라서 1이 원래 스택인 첫 번째 스택의 첫 번째 항목이다. 따라서 두 개의 스택만을 사용해 다음과 같이 큐를 구현할 수 있다.

```
1   function TwoStackQueue( ){
2       this.inbox = new Stack( );
3       this.outbox= new Stack( );
4   }
5
6   TwoStackQueue.prototype.enqueue = function(val) {
7       this.inbox.push(val);
8   }
```

---

4   https://github.com/SamEBae/jsds/tree/master/Problems/StacksQueues – 지은이

```
9
10   TwoStackQueue.prototype.dequeue = function( ) {
11       if(this.outbox.isEmpty( )){
12           while(!this.inbox.isEmpty( )){
13               this.outbox.push(this.inbox.pop( ));
14           }
15       }
16       return this.outbox.pop( );
17   };
18   var queue = new TwoStackQueue( );
19   queue.enqueue(1);
20   queue.enqueue(2);
21   queue.enqueue(3);
22   queue.dequeue( ); // 1
23   queue.dequeue( ); // 2
24   queue.dequeue( ); // 3
```

## 큐를 사용해 스택 구현하기

두 개의 큐를 사용해 스택을 만들 수 있다. 스택은 마지막 항목을 반환하는 자료 구조다. 큐를 사용해 스택을 구현하기 위해서는 원래 큐의 마지막 항목을 제외하고 모든 항목을 두 번째 큐에 삽입<sup>enqueue</sup>하면 된다.

```
1    function QueueStack( ){
2        this.inbox = new Queue( ); // 첫 번째 스택
3    }
4
5    QueueStack.prototype.push = function(val) {
6        this.inbox.enqueue(val);
7    };
8
9    QueueStack.prototype.pop = function( ) {
10       var size = this.inbox.array.length-1;
11       var counter =0;
12       var bufferQueue = new Queue( );
13
```

```
14     while(++counter<=size){
15         bufferQueue.enqueue(this.inbox.dequeue());
16     }
17     var popped = this.inbox.dequeue();
18     this.inbox = bufferQueue;
19     return popped
20 };
21
22 var stack = new QueueStack();
23
24 stack.push(1);
25 stack.push(2);
26 stack.push(3);
27 stack.push(4);
28 stack.push(5);
29
30 console.log(stack.pop()); // 5
31 console.log(stack.pop()); // 4
32 console.log(stack.pop()); // 3
33 console.log(stack.pop()); // 2
34 console.log(stack.pop()); // 1
```

**고객 객체를 매개변수로 받아서 선입선출 방식으로 음식 주문을 처리하는 점원 클래스를 설계한다**

요구 사항은 다음과 같다.

1. 점원은 주문을 위해 고객의 이름과 주문 항목을 요구한다.
2. 첫 번째로 주문받은 고객을 먼저 처리한다.

필요한 구현은 다음과 같다.

- addOrder(customer): deliverOrder()에 의해 고객 객체가 처리되도록 고객 객체를 삽입<sup>enqueue</sup>한다.

- deliverOrder( ): 다음으로 처리될 고객의 이름과 주문 항목을 출력한다.

이번 연습 문제의 경우 Cashier 클래스는 큐를 사용해 고객 클래스 객체를 삽입[enqueue] 하고 주문 처리가 끝나면 해당 고객 클래스 객체를 제거[dequeue]해야 한다.

```javascript
1   function Customer(name, order){
2       this.name = name;
3       this.order = order;
4   }
5
6   function Cashier(){
7       this.customers = new Queue();
8   }
9
10  Cashier.prototype.addOrder = function (customer){
11      this.customers.enqueue(customer);
12  }
13
14  Cashier.prototype.deliverOrder = function(){
15      var finishedCustomer = this.customers.dequeue();
16
17      console.log(finishedCustomer.name+", your "+finishedCustomer.order+" is
        ready!");
18  }
19
20  var cashier = new Cashier();
21  var customer1 = new Customer('Jim',"Fries");
22  var customer2 = new Customer('Sammie',"Burger");
23  var customer3 = new Customer('Peter',"Drink");
24
25  cashier.addOrder(customer1);
26  cashier.addOrder(customer2);
27  cashier.addOrder(customer3);
28
29  cashier.deliverOrder(); // Jim, your Fries is ready!
30  cashier.deliverOrder(); // Sammie, your Burger is ready!
31  cashier.deliverOrder(); // Peter, your Drink is ready!
```

((( )))는 유효한 괄호 집합이다. 반면 ((( )와 )))는 유효한 괄호 집합이 아니다. 스택을
사용하는 경우 왼쪽 괄호를 저장한 다음 오른쪽 괄호를 발견했을 때 push와 pop을 사용
해 괄호의 유효성을 검증할 수 있다.

오른쪽 괄호를 다 발견한 이후에도 스택에 남아 있는 항목이 있다면 해당 괄호 집합은
유효하지 않은 것이다. 반대로 오른쪽 괄호를 발견했는데도 스택에 남아 있는 왼쪽 괄
호가 없는 경우에도 해당 괄호 집합은 유효하지 않은 것이다. 이러한 규칙을 사용해 가
장 최근 괄호를 저장하기 위해 스택을 사용하자.

```
1   function isParenthesisValid(validationString){
2       var stack = new Stack();
3       for(var pos=0;pos<validationString.length;pos++){
4           var currentChar = validationString.charAt(pos);
5           if(currentChar=="("){
6               stack.push(currentChar);
7           }else if(currentChar==")"){
8
9               if(stack.isEmpty())
10                  return false;
11
12              stack.pop();
13          }
14      }
15      return stack.isEmpty();
16  }
17  isParenthesisValid("((()"); // false;
18  isParenthesisValid("(((("); // false;
19  isParenthesisValid("()()"); // true;
```

시간 복잡도: $O(n)$

위의 알고리즘은 문자 한 개 단위로 문자열을 처리한다. 따라서 $n$이 문자열의 길이일

때 시간 복잡도는 $O(n)$이다.

## 정렬 가능한 스택 설계하기

이를 위해서는 두 가지 스택이 필요하다. 하나는 정렬된 스택이고 다른 하나는 정렬되지 않은 스택이다. 정렬을 수행할 때 정렬되지 않은 스택으로부터 항목을 꺼낸다. 그러고 나서 내림차순인 경우 정렬되지 않은 스택에서 꺼낸 항목보다 작은 수가 정렬된 스택의 맨 위에 있다면 해당 정렬된 스택의 맨 위 항목은 순서가 잘못된 것이기 때문에 해당 항목을 정렬되지 않은 스택의 뒤로 이동시킨다. 마찬가지로 오름차순인 경우 정렬되지 않은 스택에서 꺼낸 항목보다 큰 수가 정렬된 스택의 맨 위에 있다면 해당 정렬된 스택의 맨 위 항목을 정렬되지 않은 스택의 뒤로 이동시킨다. 스택이 모두 정렬될 때까지 루프를 실행한다.

```
1   function sortableStack(size){
2       this.size = size;
3
4       this.mainStack = new Stack();
5       this.sortedStack = new Stack();
6
7       // 무작위 정수로 스택을 초기화한다.
8       for(var i=0;i<this.size;i++){
9           this.mainStack.push(Math.floor(Math.random()*11));
10      }
11  }
12
13  sortableStack.prototype.sortStackDescending = function(){
14      while(!this.mainStack.isEmpty()){
15          var temp = this.mainStack.pop();
16          while(!this.sortedStack.isEmpty() && this.sortedStack.peek()< temp){
17              this.mainStack.push(this.sortedStack.pop());
18          }
19          this.sortedStack.push(temp);
```

```
20      }
21  }
22
23  var ss = new sortableStack(10);
24  console.log(ss); // [ 8, 3, 4, 4, 1, 2, 0, 9, 7, 8 ]
25  ss.sortStackDescending();
26  console.log(ss.sortedStack); // [ 9, 8, 8, 7, 4, 4, 3, 2, 1, 0 ]
```

**시간 복잡도:** $O(n^2)$

위 알고리즘은 두 스택 간에 항목들을 교환하는 과정을 포함한다. 따라서 최악의 경우 $O(n^2)$의 시간이 걸린다. 여기서 $n$은 정렬하고자 하는 항목들의 개수다.

# 13장

# 연결 리스트

13장에서는 연결 리스트를 알아볼 것이다. 연결 리스트<sup>linked list</sup>는 각 노드가 다른 노드를 가리키는 자료 구조다. 고정된 크기를 갖는 배열과 달리 연결 리스트는 실행 시간에 메모리를 할당하거나 해제할 수 있는 동적 자료 구조다. 13장이 끝날 무렵이면 연결 리스트를 구현하는 방법과 연결 리스트를 사용하는 방법을 이해할 것이다.

13장에서 다룰 연결 리스트의 종류로는 단일 연결 리스트와 이중 연결 리스트가 있다. 먼저 단일 연결 리스트를 알아보자.

## 단일 연결 리스트

연결 리스트 자료 구조는 각 노드(항목)가 다음 노드에 대한 참조를 갖는 자료 구조다(그림 13-1 참고).

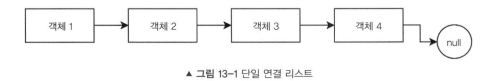

▲ 그림 13-1 단일 연결 리스트

단일 연결 리스트의 노드에는 data와 next라는 속성이 있다. data는 연결 리스트 노드의 값을 저장하고 next는 SinglyLinkedListNode의 다른 인스턴스에 대한 포인터를 저장한다.

```
1    function SinglyLinkedListNode(data) {
2        this.data = data;
3        this.next = null;
4    }
```

다음 코드는 단일 연결 리스트 예제의 기본이 되는 코드다. 다음 코드는 깃허브[1]에서 확인할 수 있다. 다음 코드는 단일 연결 리스트가 비었는지 여부를 확인하는 도움 함수를 포함한다.

```
1    function SinglyLinkedList(){
2        this.head = null;
3        this.size = 0;
4    }
5
6    SinglyLinkedList.prototype.isEmpty = function(){
7        return this.size == 0;
8    }
```

연결 리스트의 시작을 헤드[head]라고 부른다. 연결 리스트에 어떤 항목도 삽입되기 전에 헤드 속성의 기본값은 null이다.

## 삽입

다음 코드는 연결 리스트에 항목을 삽입하는 법을 나타낸다. 연결 리스트의 헤드가 비

---

1    https://github.com/Apress/js-data-structures-and-algorithms – 지은이

어 있는 경우 헤드는 신규 노드로 설정된다. 헤드가 비어 있지 않다면 예전 헤드가 temp 에 저장되고 새로운 헤드가 신규로 추가된 노드가 된다. 마지막으로 새로운 헤드의 next는 temp(예전 헤드)를 가리킨다.

```
1   SinglyLinkedList.prototype.insert = function(value) {
2       if (this.head === null) { // 첫 번째 노드의 null 여부 확인
3           this.head = new SinglyLinkedListNode(value);
4       } else {
5           var temp = this.head;
6           this.head = new SinglyLinkedListNode(value);
7           this.head.next = temp;
8       }
9       this.size++;
10  }
11  var sll1 = new SinglyLinkedList();
12  sll1.insert(1); // 현재 연결 리스트: 1 -> null
13  sll1.insert(12); // 현재 연결 리스트: 12 -> 1 -> null
14  sll1.insert(20); // 현재 연결 리스트: 20 -> 12 -> 1 -> null
```

**시간 복잡도:** $O(1)$

삽입은 상수 시간 연산이다. 루프나 순회가 필요하지 않기 때문이다.


## 값에 의한 삭제

단일 연결 리스트에서 노드를 삭제하는 것은 해당 노드의 참조를 제거함으로써 구현할 수 있다. 삭제하고자 하는 노드가 연결 리스트의 중간에 있다면 삭제하고자 하는 노드의 next 포인터가 가리키는 노드를 찾는다. 그리고 나서 삭제하고자 하는 노드의 이전 노드의 next 포인터가 삭제하고자 하는 노드의 다음 노드를 가리키도록 한다. 그림 13-2를 참고하자.

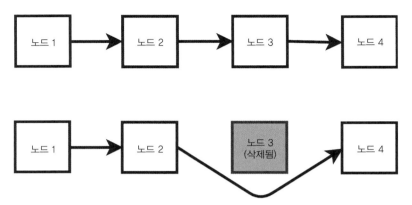

▲ 그림 13-2 단일 연결 리스트의 내부 노드 제거 과정

삭제하고자 하는 노드가 단일 연결 리스트의 끝에 위치한다면 마지막에서 두 번째 노드
가 자신의 next 속성을 null로 설정해 해당 노드의 참조를 끊어버리면 된다.

```
1   SinglyLinkedList.prototype.remove = function(value) {
2       var currentHead = this.head;
3       if (currentHead.data == value) {
4           // 현재 헤드가 삭제하고자 하는 값을 갖고 있기 때문에 바로 삭제한다. 헤드는 이제 새로운
            값을 갖는다.
5           this.head = currentHead.next;
6           this.size--;
7       } else {
8           var prev = currentHead;
9           while (currentHead.next) {
10              if (currentHead.data == value) {
11                  // 해당 노드를 건너뛰어 삭제한다.
12                  prev.next = currentHead.next;
13                  prev = currentHead;
14                  currentHead = currentHead.next;
15                  break; // break out of the loop
16              }
17              prev = currentHead;
18              currentHead = currentHead.next;
19          }
```

```
20          // 삭제하고자 하는 노드가 중간에도 없고 헤드에도 없다면 테일(tail)에 있을 것이다.
21          if (currentHead.data == value) {
22              prev.next = null;
23          }
24          this.size--;
25      }
26  }
27  var sll1 = new SinglyLinkedList();
28  sll1.insert(1); // 현재 연결 리스트: 1 -> null
29  sll1.insert(12); // 현재 연결 리스트: 12 -> 1 -> null
30  sll1.insert(20); // 현재 연결 리스트: 20 -> 12 -> 1 -> null
31  sll1.remove(12); // 현재 연결 리스트: 20 -> 1 -> null
32  sll1.remove(20); // 현재 연결 리스트: 1 -> null
```

**시간 복잡도:** $O(n)$

최악의 경우 전체 연결 리스트를 순회해야 한다.

## 헤드 항목 삭제

연결 리스트의 헤드에 있는 항목을 삭제하는 것은 $O(1)$의 시간에 가능하다. 노드가 헤드에서 삭제될 때 순회가 필요 없다. 이러한 삭제의 구현은 다음 코드에서 확인할 수 있다. 덕분에 연결 리스트를 사용해 스택을 구현할 수 있다. 마지막에 헤드에 추가된 항목을 $O(1)$ 시간에 제거할 수 있다.

```
1  SinglyLinkedList.prototype.deleteAtHead = function() {
2      var toReturn = null;
3
4      if (this.head !== null) {
5          toReturn = this.head.data;
6          this.head = this.head.next;
7          this.size--;
8      }
9      return toReturn;
```

```
10  }
11  var sll1 = new SinglyLinkedList();
12  sll1.insert(1);  // 현재 연결 리스트: 1 -> null
13  sll1.insert(12); // 현재 연결 리스트: 12 -> 1 -> null
14  sll1.insert(20); // 현재 연결 리스트: 20 -> 12 -> 1 -> null
15  sll1.deleteAtHead(); // 현재 연결 리스트: 12 -> 1 -> nul
```

## 검색

어떤 값이 단일 연결 리스트 내에 존재하는지 확인하기 위해서는 모든 next 포인터를 반복 순회하면 된다.

```
1   SinglyLinkedList.prototype.find = function(value) {
2       var currentHead = this.head;
3       while (currentHead.next) {
4           if (currentHead.data == value) {
5               return true;
6           }
7           currentHead = currentHead.next;
8       }
9       return false;
10  }
```

**시간 복잡도**: $O(n)$

삭제 연산과 마찬가지로 최악의 경우 전체 연결 리스트를 순회해야 한다.


## 이중 연결 리스트

이중 연결 리스트를 양방향 단일 연결 리스트라고 생각해도 좋다. 이중 연결 리스트의 각 노드에는 next 포인터와 prev 포인터가 있다. 다음 코드는 이중 연결 리스트 노드를 구현한 것이다.

```
1    function DoublyLinkedListNode(data) {
2        this.data = data;
3        this.next = null;
4        this.prev = null;
5    }
```

추가로 이중 연결 리스트에는 헤드 포인터와 테일 포인터가 있다. 헤드는 이중 연결 리스트의 시작을 나타내고 테일은 이중 연결 리스트의 끝을 나타낸다. 다음 코드에서 헤드와 테일과 이중 연결 리스트가 비었는지 확인하는 도움 함수를 구현했다.

```
1    function DoublyLinkedList (){
2        this.head = null;
3        this.tail = null;
4        this.size = 0;
5    }
6    DoublyLinkedList.prototype.isEmpty = function(){
7        return this.size == 0;
8    }
```

이중 연결 리스트의 각 노드에는 next와 prev라는 속성이 있다. 이중 연결 리스트에서 삭제와 삽입, 검색을 구현하는 것은 단일 연결 리스트에서 구현하는 것과 비슷하다. 하지만 삽입과 삭제의 경우 next 속성과 prev 속성이 반드시 갱신돼야 한다. 그림 13-3 은 이중 연결 리스트의 예를 나타낸다.

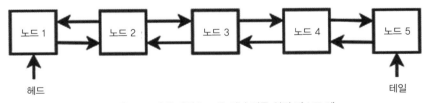

▲ 그림 13-3 다섯 개의 노드를 지닌 이중 연결 리스트 예

## 헤드에 항목 삽입하기

이중 연결 리스트의 헤드에 항목을 삽입하는 것은 prev 포인터를 갱신해야 한다는 점을
제외하고는 단일 연결 리스트의 헤드에 항목을 삽입하는 것과 동일하다. 다음 코드는
이중 연결 리스트의 헤드에 항목을 삽입하는 법을 보여준다. 이중 연결 리스트의 헤드
가 비어 있는 경우 헤드와 테일을 신규 노드로 설정한다. 단 하나의 항목만 존재하는 경
우 해당 항목은 헤드인 동시에 테일이기 때문이다. 헤드가 비어 있지 않다면 temp 변수
에 신규 노드를 저장한다. 신규 노드의 next가 현재 노드를 가리킨 다음 현재 헤드의
prev가 신규 노드를 가리킨다. 마지막으로 헤드 포인터가 신규 노드로 갱신된다.

```
1    DoublyLinkedList.prototype.insertAtHead = function(value) {
2        if (this.head === null) { // 첫 번째 노드의 null 여부 확인
3            this.head = new DoublyLinkedListNode(value);
4            this.tail = this.head;
5        } else {
7            var temp = new DoublyLinkedListNode(value);
8            temp.next = this.head;
9            this.head.prev = temp;
10           this.head = temp;
11       }
12       this.size++;
13   }
14   var dll1 = new DoublyLinkedList();
15   dll1.insertAtHead(10); // ddl1 구조: 테일: 10 헤드: 10
16   dll1.insertAtHead(12); // ddl1 구조: 테일: 10 헤드: 12
17   dll1.insertAtHead(20); // ddl1 구조: 테일: 10 헤드: 20
```

**시간 복잡도:** $O(1)$

## 테일에 항목 삽입하기

마찬가지로 신규 노드를 이중 연결 리스트의 테일에 추가할 수 있다. 다음 코드 구현을
살펴보자.

```
1   DoublyLinkedList.prototype.insertAtTail = function(value) {
2       if (this.tail === null) { // 첫 번째 노드의 null 여부 확인
3           this.tail = new DoublyLinkedListNode(value);
4           this.head = this.tail;
5       } else {
6           var temp = new DoublyLinkedListNode(value);
7           temp.prev = this.tail;
8           this.tail.next = temp;
9           this.tail = temp;
10      }
11      this.size++;
12  }
13
14  var dll1 = new DoublyLinkedList();
15  dll1.insertAtHead(10); // ddl1 구조: 테일: 10 헤드: 10
16  dll1.insertAtHead(12); // ddl1 구조: 테일: 10 헤드: 12
17  dll1.insertAtHead(20); // ddl1 구조: 테일: 10 헤드: 20
18  dll1.insertAtTail(30); // ddl1 구조: 테일: 30 헤드: 20
```

시간 복잡도: $O(1)$

## 헤드의 항목 삭제하기

이중 연결 리스트의 헤드에 위치한 항목은 $O(1)$ 시간에 제거할 수 있다. 항목이 하나만 존재하는 헤드와 테일이 동일한 경우 헤드와 테일 모두를 null로 설정한다. 항목이 여러 개 존재하는 경우 헤드를 헤드의 next 포인터로 설정한다. 마지막으로 신규 헤드의 prev를 null로 설정해 예전 헤드에 대한 참조를 제거한다. 다음 코드는 이에 대한 구현을 담고 있다. 다음 코드는 큐 자료 구조의 dequeue 함수와 같이 사용할 수 있어 유용하다.

```
1   DoublyLinkedList.prototype.deleteAtHead = function() {
2       var toReturn = null;
```

```
 3
 4        if (this.head !== null) {
 5            toReturn = this.head.data;
 6
 7            if (this.tail === this.head) {
 8                this.head = null;
 9                this.tail = null;
10            } else {
11                this.head = this.head.next;
12                this.head.prev = null;
13            }
14        }
15        this.size--;
16        return toReturn;
17    }
```

시간 복잡도: $O(1)$

## 테일의 항목 삭제하기

헤드에 위치한 노드를 제거하는 것과 마찬가지로 테일 노드를 $O(1)$ 시간에 제거하고 반환할 수 있다. 다음 코드는 이를 구현한 것이다. 테일의 항목을 삭제할 수 있기 때문에 이중 연결 리스트를 양방향 큐 자료 구조로 생각해도 되는 것이다. 큐는 첫 번째로 추가된 항목만을 꺼낼 수 있지만 이중 연결 리스트는 $O(1)$ 시간에 테일 또는 헤드에 있는 항목을 꺼낼 수 있다.

```
1    DoublyLinkedList.prototype.deleteAtTail = function() {
2        var toReturn = null;
3
4        if (this.tail !== null) {
5            toReturn = this.tail.data;
6
7            if (this.tail === this.head) {
```

```
8              this.head = null;
9              this.tail = null;
10         } else {
11             this.tail = this.tail.prev;
12             this.tail.next = null;
13         }
14     }
15     this.size--;
16     return toReturn;
17 }
18 var dll1 = new DoublyLinkedList();
19 dll1.insertAtHead(10); // ddl1 구조: 테일: 10 헤드: 10
20 dll1.insertAtHead(12); // ddl1 구조: 테일: 10 헤드: 12
21 dll1.insertAtHead(20); // ddl1 구조: 테일: 10 헤드: 20
22 dll1.insertAtTail(30); // ddl1 구조: 테일: 30 헤드: 20
23 dll1.deleteAtTail();   // ddl1 구조: 테일: 10 헤드: 20
```

시간 복잡도: $O(1)$

## 검색

어떤 값이 이중 연결 리스트에 존재하는지 확인하기 위해서는 헤드에서 시작해 헤드의 next 포인터를 사용하면 된다. 또는 테일에서 시작해 테일의 prev 포인터를 사용할 수도 있다. 다음 코드는 단일 연결 리스트 검색과 동일한 방식으로 헤드에서 시작해 찾고자 하는 항목을 검색하도록 이중 연결 리스트의 검색을 구현한 것이다.

```
1  DoublyLinkedList.prototype.findStartingHead = function(value) {
2      var currentHead = this.head;
3      while(currentHead.next){
4          if(currentHead.data == value){
5              return true;
6          }
7          currentHead = currentHead.next;
8      }
```

```
9        return false;
10   }
11   var dll1 = new DoublyLinkedList();
12   dll1.insertAtHead(10); // ddl1 구조: 테일: 10 헤드: 10
13   dll1.insertAtHead(12); // ddl1 구조: 테일: 10 헤드: 12
14   dll1.insertAtHead(20); // ddl1 구조: 테일: 10 헤드: 20
15   dll1.insertAtTail(30); // ddl1 구조: 테일: 30 헤드: 20
16   dll1.findStartingHead(10); // true
17   dll1.findStartingHead(100); // false
```

시간 복잡도: $O(n)$

다음 코드는 테일에서 시작해 prev 포인터를 사용해 이중 연결 리스트를 순회한다.

```
1    DoublyLinkedList.prototype.findStartingTail = function(value) {
2        var currentTail = this.tail;
3        while (currentTail.prev){
4            if(currentTail.data == value){
5                return true;
6            }
7            currentTail = currentTail.prev;
8        }
9        return false;
10   }
11
12   var dll1 = new DoublyLinkedList();
13   dll1.insertAtHead(10); // ddl1 구조: 테일: 10 헤드: 10
14   dll1.insertAtHead(12); // ddl1 구조: 테일: 10 헤드: 12
15   dll1.insertAtHead(20); // ddl1 구조: 테일: 10 헤드: 20
16   dll1.insertAtTail(30); // ddl1 구조: 테일: 30 헤드: 20
17   dll1.findStartingTail(10); // true
18   dll1.findStartingTail(100); // false
```

시간 복잡도: $O(n)$

이중 연결 리스트 검색의 시간 복잡도가 단일 연결 리스트 검색의 시간 복잡도와 동일하지만 이중 연결 리스트만이 prev 또는 next를 사용해 양방향으로 검색할 수 있다. 이는 이중 연결 리스트 노드에 대한 참조가 주어졌을 때 이중 연결 리스트는 완전 검색을 수행할 수 있지만 단일 연결 리스트는 주어진 노드의 next 포인터에 국한된다.

## 요약

연결 리스트 자료 구조는 다른 노드에 대한 next 포인터를 지닌 각 노드에 의해 동작한다(이중 연결 리스트인 경우 이전 노드에 대한 prev 포인터도 있다). 단일 연결 리스트와 이중 연결 리스트 모두 삽입 연산은 O(1) 상수 시간 복잡도를 지닌다. 단일 연결 리스트와 이중 연결 리스트의 헤드로부터 항목을 삭제하는 연산의 시간 복잡도 역시 O(1)이다. 하지만 검색은 단일 연결 리스트와 이중 연결 리스트 모두 O($n$) 시간이 걸린다. 양방향 순회/검색이 필요한 경우 단일 연결 리스트 대신 이중 연결 리스트를 사용해야 한다. 게다가 이중 연결 리스트를 사용하면 이중 연결 리스트의 테일 혹은 헤드로부터 항목을 O(1) 시간에 얻을 수 있다. 단일 연결 리스트의 경우 헤드로부터 항목을 빠르게 얻을 수 있지만 테일로부터 항목을 얻는 것은 오래 걸리기 때문에 이중 연결 리스트를 사용하면 좀 더 유연하면서 빠르게 헤드나 테일의 항목을 얻을 수 있다.

## 연습 문제

연습 문제의 모든 코드는 깃허브[2]에서 확인할 수 있다.

---

2   https://github.com/Apress/js-data-structures-and-algorithms – 지은이

## 단일 연결 리스트 뒤집기

단일 연결 리스트를 뒤집기 위해서는 각 노드를 순회하면서 현재 노드의 next 속성을
이전 노드로 설정하면 된다.

```
1    function reverseSingleLinkedList(sll){
2        var node = sll.head;
3        var prev = null;
4        while(node){
5            var temp = node.next;
6            node.next = prev;
7            prev = node;
8            if(!temp)
9                break;
10           node = temp;
11       }
12       return node;
13   }
```

시간 복잡도: $O(n)$

공간 복잡도: $O(1)$

연결 리스트를 완전히 뒤집기 위해서는 연결 리스트의 전체 $N$개의 항목들을 순회해야
한다.

## 연결 리스트에서 중복된 항목 제거하기

연결 리스트의 항목을 삭제하는 것은 간단하다. 노드를 순회하면서 방문한 노드를 배열
에 저장하면 된다. 현재 항목이 이전에 방문한 항목과 같은 경우 현재 항목을 삭제한다.

```
1    // 정렬되지 않은 연결 리스트에서 중복 항목을 삭제한다.
2    function deleteDuplicateInUnsortedSll(sll1) {
3        var track = [];
4
5        var temp = sll1.head;
6        var prev = null;
7        while (temp) {
8            if (track.indexOf(temp.data) >= 0) {
9                prev.next = temp.next;
10               sll1.size--;
11           } else {
12               track.push(temp.data);
13               prev = temp;
14           }
15           temp = temp.next;
16       }
17       console.log(temp);
18   }
```

**시간 복잡도:** $O(n^2)$

**공간 복잡도:** $O(n)$

하지만 위 알고리즘은 `.indexOf()` 메소드를 사용해 배열을 순회한다. 이는 $O(n)$의 시간이 걸릴 뿐만 아니라 $n$번 순회한다. 따라서 시간 복잡도가 $O(n^2)$이 된다. 추가로 `track` 배열의 크기는 $N$까지 커진다. 이로 인해 공간 복잡도가 $O(n)$이 된다. 이제 시간 복잡도를 $O(n)$으로 낮춰보자.

```
1    // 정렬되지 않은 연결 리스트에서 중복 항목을 삭제한다.
2    function deleteDuplicateInUnsortedSllBest(sll1) {
3        var track = {};
4
5        var temp = sll1.head;
6        var prev = null;
7        while (temp) {
```

```
8          if (track[temp.data]) {
9              prev.next = temp.next;
10             sll1.size--;
11         } else {
12             track[temp.data] = true;
13             prev = temp;
14         }
15         temp = temp.next;
16     }
17     console.log(temp);
18 }
```

**시간 복잡도:** $O(n)$

**공간 복잡도:** $O(n)$

방문한 항목을 저장하고 확인하기 위해 자바스크립트 `Object`를 해시 테이블로 사용하면 시간 복잡도를 $O(n)$으로 낮출 수 있다. 하지만 해시 테이블을 위한 추가적인 메모리가 필요하기 때문에 공간 복잡도는 $O(n)$이다.

# 캐싱

캐싱<sup>caching</sup>은 자료를 임시 메모리에 저장하는 과정으로 추후에 해당 자료가 다시 필요할 때 쉽게 해당 자료를 얻을 수 있다. 캐싱의 예로 데이터베이스 시스템이 데이터를 캐싱해 하드 드라이브를 다시 읽는 작업을 피한다. 또한 웹 브라우저가 웹 페이지(이미지와 웹 페이지 내 기타 파일들)를 캐싱해 콘텐츠를 다시 다운로드하는 작업을 피한다. 간단히 이야기해서 캐싱의 목표는 히트<sup>hit</sup>(필요한 항목이 캐시에 존재하는 경우)를 최대화하고 미스<sup>miss</sup>(필요한 항목이 캐시에 존재하지 않는 경우)를 최소화하는 것이다.

14장에서는 두 가지 캐싱 기법을 알아볼 것이다. LFU<sup>Least Frequently Used</sup> 캐싱과 LRU<sup>Least Recently Used</sup> 캐싱이다.

---

**비고** 캐싱 개념은 운영체제 분야에서 온 것이다. 워털루대학교의 제프 자넷(Jeff Zarnett)의 강의 자료[1]를 통해 캐싱에 관해 더 많은 내용을 배울 수 있다.

---

1   https://github.com/jzarnett/ece254/blob/master/lectures/L21-slides-Memory_Segmentation_Paging.pdf - 지은이

# 캐싱 이해하기

캐시 설계는 주로 다음 두 가지 요소를 고려한다.

- **시간적 지역성**<sup>temporal locality</sup>: 최근에 접근한 메모리 위치를 다시 접근할 가능성이 높다.
- **공간적 지역성**<sup>spatial locality</sup>: 최근에 접근한 메모리 위치 주변의 위치를 다시 접근할 가능성이 높다.

최적의 캐싱 알고리즘은 캐시에서 향후에 가장 나중에 사용될 부분을 신규로 삽입하고자 하는 항목으로 교체할 수 있어야 할 것이다. 이를 위해서는 향후에 각 항목을 몇 번이나 접근할 것인지 계산해야 한다. 이는 미래를 내다볼 수 있어야 하기 때문에 당연히 구현할 수 없다.

# LFU 캐싱

LFU(최소 빈도 사용) 캐싱은 운영체제가 메모리를 관리하기 위해 사용하는 캐싱 알고리즘이다. 운영체제는 어떤 블록이 메모리에서 참조된 횟수를 관리한다. 설계상 캐시가 자신의 한계를 초과하는 경우 운영체제는 가장 참조 빈도가 낮은 항목을 삭제한다. LFU 캐시를 가장 쉽게 구현하는 방법은 캐시에 로딩되는 모든 블록에 카운터를 할당한 다음 해당 블록에 대한 참조가 생성될 때마다 카운터를 증가시키는 것이다. 캐시가 한계를 초과하면 운영체제는 가장 카운터가 낮은 블록을 찾아서 캐시에서 제거한다.

LFU 캐싱이 직관적인 접근법처럼 보이지만 메모리의 항목이 단시간에 반복적으로 참조된 다음 이후에 접근을 하지 않는 경우 이상적인 접근법이 아니다. 반복된 참조로 인해 해당 블록의 빈도는 높다. 따라서 해당 블록이 집중적으로 참조된 짧은 시간을 제외한 나머지 시간 동안 더 자주 사용되는 다른 블록이 삭제될 수도 있다. 게다가 신규 항목이 접근 빈도가 낮다는 이유로 캐시에 포함된지 얼마 안돼 삭제될 가능성이 있다. 이러한 문제로 인해 LFU는 잘 사용하지 않는다. 일부 하이브리드 시스템은 LFU의 핵심 개념을 사용하긴 한다. 이러한 시스템의 예로 모바일 키보드 앱이 있다. 제시된 단어가 키보드 앱에 표시되는데, 이 경우 LFU 캐싱을 사용해 이러한 기능을 구현하는 것이 좋다. 사용자가 동일한 단어를 자주 사용할 가능성이 높기 때문이다. 어떤 단어를 캐시에 포함시켜야 할지 결정할 때 단어 사용 빈도가 좋은 지표가 될 것이다.

LFU 캐시는 이중 연결 리스트를 사용해 O(1) 시간에 항목을 제거한다. LFU에서 이중 연결 노드에는 freqCount 속성이 있다. freqCount 속성은 해당 노드가 삽입된 다음에 해당 노드에 얼마나 자주 접근하거나 해당 노드를 얼마나 자주 설정했는지 나타낸다.

```
1    function LFUNode(key, value) {
2        this.prev = null;
3        this.next = null;
4        this.key = key;
5        this.data = value;
6        this.freqCount = 1;
7    }
```

LFU 캐시에는 keys와 freq라는 두 개의 해시 테이블이 있다. freq의 키는 빈도(1부터 $n$, 여기서 $n$은 가장 많이 접근된 항목의 접근 횟수)를 나타내고 각 항목은 이중 연결 리스트 클래스의 인스턴스다. keys는 O(1) 시간에 노드를 접근할 수 있도록 각 이중 연결 리스트 노드를 저장한다. 이중 연결 리스트의 클래스와 LFU 캐시는 다음과 같이 정의된다.

```
1    function LFUDoublyLinkedList(){
2        this.head = new LFUNode('buffer head',null);
3        this.tail = new LFUNode('buffer tail',null);
4        this.head.next = this.tail;
5        this.tail.prev = this.head;
6        this.size = 0;
7    }
8
9    function LFUCache(capacity){
```

```
10      this.keys = {}; // LFUNode를 저장한다.
11      this.freq = {}; // LFUDoublyLinkedList를 저장한다.
12      this.capacity = capacity;
13      this.minFreq = 0;
14      this.size =0;
15  }
```

LFUDoublyLinkedList 클래스는 삽입과 제거를 위해 이중 연결 리스트 구현을 필요로
한다. 하지만 삽입은 헤드에서만 일어나고 제거는 테일에서만 일어난다. 이러한 구현은
13장(연결 리스트)에서 등장한 이중 연결 리스트 클래스의 구현과 동일하다.

```
1   LFUDoublyLinkedList.prototype.insertAtHead = function(node) {
2       node.next = this.head.next;
3       this.head.next.prev = node;
4       this.head.next = node;
5       node.prev = this.head;
6       this.size++;
7   }
8
9   LFUDoublyLinkedList.prototype.removeAtTail = function() {
10      var oldTail = this.tail.prev;
11      var prev = this.tail.prev;
12      prev.prev.next = this.tail;
13      this.tail.prev = prev.prev;
14      this.size--;
15      return oldTail;
16  }
17
18  LFUDoublyLinkedList.prototype.removeNode = function(node) {
19      node.prev.next = node.next
20      node.next.prev = node.prev
21      this.size--;
22  }
```

LFU의 set을 구현하기 위한 몇 가지 단계가 있다. 신규 항목의 삽입과 예전 항목의 교체 두 가지 경우가 있다. 신규 항목을 삽입할 때 신규 노드가 생성된다. 캐시가 꽉 차지 않았다면 freq의 빈도 이중 연결 리스트에 삽입될 수 있다. 캐시가 꽉 찬 경우 빈도 이중 연결 리스트의 테일 항목이 삭제된 다음 신규 항목이 삽입된다.

항목이 이미 존재하기 때문에 교체돼야 하는 경우 해당 노드를 빈도 이중 연결 리스트의 헤드로 이동시킨다. 마지막으로 다음에 어떤 항목을 제거할지 계산하기 위해 최소 빈도 변수인 minFreq를 증가한다.

```javascript
1   LFUCache.prototype.set = function(key, value) {
2       var node = this.keys[key];
3
4       if (node == undefined) {
5           node = new LFUNode(key, value);
6
7           this.keys[key] = node;
8
9           if (this.size != this.capacity) {
10              // 삭제 없이 삽입하기
11              if (this.freq[1] === undefined){
12                  this.freq[1] = new LFUDoublyLinkedList();
13              }
14              this.freq[1].insertAtHead(node);
15              this.size++;
16          } else {
17              // 삭제 후 삽입하기
18              var oldTail = this.freq[this.minFreq].removeAtTail();
19              delete this.keys[oldTail.key];
20
21              if (this.freq[1] === undefined){
22                  this.freq[1] = new LFUDoublyLinkedList();
23              }
24
25              this.freq[1].insertAtHead(node);
26          }
```

```
27          this.minFreq = 1;
28      } else {
29          var oldFreqCount = node.freqCount;
30          node.data = value;
31          node.freqCount++;
32
33          this.freq[oldFreqCount].removeNode(node);
34
35          if (this.freq[node.freqCount] === undefined){
36              this.freq[node.freqCount] = new LFUDoublyLinkedList();
37          }
38
39          this.freq[node.freqCount].insertAtHead(node);
40
41          if (oldFreqCount == this.minFreq && Object.keys(this.
            freq[oldFreqCount]).size == 0) {
42              this.minFreq++;
43          }
44
45      }
46  }
```

get을 구현하기 위해서는 캐시가 O(1) 시간에 현재 노드를 반환한 다음 접근 카운터를 증가시켜야 한다. 해당 항목이 캐시에 존재하지 않는 경우 null 항목을 반환해야 한다. 해당 항목이 캐시에 존재하는 경우 해당 항목의 빈도가 증가하고 해당 항목을 빈도 이중 연결 리스트의 헤드로 이동한 다음 최소 빈도 변수인 minFreq를 알맞게 수정해야 한다.

```
1   LFUCache.prototype.get = function(key) {
2       var node = this.keys[key];
3
4       if (node == undefined) {
5           return null;
6       } else {
7
8           var oldFreqCount = node.freqCount;
9           node.freqCount++;
```

```
10
11          this.freq[oldFreqCount].removeNode(node);
12
13          if (this.freq[node.freqCount] === undefined){
14              this.freq[node.freqCount] = new LFUDoublyLinkedList();
15          }
16
17          this.freq[node.freqCount].insertAtHead(node);
18
19          if (oldFreqCount == this.minFreq && Object.keys(this.
            freq[oldFreqCount]).length == 0) {
20              this.minFreq++;
21          }
22          return node.data;
23      }
24  }
```

위의 모든 함수를 정의한 다음 다음 코드를 실행하면 LFU 사용 예를 확인할 수 있다.

```
1   var myLFU = new LFUCache(5);
2   myLFU.set(1, 1); // myLFU.freq 상태: {1: 1}
3   myLFU.set(2, 2); // myLFU.freq 상태: {1: 2<->1}
4   myLFU.set(3, 3); // myLFU.freq 상태: {1: 3<->2<->1}
5   myLFU.set(4, 4); // myLFU.freq 상태: {1: 4<->3<->2<->1}
6   myLFU.set(5, 5); // myLFU.freq 상태: {1: 5<->4<->3<->2<->1}
7   myLFU.get(1); // 1을 반환한다. myLFU.freq 상태: {1: 5<->4<->3<->2, 2: 1}
8   myLFU.get(1); // 1을 반환한다. myLFU.freq 상태: {1: 5<->4<->3<->2, 3: 1}
9   myLFU.get(1); // 1을 반환한다. myLFU.freq 상태: {1: 5<->4<->3<->2, 4: 1}
10  myLFU.set(6, 6); // myLFU.freq 상태: {1: 6<->5<->4<->3, 4: 1}
11  myLFU.get(6); // myLFU.freq 상태: {1: 5<->4<->3, 4: 1, 2: 6}
```

# LRU 캐싱

LRU(가장 오래전 사용) 캐싱은 가장 오래된 항목(가장 최근이 아닌 항목)을 먼저 제거하는 캐

싱 알고리즘이다. 따라서 교체될 항목은 가장 오래전에 접근한 항목이다. 캐시의 항목
에 접근하면 해당 항목은 리스트의 뒤로 이동한다(리스트의 가장 뒤가 순서상 가장 최신이
다). 캐시에 없는 페이지에 접근하면 가장 앞에 있는 항목(순서상 가장 오래된 항목)이 제거
되고 신규 항목이 리스트의 가장 뒤(순서상 가장 최신 항목)에 삽입된다.

LRU 알고리즘을 구현하기 위해서는 어떤 노드가 언제 사용됐는지를 관리해야 한다. 이
를 구현하기 위해 LRU 캐시는 이중 연결 리스트와 해시 테이블을 사용해 구현된다.

헤드(가장 오래된 항목)를 추적하기 위해서는 이중 연결 리스트가 필요하다. 이중 연결 리
스트가 필요한 이유는 가장 최근에 사용한 항목을 관리하기 위함이다. 새로운 자료가
추가될 때마다 이중 연결 리스트의 크기를 초과할 때까지 헤드를 위로 이동시킨다. 그
런 식으로 이동하다가 리스트의 크기를 초과하게 되면 가장 오래된 자료가 제거된다.

그림 14–1은 크기 5인 LRU 캐시를 도식화한 것이다.

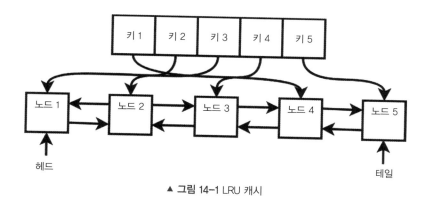

▲ 그림 14–1 LRU 캐시

LRU 캐시를 구현하기 위해 13장에서 알아본 이중 연결 리스트 노드와 비슷하게 노드를
정의한다. LRU 캐시의 노드 역시 key 속성을 지니며 구현은 다음 코드와 같다.

```
1    function DLLNode(key, data) {
2        this.key = key;
3        this.data = data;
```

```
4        this.next = null;
5        this.prev = null;
6    }
```

LRU 캐시는 capacity 매개변수를 전달함으로써 초기화될 수 있다. capacity는 캐시에 허용되는 노드의 개수를 정의한다.

```
1    function LRUCache(capacity) {
2        this.keys = {};
3        this.capacity = capacity;
4        this.head = new DLLNode(", null);
5        this.tail = new DLLNode(", null);
6        this.head.next = this.tail;
7        this.tail.prev = this.head;
8    }
```

LRU 캐시가 이중 연결 리스트를 사용하기 때문에 노드를 제거하는 함수와 테일에 노드를 추가하는 함수는 다음과 같이 정의된다.

```
1    LRUCache.prototype.removeNode = function(node) {
2        var prev = node.prev,
3            next = node.next;
4        prev.next = next;
5        next.prev = prev;
6    }
7
8    LRUCache.prototype.addNode = function(node) {
9        var realTail = this.tail.prev;
10       realTail.next = node;
11
12       this.tail.prev = node;
13       node.prev = realTail;
14       node.next = this.tail;
15   }
```

get과 set 함수를 정의해야 한다. get이 호출될 때마다 LRU 캐싱 방식은 해당 노드를 이중 연결 리스트의 헤드로 이동시킨다. 해당 노드가 가장 최근에 사용된 노드이기 때문이다. 노드의 삭제와 추가 시에도 동일한 방식을 사용했다. set을 사용해 노드를 설정하는 경우 LRU 캐시의 keys 속성을 사용해 해당 노드를 저장한다. 이는 get을 사용 시에 노드를 O(1) 시간에 접근하기 위함이다. 하지만 캐시의 용량이 가득 찬 경우 테일로부터 가장 먼 노드를 제거한다.

```
1   LRUCache.prototype.get = function(key) {
2       var node = this.keys[key];
3       if (node == undefined) {
4           return null;
5       } else {
6           this.removeNode(node);
7           this.addNode(node);
8           return node.data;
9       }
10  }
11
12  LRUCache.prototype.set = function(key, value) {
13      var node = this.keys[key];
14      if (node) {
15          this.removeNode(node);
16      }
17
18      var newNode = new DLLNode(key, value);
19
20      this.addNode(newNode);
21      this.keys[key] = newNode;
22
23      // 노드를 제거한다.
24      if (Object.keys(this.keys).length > this.capacity) {
25          var realHead = this.head.next;
26          this.removeNode(realHead);
27          delete this.keys[realHead.key];
28      }
29  }
```

마지막으로 다음은 크기가 5인 LRU 예다.

```
1   var myLRU = new LRUCache(5);
2
3   myLRU.set(1, 1); // 1
4   myLRU.set(2, 2); // 1 <-> 2
5   myLRU.set(3, 3); // 1 <-> 2 <-> 3
6   myLRU.set(4, 4); // 1 <-> 2 <-> 3 <-> 4
7   myLRU.set(5, 5); // 1 <-> 2 <-> 3 <-> 4 <-> 5
8
9
10  myLRU.get(1); // 2 <-> 3 <-> 4 <-> 5 <-> 1
11  myLRU.get(2); // 3 <-> 4 <-> 5 <-> 1 <-> 2
12
13  myLRU.set(6, 6);// 4 <-> 5 <-> 1 <-> 2 <-> 6
14  myLRU.set(7, 7);// 5 <-> 1 <-> 2 <-> 6 <-> 7
15  myLRU.set(8, 8);// 1 <-> 2 <-> 6 <-> 7 <-> 8
```

## 요약

14장에서는 LFU와 LRU라는 두 가지 주요 캐싱 개념에 대해 알아봤다. 최적의 캐싱 알고리즘 개념에 관해 알아봤으며, 최적의 캐싱 알고리즘 개념은 구현할 수 없지만 어떤 식으로 캐싱 알고리즘을 구현해야 할지에 대한 감을 얻을 수 있다. LFU 캐싱은 빈도를 사용해 어떤 노드를 제거해야 할지 결정하기 때문에 좋아 보인다. 하지만 대부분의 경우 LFU는 LRU보다 성능이 떨어진다. LFU는 특정 시점에 한해 자주 사용된 경우를 배제하지 못하기 때문이다. NRU^not recently used(최근에 사용되지 않은) 알고리즘이나 선입선출 알고리즘과 같이 다른 캐싱 알고리즘도 있지만 대부분의 경우 일반적인 사례에 있어 성능이 떨어진다. 마지막으로 실제 우리가 사용하는 시스템의 동작 방식과 작업량을 고려할 때 LRU가 가장 효과적인 알고리즘이라는 점을 알아둬야 한다.

▼ 표 14–1 캐싱 요약

| 알고리즘 | 비고 |
|---|---|
| 최적 | 구현 불가능 |
| LFU | 어떤 자료가 특정 시점에 자주 사용된 경우 성능이 떨어짐 |
| LRU | 이중 연결 리스트와 해시맵을 사용 |

일반적인 트리 자료 구조는 자식 노드를 지닌 노드들로 구성된다. 첫 번째이자 가장 상위 노드를 루트 노드<sup>root node</sup>라고 부른다. 15장에서는 이진 트리, 이진 검색 트리, 자가 균형 이진 검색 트리와 같은 다양한 종류의 트리에 대해 알아볼 것이다. 우선 트리가 무엇이고 트리가 어떤 구조를 지녔는지 관해 알아볼 것이다. 그리고 나서 트리 자료 구조를 순회하는 방법을 자세히 다룰 것이다. 마지막으로 검색 가능한 자료를 쉽게 저장하는 법을 이해하기 위해 이진 검색 트리와 자가 균형 이진 검색 트리를 배울 것이다.

## 일반적인 트리 구조

그림 15-1과 같이 일반적인 트리 구조는 자식을 얼마든지 가질 수 있다.

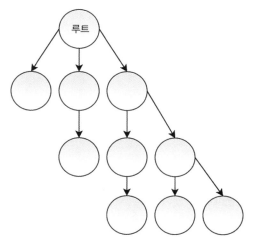

▲ 그림 15-1 많은 자식을 지닌 일반화된 트리

그림 15-1의 노드용 코드는 다음과 같다.

```
1    function TreeNode(value){
2        this.value = value;
3        this.children = [];
4    }
```

## 이진 트리

이진 트리는 자식 노드가 왼쪽, 오른쪽 두 개뿐인 트리다. 다음 코드와 그림 15-2를 살펴보자.

```
1    function BinaryTreeNode(value) {
2        this.value = value;
3        this.left = null;
4        this.right = null;
5    }
```

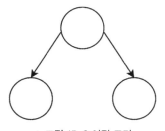

▲ 그림 15-2 이진 트리

이진 트리에는 항상 루트 노드-최상위에 있는 노드-가 있다. 루트 노드는 다른 삽입된 항목이 없을 때 null로 초기화돼 있다.

```
1    function BinaryTree(){
2        this._root = null;
3    }
```

## 트리 순회

배열을 순회하는 것은 간단하다. 인덱스를 사용해 트리를 접근한 다음 인덱스가 크기 제한에 도달할 때까지 인덱스를 증가한다. 트리의 경우 트리의 모든 항목을 방문하기 위해 왼쪽 포인터와 오른쪽 포인터가 존재한다. 물론 순회를 위한 다양한 방법이 존재한다. 가장 널리 사용되는 순회 기법으로 선순위pre-order 순회, 후순위post-order 순회, 중순위in-order 순회, 단계순위level-order 순회가 있다.

트리 순회 코드는 깃허브[1]에서 확인할 수 있다.

---

1    https://github.com/Apress/js-data-structures-and-algorithms - 지은이

## 선순위 순회

선순위 순회는 루트(현재 노드), 왼쪽, 오른쪽순으로 노드를 방문한다. 그림 15-3에서 42가 루트이기 때문에 42부터 방문한다. 그리고 나서 왼쪽으로 이동한다. 이때 왼쪽 자식노드인 41이 새로운 루트가 된다. 새로운 루트인 41이 출력된다. 그리고 나서 다시 왼쪽의 10으로 이동한다. 따라서 10이 새로운 루트로 설정된다. 하지만 노드 10은 자식이 없기 때문에 더 이상 진행할 수 없다. 그 뒤 노드 10의 부모 노드인 41의 오른쪽 자식 노드인 40을 방문한다. 이런 식으로 순회가 계속 진행된다. 방문하는 순서를 회색 사각형 내에 표시했다.

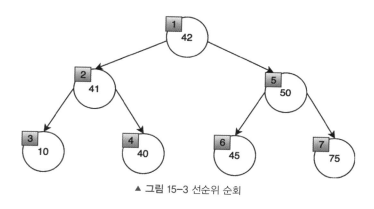

▲ 그림 15-3 선순위 순회

이는 재귀적으로 쉽게 구현할 수 있다. 기저 조건은 노드가 null일 때 종료된다. 노드가 null이 아니면 노드 값을 출력한다. 그런 다음 왼쪽 자식에 대해 재귀함수를 호출하고 오른쪽 자식에 대해 재귀함수를 호출한다.

```
1  BinaryTree.prototype.traversePreOrder = function() {
2      traversePreOrderHelper(this._root);
3
4      function traversePreOrderHelper(node) {
5          if (!node)
6              return;
7          console.log(node.value);
```

```
8            traversePreOrderHelper(node.left);
9            traversePreOrderHelper(node.right);
10       }
11   }
```

위의 코드를 반복문을 통해 구현할 수도 있다. 하지만 구현하기 더 어렵다.

```
1    BinaryTree.prototype.traversePreOrderIterative = function() {
2        // 빈 스택을 생성한 다음 루트를 스택에 추가한다.
3        var nodeStack = [];
4        nodeStack.push(this._root);
5
6        // 모든 항목을 하나씩 꺼낸다. 꺼낸 모든 항목에 대해 다음 사항을 수행한다.
7        // a) 항목을 출력한다.
8        // b) 오른쪽 자식을 스택에 추가한다.
9        // c) 왼쪽 자식을 스택에 추가한다.
10       // 오른쪽 자식을 왼쪽 자식보다 먼저 스택에 추가해
11       // 왼쪽 자식이 먼저 처리되도록 했다는 점에 주목하자.
12       while (nodeStack.length) {
13           // 스택으로부터 최상위 항목을 꺼낸 다음 출력한다.
14           var node = nodeStack.pop();
15           console.log(node.value);
16
17           // 꺼낸 노드의 오른쪽 자식과 왼쪽 자식을 스택에 추가한다.
18           if (node.right)
19               nodeStack.push(node.right);
20           if (node.left)
21               nodeStack.push(node.left);
22       }
23   }
```

결과는 [42, 41, 10, 40, 50, 45, 75]이다.

## 중순위 순회

중순위 순회는 왼쪽, 루트(현재 노드), 오른쪽순으로 노드를 방문한다. 그림 15-4의 트리에서 회색 사각형이 중순위 순회의 순서를 나타낸다. 그림에서 보듯이 10(가장 왼쪽 노드)이 먼저 출력되고 7(가장 오른쪽 노드)이 마지막에 출력된다.

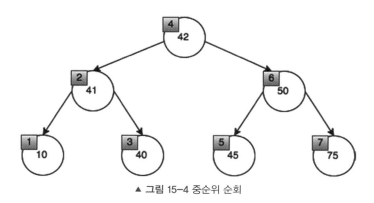

▲ 그림 15-4 중순위 순회

중순위 순회도 재귀를 사용하면 쉽게 구현할 수 있다. 기저 경우는 노드가 null일 때다. 기저 경우가 아닌 경우에는 왼쪽 자식에 대해 재귀함수를 호출한 다음 현재 노드를 출력하고 그 다음 오른쪽 자식에 대해 재귀함수를 호출한다.

```
1   BinaryTree.prototype.traverseInOrder = function() {
2       traverseInOrderHelper(this._root);
3
4       function traverseInOrderHelper(node) {
5           if (!node)
6               return;
7           traverseInOrderHelper(node.left);
8           console.log(node.value);
9           traverseInOrderHelper(node.right);
10      }
11  }
12
13  BinaryTree.prototype.traverseInOrderIterative = function() {
```

```
14      var current = this._root,
15          s = [],
16          done = false;
17
18      while (!done) {
19          // 현재 노드의 가장 왼쪽에 있는 노드로 이동한다.
20          if (current != null) {
21              // 현재 노드의 왼쪽 하위 트리를 순회하기 전에
22              // 포인터가 스택의 트리 노드를 가리키도록 한다.
23              s.push(current);
24              current = current.left;
25          } else {
26              if (s.length) {
27                  current = s.pop();
28                  console.log(current.value);
29                  current = current.right;
30              } else {
31                  done = true;
32              }
33          }
34      }
35  }
```

위 순회 결과는 [10, 41, 40, 42, 45, 50, 75]이다.

## 후순위 순회

후순위 순회는 왼쪽, 오른쪽, 루트(현재 노드)순으로 노드를 방문한다. 그림 15-4의 트리에서 회색 사각형이 후순위 순회의 순서를 나타낸다. 그림에서 보듯이 10(가장 왼쪽 노드)이 먼저 출력되고 42(루트 노드)가 마지막에 출력된다.

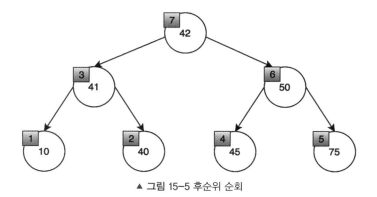

▲ 그림 15-5 후순위 순회

다음은 후순위 순회를 구현한 코드다.

```
1   BinaryTree.prototype.traversePostOrder = function() {
2       traversePostOrderHelper(this._root);
3
4       function traversePostOrderHelper(node) {
5           if (node.left)
6               traversePostOrderHelper(node.left);
7           if (node.right)
8               traversePostOrderHelper(node.right);
9           console.log(node.value);
10      }
11  }
12
13  BinaryTree.prototype.traversePostOrderIterative = function() {
14      // 두 개의 스택을 만든다.
15      var s1 = [],
16          s2 = [];
17
18      // 루트를 첫 번째 스택에 추가한다.
19      s1.push(this._root);
20
21      // 첫 번째 스택이 비어 있는 동안 계속 실행한다.
22      while (s1.length) {
23          // s1으로부터 항목을 꺼내 s2에 추가한다.
24          var node = s1.pop();
```

```
25          s2.push(node);
26
27          // 제거된 항목의 왼쪽 자식과 오른쪽 자식을 s1에 추가한다.
28          if (node.left)
29              s1.push(node.left);
30          if (node.right)
31              s1.push(node.right);
32      }
33      // 두 번째 스택의 모든 항목을 출력한다.
34      while (s2.length) {
35          var node = s2.pop();
36          console.log(node.value);
37      }
38  }
```

위 순회 결과는 [10, 40, 41, 45, 75, 50, 42]이다.

## 단계순위 순회

그림 15-6의 단계순위 순회는 너비 우선 검색BFS, breadth first search이라고도 부른다.

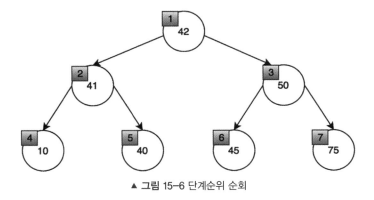

▲ 그림 15-6 단계순위 순회

단계순위 순회에 대한 자세한 내용은 17장에서 다룰 것이다. 단계순위 순회 방법의 핵심은 왼쪽 혹은 오른쪽으로 깊게 들어가는 대신에 각 노드 단계를 방문한다는 점이다.

```
1    BinaryTree.prototype.traverseLevelOrder = function() {
2        // 너비 우선 검색
3        var root = this._root,
4            queue = [];
5
6        if (!root)
7            return;
8        queue.push(root);
9
10       while (queue.length) {
11           var temp = queue.shift();
12           console.log(temp.value);
13           if (temp.left)
14               queue.push(temp.left);
15           if (temp.right)
16               queue.push(temp.right);
17       }
18   }
```

위 순회 결과는 [42, 41, 50, 10, 40, 45, 75]이다.

## 트리 순회 요약

잎 노드(자식 노드가 없는 노드)를 방문하기 전에 루트를 조사할 필요가 있는 경우 선순위 순회를 선택하라. 선순위 순회를 선택하면 잎 노드를 방문하기 전에 모든 루트를 방문하기 때문이다.

부모 노드를 방문하기 전에 잎 노드를 먼저 조사해야 하는 경우 후순위 순회를 선택하라. 후순위 순회를 선택하면 잎 노드를 검색할 때 루트를 조사하느라 시간을 낭비하지 않기 때문이다.

트리의 노드 자체에 순서가 있어서 트리를 원래 순서대로 방문하고 싶은 경우 중순위 순회를 선택하라. 트리를 생성할 때와 동일한 순서로 방문할 수 있다. 선순위 순회 혹은 후순위 순회는 트리가 생성된 순서와 다른 순서로 트리를 방문한다.

**시간 복잡도:** $O(n)$

위의 순회는 모두 모든 순회를 방문해야 하기 때문에 시간 복잡도가 동일하다.


## 이진 검색 트리

이진 검색 트리[BST, binary search tree] 역시 왼쪽과 오른쪽 두 개의 자식이 있다. 하지만 이진 검색 트리의 경우 왼쪽 자식이 부모보다 작고 오른쪽 자식이 부모보다 크다. 이진 검색 트리가 이런 구조를 지닌 이유는 검색과 삽입, 특정 값을 지닌 노드 제거의 시간 복잡도가 $O(log_2(n))$이기 때문이다.

그림 15-7은 이진 검색 트리의 이러한 특성을 나타낸다. 1이 2보다 작기 때문에 1이 2의 왼쪽 자식이 되고 3이 2보다 크기 때문에 2의 오른쪽 자식이 된다.

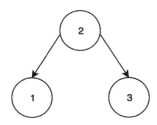

▲ 그림 15-7 이진 검색 트리

이진 검색 트리는 루트 노드(가장 상위 노드)가 있다. 루트 노드는 최초에 null로 초기화된다(다른 항목이 삽입되기 전).

```
1    function BinarySearchTree(){
2        this._root = null;
3    }
```

그림 15-7은 자식이 왼쪽과 오른쪽 모두에 있어 높이가 최소화된 균형 이진 검색 트리를 나타낸다. 하지만 그림 15-8은 자식이 부모의 오른쪽에만 있는 불균형 이진 검색 트리를 나타낸다. 이는 자료 구조에 큰 영향을 끼치며 삽입과 삭제, 검색의 시간 복잡도를 $O(log_2(n))$에서 $O(n)$으로 증가시킨다. 완전 균형 트리의 높이는 $log_2(n)$인 반면 불균형 트리의 높이는 최악의 경우 $n$이 된다.

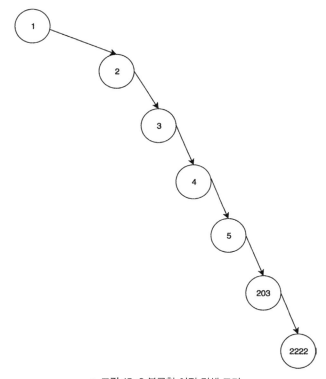

▲ 그림 15-8 불균형 이진 검색 트리

## 삽입

이진 검색 트리에 노드를 삽입하는 것은 두 단계로 구성된다. 첫째 루트가 빈 경우 루트가 신규 노드가 된다. 루트가 비어 있지 않다면 while 루프를 사용해 조건이 만족될 때까지 이진 검색 트리를 순회한다. 각 루프 반복 시 신규 노드가 현재 루트보다 크거나 작은지 확인한다.

```
1   BinarySearchTree.prototype.insert = function(value) {
2       var thisNode = {left: null, right: null, value: value};
3       if(!this._root){
4           // 아직 루트 값이 없는 경우
5           this._root = thisNode;
6       }else{
7           // 삽입 조건이 만족될 때까지 루프를 사용해 순회한다.
8           var currentRoot = this._root;
9           while(true){
10              if(currentRoot.value>value){
11                  // 현재 루트가 null이 아닌 경우 증가시키고, null인 경우 삽입한다.
12                  if(currentRoot.left!=null){
13                      currentRoot = currentRoot.left;
14                  }else{
15                      currentRoot.left = thisNode;
16                      break;
17                  }
18              } else if (currentRoot.value<value){
19                  // 현재 노드보다 큰 경우 오른쪽에 삽입한다.
20                  // 현재 루트가 null이 아닌 경우 증가시키고, null인 경우 삽입한다.
21                  if(currentRoot.right!=null){
22                      currentRoot = currentRoot.right;
23                  }else{
24                      currentRoot.right = thisNode;
25                      break;
26                  }
27              } else {
28                  // 현재 루트와 값이 같은 경우
29                  break;
30              }
31          }
32      }
33  }
```

시간 복잡도(균형 트리): $O(log_2(n))$

시간 복잡도(불균형 트리): $O(n)$

## 삭제

삭제 알고리즘은 우선 삭제하고자 하는 값을 지닌 노드를 찾기 위해 트리를 순회한다. 해당 노드를 찾은 경우 다음 세 가지 경우가 있다.

- **첫 번째 경우**: 노드에 자식이 없다.

  가장 간단한 경우다. 노드에 자식이 없는 경우 null을 반환한다. 해당 노드가 이제 삭제됐다.

- **두 번째 경우**: 노드에 자식이 하나 있다.

  노드에 자식이 하나 있는 경우 현재 자식을 반환한다. 해당 자식이 위 단계로 올라가서 부모를 대체한다.

- **세 번째 경우**: 노드에 자식이 두 개 있다.

  노드에 자식이 두 개 있는 경우 왼쪽 하위 트리의 최대치를 찾거나 오른쪽 하위 트리의 최소치를 찾아서 해당 노드를 대체한다.

다음 코드는 위의 세 가지 경우를 구현한 것이다. 우선 위의 세 가지 경우 중 하나를 만족할 때까지 재귀적으로 순회한 다음 해당 노드를 제거한다.

```
1   BinarySearchTree.prototype.remove = function(value) {
2
3       return deleteRecursively(this._root, value);
4
5       function deleteRecursively(root, value) {
6           if (!root) {
7               return null;
8           } else if (value < root.value) {
9               root.left = deleteRecursively(root.left, value);
```

```
10              } else if (value > root.value) {
11                  root.right = deleteRecursively(root.right, value);
12              } else {
13                  // 자식이 없는 경우
14                  if (!root.left && !root.right) {
15                      return null; // 첫 번째 경우
16                  } else if (!root.left) { // 두 번째 경우
17                      root = root.right;
18                      return root;
19                  } else if (!root.right) { // 두 번째 경우
20                      root = root.left;
21                      return root;
22                  } else {
23                      var temp = findMin(root.right); // 세 번째 경우
24                      root.value = temp.value;
25                      root.right = deleteRecursively(root.right, temp.value);
26                      return root;
27                  }
28              }
29          return root;
30      }
31
32      function findMin(root) {
33          while (root.left) {
34              root = root.left;
35          }
36          return root;
37      }
38  }
```

**시간 복잡도(균형 트리)**: $O(log_2(n))$

**시간 복잡도(불균형 트리)**: $O(n)$

삭제의 시간 복잡도 역시 $O(log_2(n))$이다. 삭제하고자 하는 노드를 찾아서 삭제하기 위해 순회할 때 최악의 경우 트리 높이만큼 순회하기 때문이다.

## 검색

이진 검색 트리의 경우 노드의 왼쪽 자식이 부모보다 항상 작고 오른쪽 자식이 부모보다 항상 크다는 특성을 사용해 검색을 수행할 수 있다. 현재 루트가 검색 값보다 작거나 큰지 확인함으로써 트리를 순회할 수 있다. 현재 루트가 검색 값보다 작은 경우 오른쪽 자식을 방문한다. 현재 루트가 검색 값보다 큰 경우 왼쪽 자식을 방문한다.

```
1   BinarySearchTree.prototype.findNode = function(value) {
2       var currentRoot = this._root,
3           found = false;
4       while (currentRoot) {
5           if (currentRoot.value > value) {
6               currentRoot = currentRoot.left;
7           } else if (currentRoot.value < value) {
8               currentRoot = currentRoot.right;
9           } else {
10              // 검색하고자 하는 노드를 찾았다.
11              found = true;
12              break;
13          }
14      }
15      return found;
16  }
17  var bst1 = new BinarySearchTree();
18  bst1.insert(1);
19  bst1.insert(3);
20  bst1.insert(2);
21  bst1.findNode(3); // true
22  bst1.findNode(5); // false
```

**시간 복잡도(균형 트리):** $O(log_2(n))$

**시간 복잡도(불균형 트리):** $O(n)$

모든 연산의 시간 복잡도가 이진 검색 트리의 높이와 동일하다는 점에 주목하자. 불균형 이진 검색 트리의 경우 시간 복잡도가 높다. 이를 해결하기 위해 높이가 균형잡히도

272

록 보장하는 종류의 이진 검색 트리가 있다. 이러한 자가 균형 트리의 예로 AVL 트리가 있다.

## AVL 트리

AVL은 스스로 균형을 잡는 이진 검색 트리다. AVL이라는 이름은 고안자인 게오르기 아델손 벨스키$^{Georgy\ Adelson-Velsky}$와 에브게니 란디스$^{Evgenii\ Landis}$의 이름을 딴 것이다. AVL은 이진 검색 트리의 높이를 최소로 유지하며 검색과 삽입, 삭제 연산의 시간 복잡도 $O(log_2(n))$을 보장한다. 이전 예제에서 TreeNode 클래스와 Tree 클래스를 정의했고 Tree의 루트를 TreeNode 클래스로 설정했다. 하지만 AVL 트리 구현의 경우 코드 단순화를 위해 AVL 트리의 노드를 나타내는 AVLTree 클래스만 사용할 것이다.

```
1   function AVLTree (value) {
2       this.left = null;
3       this.right = null;
4       this.value = value;
5       this.depth = 1;
6   }
```

AVL 트리의 높이는 자식의 높이를 기반으로 하며 다음 코드를 사용해 계산할 수 있다.

```
1   AVLTree.prototype.setDepthBasedOnChildren = function() {
2       if (this.node == null) {
3           this.depth = 1;
4       }
5
6       if (this.left != null) {
7           this.depth = this.left.depth + 1;
8       }
9       if (this.right != null && this.depth <= this.right.depth) {
10          this.depth = this.right.depth + 1;
```

```
11        }
12   }
```

## 단일 회전

AVL 트리는 삽입 이후에 균형을 유지하기 위해 자식들을 회전한다.

### 왼쪽 회전

다음은 노드가 왼쪽으로 회전해야 하는 경우의 예다. 그림 15-9에서 노드 40의 자식인 45와 47로 인해 높이가 맞지 않는다. 노드 45는 이진 검색 트리의 균형을 잡기 위해 그림 15-10에서와 같이 부모 노드가 돼야 한다.

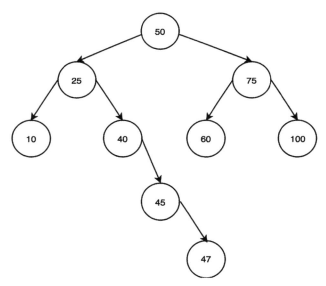

▲ 그림 15-9 왼쪽 회전 이전의 트리

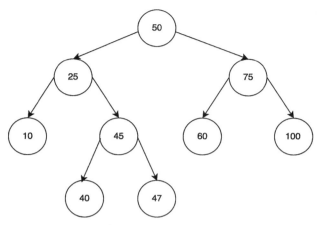

▲ 그림 15-10 왼쪽 회전 이후의 트리

왼쪽 회전을 수행하기 위해 먼저 오른쪽 자식(45)을 찾아서 저장해야 한다. 이렇게 저장
된 노드가 '원래' 오른쪽 자식이다. 원래 오른쪽 자식(45)이 현재 노드(40)의 부모가 될 것
이다. 현재 노드의 오른쪽 자식에 원래 오른쪽 자식의 오른쪽 자식(47)을 설정한다. 마
지막으로 원래 오른쪽 자식의 왼쪽 자식에 현재 노드(40)를 설정한다.

```
1   AVLTree.prototype.rotateRR = function() {
2       // 오른쪽이 너무 길다. => 오른쪽으로부터 회전한다(오른쪽으로 회전하는 것이 아님).
3       var valueBefore = this.value;
4       var leftBefore = this.left;
5       this.value = this.right.value;
6
7       this.left = this.right;
8       this.right = this.right.right;
9       this.left.right = this.left.left;
10      this.left.left = leftBefore;
11      this.left.value = valueBefore
12
13      this.left.setDepthBasedOnChildren();
14      this.setDepthBasedOnChildren();
15  }
```

## 오른쪽 회전

다음은 노드가 오른쪽으로 회전해야 하는 경우의 예다. 그림 15-11에서 노드 60의 자식인 55와 52로 인해 높이가 맞지 않다. 그림 15-12와 같이 이진 검색 트리의 균형을 잡기 위해서는 노드 55가 부모가 돼야 한다.

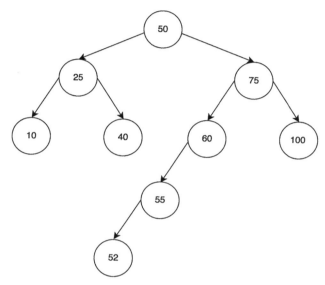

▲ 그림 15-11 오른쪽 회전 이전의 트리

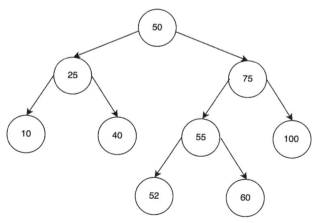

▲ 그림 15-12 오른쪽 회전 이후의 트리

오른쪽 회전을 수행하기 위해 먼저 왼쪽 자식(55)을 찾아서 저장해야 한다. 이렇게 저장된 노드가 "원래" 왼쪽 자식이다. 원래 왼쪽 자식(55)이 현재 노드(60)의 부모가 될 것이다. 현재 노드의 왼쪽 자식에 원래 왼쪽 자식의 왼쪽 자식(52)을 설정한다. 마지막으로 원래 왼쪽 자식의 오른쪽 자식에 현재 노드(60)를 설정한다.

```
1   AVLTree.prototype.rotateLL = function() {
2
3       var valueBefore = this.value;
4       var rightBefore = this.right;
5       this.value = this.left.value;
6
7       this.right = this.left;
8       this.left = this.left.left;
9       this.right.left = this.right.right;
10      this.right.right = rightBefore;
11      this.right.value = valueBefore;
12
13      this.right.setDepthBasedOnChildren();
14      this.setDepthBasedOnChildren();
15  };
```

## 이중 회전

한 번의 회전을 한 이후에도 AVL 트리가 여전히 불균형이라면 완전한 균형을 위해 두 번 회전해야 한다.

### 오른쪽 왼쪽 회전(오른쪽 이후에 왼쪽)

이번 예에서 그림 15-13은 높이 3인 이진 검색 트리를 나타낸다. 그림 15-14와 그림 15-15에서 보듯이 오른쪽으로 회전한 다음 왼쪽으로 회전함으로써 트리의 균형이 잡힌다.

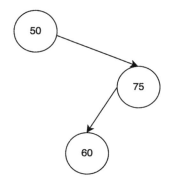

▲ 그림 15-13 오른쪽 회전 이후에 왼쪽 회전이 필요한 경우

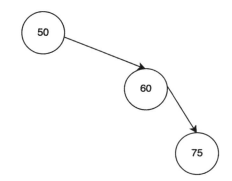

▲ 그림 15-14 우선 오른쪽으로 회전

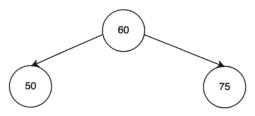

▲ 그림 15-15 이후에 왼쪽으로 회전

## 왼쪽 오른쪽 회전(왼쪽 이후에 오른쪽)

마찬가지로 그림 15-16은 높이 3인 이진 검색 트리를 나타낸다. 그림 15-17과 그림

15-18에서 보듯이 왼쪽으로 회전한 다음 오른쪽으로 회전함으로써 트리의 균형이 잡힌다.

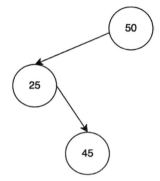

▲ 그림 15-16 왼쪽 회전 이후에 오른쪽 회전이 필요한 경우

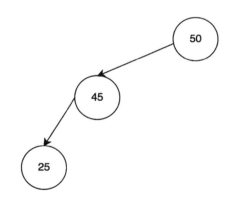

▲ 그림 15-17 왼쪽으로 먼저 회전

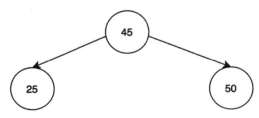

▲ 그림 15-18 이후에 오른쪽으로 회전

# 트리 균형 잡기

AVL 트리의 균형을 확인하기 위해서는 왼쪽 자식과 오른쪽 자식의 높이를 간단히 비교하면 된다. 높이가 균형이 맞지 않는 경우 회전이 필요하다. 왼쪽이 오른쪽보다 큰 경우 오른쪽 회전이 필요하다. 오른쪽이 왼쪽보다 큰 경우 왼쪽 회전이 필요하다.

```javascript
1   AVLTree.prototype.balance = function() {
2       var ldepth = this.left == null ? 0 : this.left.depth;
3       var rdepth = this.right == null ? 0 : this.right.depth;
4
5       if (ldepth > rdepth + 1) {
6           // LR 혹은 LL 회전
7           var lldepth = this.left.left == null ? 0 : this.left.left.depth;
8           var lrdepth = this.left.right == null ? 0 : this.left.right.depth;
9
10          if (lldepth < lrdepth) {
11              // LR 회전은 왼쪽 자식의 RR 회전과 현재 노드의 LL 회전으로 구성된다.
12              this.left.rotateRR();
13              // 현재 노드의 LL 회전은 무조건 일어난다.
14          }
15          this.rotateLL();
16      } else if (ldepth + 1 < rdepth) {
17          // RR 혹은 RL 회전
18          var rrdepth = this.right.right == null ? 0 : this.right.right.depth;
19          var rldepth = this.right.left == null ? 0 : this.right.left.depth;
20
21          if (rldepth > rrdepth) {
22              // RR 회전은 오른쪽 자식의 LL 회전과 현재 노드의 RR 회전으로 구성된다.
23              this.right.rotateLL();
24              // 현재 노드의 RR 회전은 무조건 일어난다.
25          }
26          this.rotateRR();
27      }
28  }
```

## 삽입

AVL 이진 검색 트리의 삽입은 삽입 이후에 부모가 자식의 균형을 잡은 다음 깊이 값을 설정해야 한다는 점을 제외하고는 일반적인 이진 검색 트리의 삽입과 동일하다.

```
1   AVLTree.prototype.insert = function(value) {
2       var childInserted = false;
3       if (value == this.value) {
4           return false; // 모든 값은 고유해야 한다.
5       } else if (value < this.value) {
6           if (this.left == null) {
7               this.left = new AVLTree(value);
8               childInserted = true;
9           } else {
10              childInserted = this.left.insert(value);
11              if (childInserted == true) this.balance();
12          }
13      } else if (value > this.value) {
14          if (this.right == null) {
15              this.right = new AVLTree(value);
16              childInserted = true;
17          } else {
18              childInserted = this.right.insert(value);
19
20              if (childInserted == true) this.balance();
21          }
22      }
23      if (childInserted == true) this.setDepthBasedOnChildren();
24      return childInserted;
25  }
```

**시간 복잡도:** $O(nlog_2(n))$

**공간 복잡도:** $O(nlog_2(n))$

공간 복잡도는 메모리의 재귀 호출 스택으로 인한 것이다.

## 삭제

AVL 이진 검색 트리는 이진 검색 트리의 일종이므로 삭제 함수가 동일하다. 순회하는 동안 setDepthBasedOnChildren( )을 호출해 깊이를 조정한다.

```
1    AVLTree.prototype.remove = function(value) {
2        return deleteRecursively(this, value);
3
4        function deleteRecursively(root, value) {
5            if (!root) {
6                return null;
7            } else if (value < root.value) {
8                root.left = deleteRecursively(root.left, value);
9            } else if (value > root.value) {
10               root.right = deleteRecursively(root.right, value);
11           } else {
12               // 자식이 없는 경우
13               if (!root.left && !root.right) {
14                   return null; // case 1
15               } else if (!root.left) {
16                   root = root.right;
17                   return root;
18               } else if (!root.right) {
19                   root = root.left;
20                   return root;
21               } else {
22                   var temp = findMin(root.right);
23                   root.value = temp.value;
24                   root.right = deleteRecursively(root.right, temp.value);
25                   return root;
26               }
27           }
28           root.setDepthBasedOnChildren(); // 일반적인 이진 검색 트리와의 유일한 차이점
29           return root;
30       }
31       function findMin(root) {
32           while (root.left) root = root.left;
33           return root;
```

```
34        }
35    }
```

AVL 트리가 균형 잡혀 있기 때문에 시간 복잡도와 공간 복잡도 모두 $O(nlog_2(n))$이다. 공간 복잡도는 메모리의 재귀 호출 스택으로 인한 것이다.

## AVL 트리 예제 종합

다음 코드는 지금까지 구현한 AVL 트리를 기반으로 한다. 그림 15-19는 다음 코드로 생성된 AVL 트리의 예다.

```
1    var avlTest = new AVLTree(1,");
2    avlTest.insert(2);
3    avlTest.insert(3);
4    avlTest.insert(4);
5    avlTest.insert(5);
6    avlTest.insert(123);
7    avlTest.insert(203);
8    avlTest.insert(2222);
9    console.log(avlTest);
```

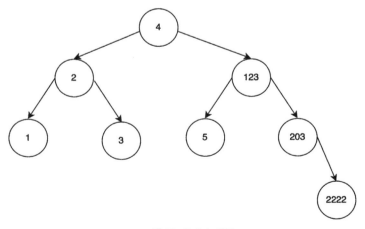

▲ 그림 15-19 AVL 결과

AVL 트리 대신 단순한 이전 검색 트리를 사용하는 경우 그림 15-20과 같은 순서로 삽입이 일어날 것이다.

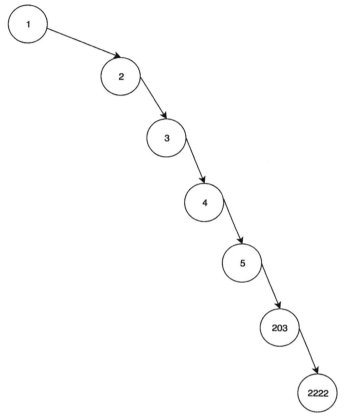

▲ 그림 15-20 이진 검색 트리 결과

위의 결과는 분명히 완전히 균형이 깨진 한쪽으로 쏠린 이진 검색 트리다. 마치 연결 리스트처럼 보이기도 한다. 트리가 위와 같이 완전히 균형이 깨진 경우 삭제와 삽입, 검색 연산의 복잡도가 로그 시간이 아닌 선형 시간이 된다.

## 요약

표 15-1은 각 이진 검색 트리 연산의 시간 복잡도를 나타낸다. 다른 자료 구조와 비교할 때 검색 연산은 연결 리스트와 배열, 스택, 큐보다 빠르다. 이름에서 알 수 있듯이 이진 검색 트리는 무언가를 검색하는 데 뛰어나다. 하지만 삽입과 삭제 연산의 시간 복잡도는 $O(log_2(n))$으로 느리다. 스택이나 큐의 삽입과 삭제 연산의 시간 복잡도가 $O(1)$이라는 점을 고려할 때 느리다. 게다가 트리가 불균형이 되면 모든 연산은 $O(n)$이 된다. 트리의 균형을 유지해 트리 연산이 로그 시간 복잡도를 지니도록 하기 위해서는 적흑 트리나 AVL 트리와 같은 자가 균형 트리를 사용해야 한다.

▼ 표 15-1 트리 요약

| 연산 | 최적(균형) | 최악(완전 불균형) |
| --- | --- | --- |
| 삭제 | $O(log_2(n))$ | $O(n)$ |
| 삽입 | $O(log_2(n))$ | $O(n)$ |
| 검색 | $O(log_2(n))$ | $O(n)$ |

## 연습 문제

연습 문제의 모든 코드는 깃허브[2]에서 확인할 수 있다.

### 주어진 이진 트리에서 두 개의 노드의 가장 가까운 공통 조상 찾기

이 문제를 해결하기 위한 논리는 꽤 간단하지만 처음에는 알아차리기 힘들다.

---

2    https://github.com/Apress/js-data-structures-and-algorithms – 지은이

두 값의 최댓값이 현재 루트보다 작은 경우 왼쪽으로 이동한다. 두 값의 최솟값이 현재 노드보다 큰 경우 오른쪽으로 이동한다. 그림 15-21과 그림 15-22는 두 가지 다른 경우를 보여준다.

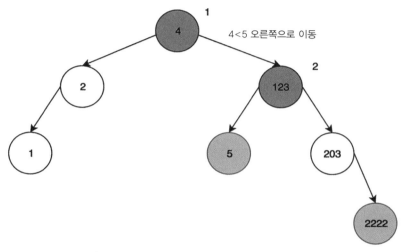

▲ 그림 15-21 노드 5와 노드 2222의 가장 가까운 공통 조상 찾기

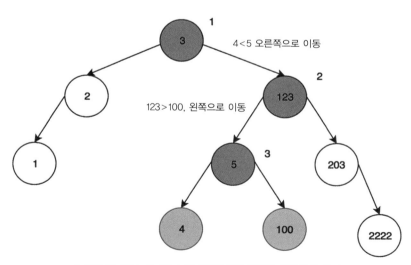

▲ 그림 15-22 노드 4와 노드 100의 가장 가까운 공통 조상 찾기

```
1   function findLowestCommonAncestor(root, value1, value2) {
2       function findLowestCommonAncestorHelper(root, value1, value2) {
3           if (!root)
4               return;
5           if (Math.max(value1, value2) < root.value)
6               return findLowestCommonAncestorHelper(root.left, value1, value2);
7           if (Math.min(value1, value2) > root.value)
8               return findLowestCommonAncestorHelper(root.right, value1,
                    value2);
9           return root.value
10      }
11      return findLowestCommonAncestorHelper(root, value1, value2);
12  }
13  var node1 = {
14      value: 1,
15      left: {
16          value: 0
17      },
18      right: {
19          value: 2
20      }
21  }
22
23  var node2 = {
24      value: 1,
25      left: {
26          value: 0,
27          left: {
28              value: -1
29          },
30          right: {
31              value: 0.5
32          }
33      },
34      right: {
35          value: 2
36      }
37  }
```

```
38    console.log(findLowestCommonAncestor(node1, 0, 2)); // 1
39    console.log(findLowestCommonAncestor(node2, 0, 2)); // 1
40    console.log(findLowestCommonAncestor(node2, 0.5, -1)); // 0
```

시간 복잡도: $O(log_2(n))$

## 루트의 n번째 거리에 있는 노드 출력하기

이 문제의 경우 어떤 순회 방법을 쓰든 이진 검색 트리를 순회해 각 이진 검색 노드의 높이를 확인해 해당 노드를 출력할지 결정해야 한다. 이 예제의 경우 단계순위 순회를 사용했다.

```
1     function printKthLevels(root, k) {
2         var arrayKth = [];
3         queue = [];
4
5         if (!root) return;
6
7         // 너비 우선 검색
8         queue.push([root, 0]);
9
10        while (queue.length) {
11            var tuple = queue.shift(),
12                temp = tuple[0],
13                height= tuple[1];
14
15            if (height == k) {
16                arrayKth.push(temp.value);
17            }
18            if (temp.left) {
19                queue.push([temp.left, height+1]);
20            }
21            if (temp.right) {
22                queue.push([temp.right,height+1]);
```

```
23          }
24      }
25      console.log(arrayKth);
26  }
```

```
1   var node1 = {
2       value: 1,
3       left: {
4           value: 0
5       },
6       right: {
7           value: 2
8       }
9   }
10
11  var node2 = {
12      value: 1,
13      left: {
14          value: 0,
15          left: {
16              value: -1
17          },
18          right: {
19              value: 0.5
20          }
21      },
22      right: {
23          value: 2
24      }
25  }
26
27  var node3 = {
28      value: 1,
29      left: {
30          value: 0
31      },
32      right: {
```

```
33          value: 2,
34          left: {
35              value: 1.5
36          },
37          right: {
38              value: 3,
39              left: {
40                  value: 3.25
41              }
42          }
43      }
44  }
45
46  printKthLevels(node1, 0); // 1
47  printKthLevels(node1, 1); // [0,2]
```

## 이진 트리가 다른 트리의 하위 트리인지 확인하기

이 문제의 경우 어떤 순회 방법을 쓰든 이진 검색 트리를 순회하면서 현재 노드를 루트로 하는 하위 트리가 비교하고자 하는 이진 트리와 동일한지 확인해야 된다. 이 예제의 경우 단계순위 순회를 사용했다.

```
1   function isSameTree(root1, root2) {
2       if (root1 == null && root2 == null) {
3           return true;
4       }
5       if (root1 == null || root2 == null) {
6           return false;
7       }
8
9       return root1.value == root2.value &&
10          isSameTree(root1.left, root2.left) &&
11          isSameTree(root1.right, root2.right)
12  }
```

```
13
14    function checkIfSubTree(root, subtree) {
15        // 너비 우선 검색
16        var queue = [],
17            counter = 0;
18
19        // 루트 상태 확인
20        if (!root) {
21            return;
22        }
23
24        queue.push(root);
25
26        while (queue.length) {
27            var temp = queue.shift();
28
29            if (temp.data == subtree.data == isSameTree(temp, subtree)) {
30                return true;
31            }
32
33            if (temp.left) {
34                queue.push(temp.left);
35            }
36            if (temp.right) {
37                queue.push(temp.right);
38            }
39        }
40        return false;
41    }
42
43    var node1 = {
44        value: 5,
45        left: {
46            value: 3,
47            left: {
48                value: 1
49            },
50            right: {
51                value: 2
```

```
52            }
53        },
54        right: {
55            value: 7
56        }
57    }
58
59    var node2 = {
60        value: 3,
61        left: {
62            value: 1
63        },
64        right: {
65            value: 2
66        }
67    }
68
69
70    var node3 = {
71        value: 3,
72        left: {
73            value: 1
74        }
75    }
76
77    console.log(checkIfSubTree(node1, node2)); // true
78    console.log(checkIfSubTree(node1, node3)); // false
79    console.log(checkIfSubTree(node2, node3)); // false
```

## 트리가 다른 트리와 대칭인지 확인하기

그림 15-23은 대칭인 트리의 예를 나타낸다.

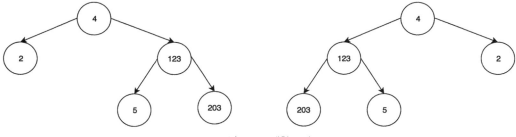

▲ 그림 15-23 대칭 트리

다음과 같은 조건을 만족해야 한다.

- 두 트리의 루트 노드의 키가 동일해야 한다.
- 트리 a의 루트의 왼쪽 하위 트리와 트리 b의 오른쪽 하위 트리가 대칭이다.
- 트리 a의 오른쪽 하위 트리와 트리 b의 왼쪽 하위 트리가 대칭이다.

```
1   function isMirrorTrees(tree1, tree2) {
2       // 기저 경우, 둘 다 비었다.
3       if (!tree1 && !tree2) {
4           return true;
5       }
6
7       // 둘 중 하나가 비었다. 둘 중 하나만 비었기 때문에 대칭이 아니다.
8       if (!tree1 || !tree2) {
9           return false;
10      }
11
12      // 둘 다 비지 않았기 때문에 재귀적으로 비교한다.
13      // 한 트리의 왼쪽 하위 트리와 다른 트리의 오른쪽 하위 트리를 전달한다.
14
15      var checkLeftwithRight = isMirrorTrees(tree1.left, tree2.right),
16          checkRightwithLeft = isMirrorTrees(tree2.right, tree1.left);
17
18      return tree1.value == tree2.value && checkLeftwithRight &&
        checkRightwithLeft;
19  }
```

```
20
21  var node1 = {
22      value: 3,
23      left: {
24          value: 1
25      },
26      right: {
27          value: 2
28      }
29  }
30
31  var node2 = {
32      value: 3,
33      left: {
34          value: 2
35      },
36      right: {
37          value: 1
38      }
39  }
40
41  var node3 = {
42      value: 3,
43      left: {
44          value: 1
45      },
46      right: {
47          value: 2,
48          left: {
49              value: 2.5
50          }
51      }
52  }
53
54  console.log(isMirrorTrees(node1, node2)); // true
55  console.log(isMirrorTrees(node2, node3)); // false
```

# 힙

16장에서는 힙에 관해 소개할 것이다. 힙은 O(1) 시간에 가장 높은 항목이나 가장 낮은 항목을 반환하는 중요한 자료 구조다. 16장에서는 힙을 어떻게 다뤄야 하고 어떻게 구현해야 할지에 초점을 맞출 것이다. 16장에서 다룰 내용 중 하나로 힙 정렬이 있는데, 힙을 기반으로 한 정렬 알고리즘이다.

## 힙에 대한 이해

힙heap은 트리와 비슷한 자료 구조의 일종으로, 최대 힙의 경우 부모가 자식보다 크고 최소 힙의 경우 부모가 자식보다 작다. 이러한 힙의 특성은 자료를 정렬하는 데 유용하다.

다른 자료 구조와 달리 힙은 자식에 대한 포인터를 갖는 대신에 배열을 사용해 자료를 저장한다. 배열에서 힙 노드의 자식 위치(인덱스)를 쉽게 계산할 수 있다. 힙을 사용하면 부모와 자식 간의 관계를 쉽게 정의할 수 있기 때문이다.

다양한 수의 자식을 갖는 다양한 종류의 힙이 있다. 16장에서는 이진 힙만을 다룰 것이다. 힙이 배열을 사용해 자료를 저장하기 때문에 배열의 인덱스는 각 항목의 차수/높이

를 정의한다. 첫 번째 배열 항목을 루트로 설정한 다음 각 왼쪽 항목과 오른쪽 항목을
순서대로 채움으로써 이진 힙을 만들 수 있다.

예를 들어 그림 16-1의 힙의 경우 배열은 [2, 4, 23, 12, 13]이 된다.

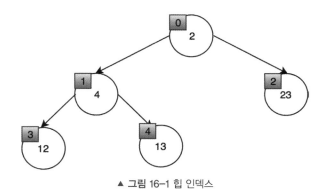

▲ 그림 16-1 힙 인덱스

최대 힙max-heap과 최소 힙min-heap 두 종류의 이진 힙이 있다. 최대 힙의 경우 루트 노드
가 가장 높은 값을 갖고 각 노드의 값이 자식의 값보다 크다. 최소 힙의 경우 루트 노드
가 가장 낮은 값을 갖고 각 노드의 값이 자식의 값보다 작다.

힙은 문자열과 정수, 심지어 사용자 정의 클래스와 같이 어떤 종류의 값이든 저장할 수
있다. 3장과 4장에서 다룬 것처럼 자바스크립트는 문자열과 정수 값 비교를 기본 지원
한다(예를 들어 9가 1보다 크고 z가 a보다 크다). 하지만 사용자 정의 클래스의 경우 개발자는
두 클래스를 비교할 방법을 구현해야 한다. 16장에서는 정수 값만을 저장하는 힙에 대
해 알아볼 것이다.

## 최대 힙

최대 힙은 부모가 모든 자식보다 항상 큰 힙이다(그림 16-2 참고).

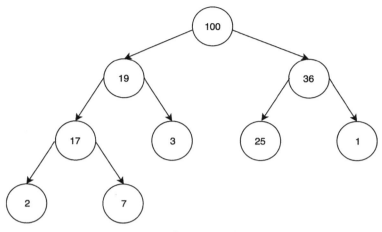

▲ 그림 16-2 최대 힙

그림 16-2의 최대 힙의 배열은 [100, 19, 36, 17, 3, 25, 1, 2, 7]이다.

## 최소 힙

최소 힙은 부모가 모든 자식보다 항상 작은 힙이다(그림 16-3 참고).

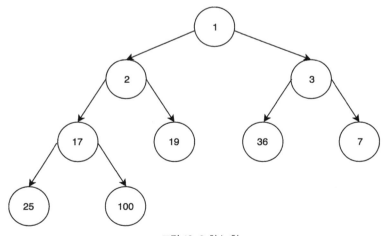

▲ 그림 16-3 최소 힙

그림 16-3의 최소 힙의 배열은 [1, 2, 3, 17, 19, 36, 7, 25, 100]이다.


## 이진 힙 배열 인덱스 구조

이진 힙의 경우 힙을 나타내기 위해 배열이 사용되는데 다음과 같이 인덱스를 사용한다. 이때 N은 노드의 인덱스다.

| 노드 | 인덱스 |
| --- | --- |
| (자신) | N |
| 부모 | (N−1) / 2 |
| 왼쪽 자식 | (N*2) + 1 |
| 오른쪽 자식 | (N*2) + 2 |

그림 16-4는 인덱스를 사용해 부모 자식 간의 관계를 나타낸다.

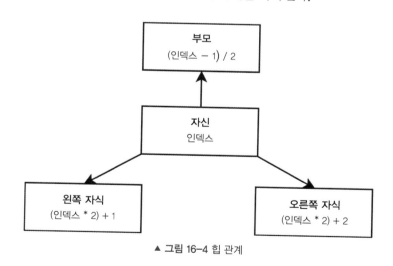

▲ 그림 16-4 힙 관계

우선 일반적인 힙 클래스를 정의해보자. 배열을 사용해 모든 값을 저장한다. 이때 앞에서 설명한 것처럼 인덱스 구조를 사용한다. 다음 힙 클래스는 부모 노드와 왼쪽 자식, 오른쪽 자식을 가져오는 도움 함수를 구현한다. 다음 코드에는 최대 힙의 경우 최댓값을 반환하고 최소 힙의 경우 최솟값을 반환하는 peek 함수가 있다

```javascript
function Heap() {
    this.items = [];
}

Heap.prototype.swap = function(index1, index2) {
    var temp = this.items[index1];
    this.items[index1] = this.items[index2];
    this.items[index2] = temp;
}

Heap.prototype.parentIndex = function(index) {
    return Math.floor((index - 1) / 2);
}

Heap.prototype.leftChildIndex = function(index) {
    return index * 2 + 1;
}

Heap.prototype.rightChildrenIndex = function(index) {
    return index * 2 + 2;
}

Heap.prototype.parent = function(index) {
    return this.items[this.parentIndex(index)];
}

Heap.prototype.leftChild = function(index) {
    return this.items[this.leftChildIndex(index)];
}

Heap.prototype.rightChild = function(index) {
    return this.items[this.rightChildrenIndex(index)];
}
```

```
34
35   Heap.prototype.peek = function(item) {
36       return this.items[0];
37   }
38   Heap.prototype.size = function() {
39       return this.items.length;
40   }
```

size 함수는 힙의 크기(항목 개수)를 반환하는 도움 함수다.

## 삼투[1]: 위로 아래로 이동

항목을 추가하거나 삭제할 때 힙의 구조가 유지돼야 한다(최대 힙의 경우 노드가 자식보다 커야 하고 최소 힙의 경우 노드가 자식보다 작아야 한다).

이를 위해 항목 간에 교환이 일어나서 마치 비누 거품이 위로 올라가듯이 힙의 꼭대기로 점차 올라가야 한다. 마찬가지로 일부 항목들은 힙의 구조를 유지하기 위해 올바른 위치로 마치 비누 거품이 땅으로 내려가듯이 내려가야 한다. 이러한 노드 간 전파의 시간 복잡도는 $O(log_2(n))$이다.

최소 힙 예제를 한 단계씩 살펴보자. 12, 2, 23, 4, 13순으로 값을 최소 힙에 삽입해보자. 다음 과정을 살펴보자.

    **1.** 12를 첫 번째 노드로 삽입한다(그림 16–5).

▲ 그림 16–5 최소 힙 루트 노드

---

1    영어로는 percolation이라고 하며, '스며들기', '여과', '침루', '삼투' 등의 사전적 의미를 지니고 있다. 삼투로 번역한 이유는 농도가 다른 두 액체가 농도가 낮은 쪽에서 농도가 높은 쪽으로 용매가 옮겨 가는 현상이 최소 힙 자료 구조에서 작은(가벼운) 값은 위로 올라가고 큰(무거운) 값은 아래로 내려가는 현상과 비슷하기 때문이다. – 옮긴이

**2.** 새로운 노드인 2를 삽입한다(그림 16-6).

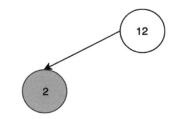

▲ **그림 16-6** 가장 최신 노드가 부모보다 작다.

**3.** 노드 2가 부모인 12보다 작기 때문에 위로 이동해 최소 힙의 꼭대기로 위치한
다(그림 16-7).

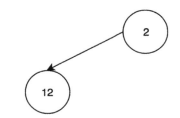

▲ **그림 16-7** 더 작은 노드인 2가 부모 위치로 이동했다.

**4.** 신규 노드인 23을 두 번째 자식 위치에 삽입한다(그림 16-8).

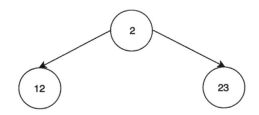

▲ **그림 16-8** 더 큰 노드인 23이 최소 힙의 올바른 위치에 있다.

**5.** 그림 16-9와 같이 힙에 4를 삽입한다.

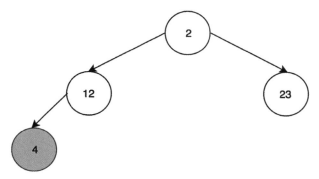

▲ 그림 16-9 최소 힙의 신규 노드가 자신보다 위의 노드보다 작다.

**6.** 최소 힙 구조를 유지하기 위해 노드 12는 노드 4와 교환된다(그림 16-10).

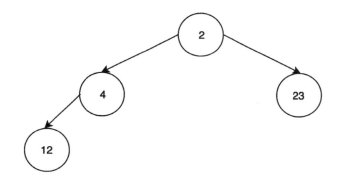

▲ 그림 16-10 최소 힙 구조를 유지하기 위해 더 작은 노드인 4가 위로 이동한다.

**7.** 그림 16-11처럼 13을 삽입한다.

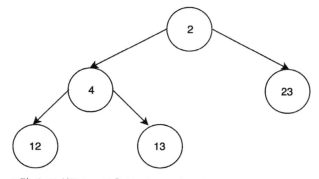

▲ 그림 16-11 신규 노드 13은 부모 노드보다 크기 때문에 올바른 위치에 있다.

위의 힙 예제의 배열의 내용은 [2, 4, 23, 12, 13]이다.

## 삽투 구현하기

삽투의 '위로 이동과 아래로 이동'을 구현하기 위해서는 최소 힙 구조의 제일 위에 최솟값 항목이 위치할 때까지 항목들을 교환해야 한다. 아래로 이동하기 위해서는 최상위 항목(배열의 첫 번째 항목)을 자식 중 하나와 교환해야 한다. 마찬가지로 위로 이동하기 위해서는 신규 항목의 부모가 신규 항목보다 큰 경우 부모와 신규 항목을 교환해야 한다.

```
1   function MinHeap() {
2       this.items = [];
3   }
4   MinHeap.prototype = Object.create(Heap.prototype);
    // 프로토타입을 복사함으로써 힙으로부터 도움 함수를 상속한다.
5   MinHeap.prototype.bubbleDown = function() {
6       var index = 0;
7       while (this.leftChild(index) && this.leftChild(index) < this.
        items[index]) {
8           var smallerIndex = this.leftChildIndex(index);
9           if (this.rightChild(index)
10              && this.rightChild(index) < this.items[smallerIndex]) {
11              // 오른쪽 항목이 더 작은 경우, 교환한다.
12              smallerIndex = this.rightChildrenIndex(index);
13          }
14          this.swap(smallerIndex, index);
15          index = smallerIndex;
16      }
17  }
18
19  MinHeap.prototype.bubbleUp = function() {
20      var index = this.items.length - 1;
21      while (this.parent(index) && this.parent(index) > this.items[index]) {
22          this.swap(this.parentIndex(index), index);
23          index = this.parentIndex(index);
24      }
25  }
```

최대 힙 구현은 최소 힙 구현과 비교자 부분만 다르다. 아래로 이동하기 위해서 최대 힙 노드는 자식이 자신보다 큰 경우에 교환한다. 마찬가지로 위로 이동하기 위해서 가장 최근에 삽입된 노드는 부모 노드가 자신보다 작은 경우에 부모 노드와 교환한다.

## 최대 힙 예

최소 힙 예에서 사용했던 것과 동일한 값을 사용해 최대 힙을 만들어보자. 12, 2, 23, 4, 13순으로 값을 삽입한다.

1. 첫 번째 노드인 12를 삽입한다(그림 16-12).

▲ 그림 16-12 첫 번째 최대 힙 노드

2. 신규 노드인 2를 삽입한다(그림 16-13).

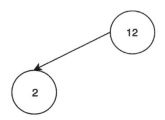

▲ 그림 16-13 신규 노드가 부모보다 더 작기 때문에 최대 힙 구조에서 올바른 위치에 있다.

3. 그림 16-14와 같이 23을 삽입한다.

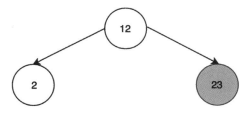

▲ 그림 16-14 신규 자식 노드가 부모보다 크다.

**4.** 최대 힙 구조를 유지하기 위해 노드 23이 최상위로 올라간다(그림 16-15).

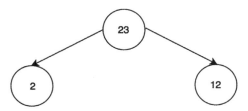

▲ **그림 16-15** 신규 노드 23이 부모 노드 12보다 크기 때문에 부모 노드와 교환됐다.

**5.** 그림 16-16과 같이 4를 삽입한다.

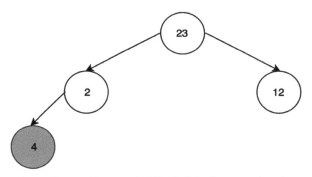

▲ **그림 16-16** 신규 노드가 자신보다 위에 있는 노드보다 크다.

**6.** 최대 힙 구조를 유지하기 위해 노드 4가 위로 이동하고 노드 2가 아래로 이동한다(그림 16-17).

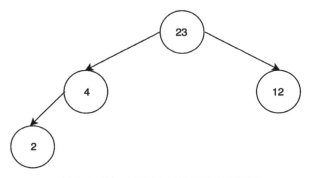

▲ **그림 16-17** 노드 4와 노드 2가 위치를 교환했다.

**7.** 그림 16–18과 같이 13을 삽입한다.

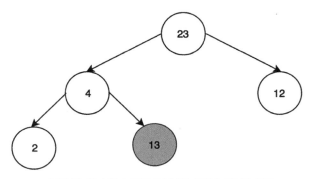

▲ **그림 16–18** 신규 노드가 자신보다 위의 노드보다 크다.

**8.** 최대 힙 구조 때문에 노드 13과 노드 4가 위치를 교환한다(그림 16–19).

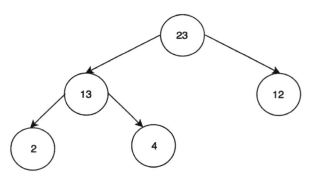

▲ **그림 16–19** 삼투는 최대 힙 구조를 복원한다.

위의 힙의 배열 내용은 [23, 13, 12, 2, 4]이다.


## 최소 힙 구현 완성

지금까지 정의한 함수들을 한데 모으고 Heap 클래스의 함수들을 상속받아 다음과 같이
최소 힙의 완성본을 만들었다. add 함수와 poll 함수가 추가됐다. add 함수는 단순히 신
규 항목을 힙에 추가한다. bubbleUp 함수가 신규로 추가된 항목이 최소 힙에서 순서를

만족하도록 보장한다. poll 함수는 힙으로부터 최소 항목(루트)을 제거하고 bubbleDown 함수를 호출해 최소 힙 순서를 유지한다.

```
1   function MinHeap() {
2       this.items = [];
3   }
4   MinHeap.prototype = Object.create(Heap.prototype);
    // 프로토타입을 복사함으로써 힙으로부터 도움 함수를 상속한다.
5   MinHeap.prototype.add = function(item) {
6       this.items[this.items.length] = item;
7       this.bubbleUp();
8   }
9
10  MinHeap.prototype.poll = function() {
11      var item = this.items[0];
12      this.items[0] = this.items[this.items.length - 1];
13      this.items.pop();
14      this.bubbleDown();
15      return item;
16  }
17
18  MinHeap.prototype.bubbleDown = function() {
19      var index = 0;
20      while (this.leftChild(index) && (this.leftChild(index) < this.
        items[index] ||
            this.rightChild(index) < this.items[index]) ) {
21          var smallerIndex = this.leftChildIndex(index);
22          if (this.rightChild(index) && this.rightChild(index) < this.
            items[smallerIndex]) {
23              smallerIndex = this.rightChildrenIndex(index);
24          }
25          this.swap(smallerIndex, index);
26          index = smallerIndex;
27      }
28  }
29
30  MinHeap.prototype.bubbleUp = function() {
```

```
31      var index = this.items.length - 1;
32      while (this.parent(index) && this.parent(index) > this.items[index]) {
33          this.swap(this.parentIndex(index), index);
34          index = this.parentIndex(index);
35      }
36  }
37
38  var mh1 = new MinHeap();
39  mh1.add(1);
40  mh1.add(10);
41  mh1.add(5);
42  mh1.add(100);
43  mh1.add(8);
44
45  console.log(mh1.poll()); // 1
46  console.log(mh1.poll()); // 5
47  console.log(mh1.poll()); // 8
48  console.log(mh1.poll()); // 10
49  console.log(mh1.poll()); // 100
```

## 최대 힙 구현 완성

앞에서 언급했듯이 최소 힙 구현과 최대 힙 구현의 유일한 차이점은 bubbleDown과 bubbleUp의 비교자다. 이전 예와 동일한 항목들인 (1, 10, 5, 100, 8)을 추가한다. 최대 힙은 poll 함수 호출 시 가장 높은 값을 지닌 항목을 반환한다.

```
1   function MaxHeap() {
2       this.items = [];
3   }
4   MaxHeap.prototype = Object.create(Heap.prototype);
    // 프로토타입을 복사함으로써 힙으로부터 도움 함수를 상속한다.
5   MaxHeap.prototype.add = function(item) {
6       this.items[this.items.length] = item;
7       this.bubbleUp();
```

```
8    }
9    MaxHeap.prototype.poll = function() {
10       var item = this.items[0];
11       this.items[0] = this.items[this.items.length - 1];
12       this.items.pop();
13       this.bubbleDown();
14       return item;
15   }
16
17   MaxHeap.prototype.bubbleDown = function() {
18       var index = 0;
19       while (this.leftChild(index) && (this.leftChild(index) > this.
         items[index] ||
             this.rightChild(index) > this.items[index] ) ) {
20           var biggerIndex = this.leftChildIndex(index);
21           if (this.rightChild(index) && this.rightChild(index) > this.
             items[biggerIndex])
22           {
23               biggerIndex = this.rightChildrenIndex(index);
24           }
25           this.swap(biggerIndex, index);
26           index = biggerIndex;
27       }
28   }
29
30   MaxHeap.prototype.bubbleUp = function() {
31       var index = this.items.length - 1;
32       while (this.parent(index) && this.parent(index) < this.items[index]) {
33           this.swap(this.parentIndex(index), index);
34           index = this.parentIndex(index);
35       }
36   }
37
38   var mh2 = new MaxHeap();
39   mh2.add(1);
40   mh2.add(10);
41   mh2.add(5);
42   mh2.add(100);
```

```
43  mh2.add(8);
44
45  console.log(mh2.poll()); // 100
46  console.log(mh2.poll()); // 10
47  console.log(mh2.poll()); // 8
48  console.log(mh2.poll()); // 5
49  console.log(mh2.poll()); // 1
```

## 힙 정렬

힙 클래스를 생성했으니 힙을 사용해 정렬하는 것은 꽤나 간단하다. 정렬된 배열을 얻기 위해 힙이 빈 상태가 될 때까지 힙에 대해 .pop( )을 호출하면서 꺼낸 객체를 저장하기만 하면 된다. 이를 힙 정렬이라 한다. 삼투가 $O(log_2(n))$의 시간이 걸리고 정렬이 $n$개의 항목들을 꺼내야 하기 때문에 힙 정렬의 시간 복잡도는 빠른 정렬과 병합 정렬과 마찬가지로 $O(nlog_2(n))$이다.

이번 절에서는 우선 최소 힙을 사용해 구현된 오름차순 정렬을 수행한 다음 최대 힙을 사용해 구현된 내림차순 정렬을 수행할 것이다.

## 오름차순 정렬(최소 힙)

그림 16-20은 모든 항목이 최소 힙에 추가됐을 때의 최소 힙을 나타낸다. 그림 16-21부터 그림 16-23은 항목들을 꺼냄에 따라 힙이 재구성되는 과정을 나타낸다. 최종적으로 힙이 빈 경우 정렬이 완료된 것이다.

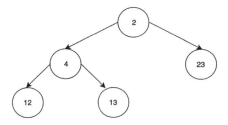

▲ 그림 16-20 모든 항목을 추가한 이후의 최소 힙

```
1   var minHeapExample = new MinHeap();
2   minHeapExample.add(12);
3   minHeapExample.add(2);
4   minHeapExample.add(23);
5   minHeapExample.add(4);
6   minHeapExample.add(13);
7   minHeapExample.items; // [2, 4, 23, 12, 13]
8
9   console.log(minHeapExample.poll()); // 2
10  console.log(minHeapExample.poll()); // 4
11  console.log(minHeapExample.poll()); // 12
12  console.log(minHeapExample.poll()); // 13
13  console.log(minHeapExample.poll()); // 23
```

마지막 노드(노드 13이 있던 곳)가 제거됐고 노드 13이 제일 위에 있다. 삼투 과정 동안에 노드 13은 노드 12의 왼쪽 자식 자리로 내려갔다. 13이 4와 12보다 크기 때문이다.

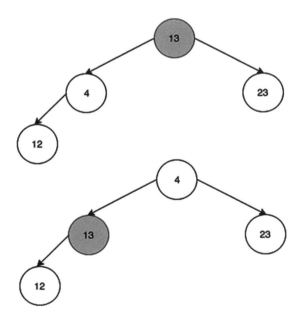

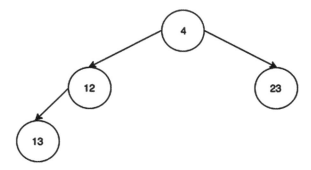

▲ 그림 16-21 최소 힙 정렬: 2 꺼내기

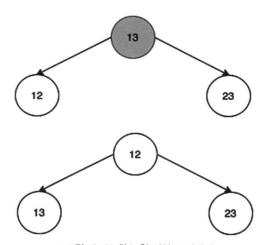

▲ 그림 16-22 최소 힙 정렬: 4 꺼내기

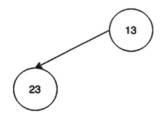

▲ 그림 16-23 최소 힙 정렬: 12 꺼내기

## 내림차순 정렬(최대 힙)

그림 16-24는 모든 항목이 최대 힙에 추가됐을 때의 최대 힙을 나타낸다. 그림 16-25 부터 그림 16-27은 항목들을 꺼냄에 따라 최대 힙이 재구성되는 과정을 나타낸다. 최종적으로 최대 힙이 빈 경우 정렬이 완료된 것이다.

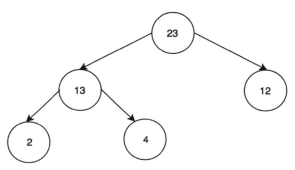

▲ 그림 16-24 모든 항목을 추가한 이후의 최대 힙

```
1   var maxHeapExample = new MaxHeap();
2   maxHeapExample.add(12);
3   maxHeapExample.add(2);
4   maxHeapExample.add(23);
5   maxHeapExample.add(4);
6   maxHeapExample.add(13);
7   maxHeapExample.items; // [23, 13, 12, 2, 4]
8
9   console.log(maxHeapExample.poll()); // 23
10  console.log(maxHeapExample.poll()); // 13
11  console.log(maxHeapExample.poll()); // 12
12  console.log(maxHeapExample.poll()); // 4
13  console.log(maxHeapExample.poll()); // 2
```

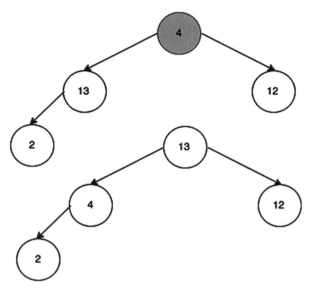

▲ 그림 16-25 최대 힙 정렬: 23 꺼내기

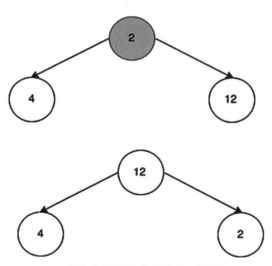

▲ 그림 16-26 최대 힙 정렬: 13 꺼내기

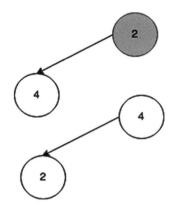

▲ 그림 16-27 최대 힙 정렬: 12 꺼내기

## 요약

힙은 배열을 사용해 표현한 트리와 같은 자료 구조다. 트리 노드의 부모와 왼쪽 자식, 오른쪽 자식을 얻기 위해 표 16-1의 인덱스 공식을 사용할 수 있다.

▼ 표 16-1 힙 노드 인덱스 요약

| 노드 | 인덱스 |
| --- | --- |
| (자신) | N |
| 부모 | (N-1) / 2 |
| 왼쪽 자식 | (N*2) + 1 |
| 오른쪽 자식 | (N*2) + 2 |

힙은 삼투를 통해 자신의 구조를 유지한다. 노드가 삽입됐을 때 힙의 구조가 올바르게 될 때까지 항목들을 반복적으로 교환하면서 노드를 위로 이동시킨다. 최소 힙의 경우 이는 최솟값을 지닌 노드가 루트에 있음을 의미한다. 최대 힙의 경우 이는 최고 값을 지닌 노드가 루트에 있음을 의미한다. 힙은 근본적으로 삼투를 통해 동작한다. 삼투 덕분

에 삭제와 삽입이 $O(log_2(n))$ 시간에 가능하다. 힙 연산의 시간 복잡도를 표 16-2에 요약했다.

▼ 표 16-2 힙 연산 요약

| 연산 | 시간 복잡도 |
| --- | --- |
| 삭제("아래로 이동"으로 이어짐) | $O(log_2(n))$ |
| 삽입("위로 이동"으로 이어짐) | $O(log_2(n))$ |
| 힙 정렬 | $O(n\ log_2(n))$ |

# 연습 문제

연습 문제의 모든 코드는 깃허브[2]에서 확인할 수 있다.

### 일련의 숫자에서 중간 값 찾기

이번 질문이 16장에 있다는 것 자체가 이 문제를 해결하려면 어떻게 접근해야 하는지 알 수 있는 힌트다. 이론상으로 해결책은 꽤 간단하다. 하나의 최소 힙과 하나의 최대 힙을 만들면 중간 값을 얻는 것은 단지 O(1)시간밖에 걸리지 않는다.

예를 들어 12, 2, 23, 4, 13으로 구성된 일련의 정수가 있다고 해보자.

12가 삽입됐을 때 중간 값은 12이다. 항목이 단 하나만 존재하기 때문이다. 2가 삽입됐을 때 2와 12로 숫자가 짝수 개 존재한다. 따라서 중간 값은 산술 중간 값인 7((12+2)/2)이다. 23이 삽입됐을 때 중간 값은 12이다. 마지막으로 13이 삽입됐을 때 중간 값은 12.5다. 이는 두 개의 중간 항목인 12와 13의 평균이다.

---

2   https://github.com/Apress/js-data-structures-and-algorithms – 지은이

```
1   function MedianHeap() {
2       this.minHeap = new MinHeap();
3       this.maxHeap = new MaxHeap();
4   }
5
6   MedianHeap.prototype.add = function (value) {
7       if (value > this.median()) {
8           this.minHeap.add(value);
9       } else {
10          this.maxHeap.add(value);
11      }
12
13      // 재구성
14      if (this.minHeap.size() - this.maxHeap.size() > 1) {
15          this.maxHeap.add(this.minHeap.poll());
16      }
17
18      if (this.maxHeap.size() - this.minHeap.size() > 1){
19          this.minHeap.add(this.maxHeap.poll());
20      }
21  }
22
23  MedianHeap.prototype.median = function () {
24      if (this.minHeap.size() == 0 && this.maxHeap.size() == 0){
25          return Number.NEGATIVE_INFINITY;
26      } else if (this.minHeap.size() == this.maxHeap.size()) {
27          return (this.minHeap.peek() + this.maxHeap.peek()) / 2;
28      } else if (this.minHeap.size() > this.maxHeap.size()) {
29          return this.minHeap.peek();
30      } else {
31          return this.maxHeap.peek();
32      }
33  }
34
35  var medianH = new MedianHeap();
36
37  medianH.add(12);
38  console.log(medianH.median()); // 12
```

```
39   medianH.add(2);
40   console.log(medianH.median()); // 7 (12 + 2 = 14; 14/2 = 7)
41   medianH.add(23);
42   console.log(medianH.median()); // 12
43   medianH.add(13);
44   console.log(medianH.median()); // 12.5
```

## 배열에서 K번째로 가장 작은 값 찾기

이번 문제는 10장에서 빠른 정렬의 도움 함수를 사용해 이미 살펴봤다. 이를 수행하는
또 다른 방법으로 힙을 사용할 수 있다. 힙에 항목들을 더한 다음 k번만큼 항목들을 꺼
내면 된다. 최소 힙의 정의에 따르면 이렇게 함으로써 배열의 k번째로 가장 작은 값이
반환되기 때문이다.

```
1    var array1 = [12, 3, 13, 4, 2, 40, 23]
2
3    function getKthSmallestElement(array, k) {
4        var minH = new MinHeap();
5        for (var i = 0, arrayLength = array.length; i < arrayLength; i++) {
6            minH.add(array[i]);
7        }
8        for (var i = 1; i < k; i++) {
9            minH.poll();
10       }
11       return minH.poll();
12   }
13   getKthSmallestElement(array1, 2); // 3
14   getKthSmallestElement(array1, 1); // 2
15   getKthSmallestElement(array1, 7); // 40
```

## 배열에서 K번째로 가장 큰 값 찾기

이전 문제와 동일하며 최소 힙 대신 최대 힙을 사용하면 된다.

```
1   var array1 = [12,3,13,4,2,40,23];
2
3   function getKthBiggestElement(array, k) {
4       var maxH = new MaxHeap();
5       for (var i=0, arrayLength = array.length; i<arrayLength; i++) {
6           maxH.add(array[i]);
7       }
8       for (var i=1; i<k; i++) {
9           maxH.poll();
10      }
11      return maxH.poll();
12  }
13  getKthBiggestElement(array1,2); // 23
14  getKthBiggestElement(array1,1); // 40
15  getKthBiggestElement(array1,7); // 2
```

**시간 복잡도:** $O(klog_2(n))$

여기서 $n$은 배열의 크기다. 각 .pop( )이 $O(log_2(n))$이 걸리고 .pop( )을 $k$번 수행하기 때문이다.

**공간 복잡도:** $O(n)$

힙 배열을 저장하기 위해 메모리에서 $O(n)$의 공간이 필요하다.

# 17장

# 그래프

17장에서는 그래프에 관해 알아볼 것이다. 그래프를 사용하면 객체 간의 연결을 다양하게 나타낼 수 있다. 17장에서 기본 용어와 그래프 종류 등 그래프의 기본에 관해 배울 것이다. 또한 이러한 다양한 종류의 그래프를 다루는 방법과 우리가 지금까지 배운 자료 구조를 사용해 그래프를 나타내는 방법에 관해 알아볼 것이다. 마지막으로 두 그래프 노드 간에 최단 경로를 찾는 등의 문제를 해결하기 위해 그래프를 순회하고 검색하고 정렬하기 위한 알고리즘을 알아볼 것이다.

## 그래프 기본

위의 도입부에서 언급했듯이 그래프는 객체 간의 연결을 시각적으로 표현한 것이다. 다양한 것들을 표현할 수 있으며 다양한 곳에 적용 가능하다. 표 17-1에서 이러한 예를 살펴보자.

▼ 표 17-1 그래프 적용 예

| 적용 사례 | 항목 | 연결 |
|---|---|---|
| 웹사이트 | 웹 페이지 | 링크 |
| 지도 | 교차로 | 도로 |
| 회로 | 부품 | 배선 |
| 소셜미디어 | 사람 | 친구 맺기 |
| 전화 | 전화번호 | 전화선 |

그림 17-1은 두 가지 간단한 그래프 예를 나타낸다.

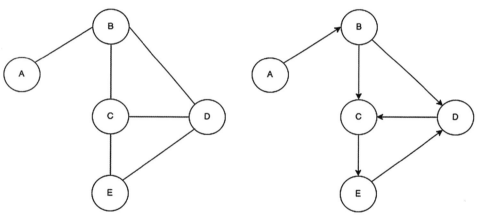

▲ 그림 17-1 두 가지 그래프 예

그래프에 대해 자세히 알아보기 전에 일부 기본 용어와 개념을 소개할 필요가 있다.

- **정점**vertex: 그래프를 형성하는 노드다. 17장에서는 빅오 분석 시 노드를 $V$로 표기할 것이다. 그림 17-2에서 보듯 정점은 원을 이용해 표현한다.

- **간선**edge: 그래프에서 노드 간의 연결을 말한다. 도표상으로 간선은 정점 간에 '선'이다. 간선은 빅오 분석 시 $E$로 표기한다. 그림 17-2에서 보듯 선을 사용해 표현한다.

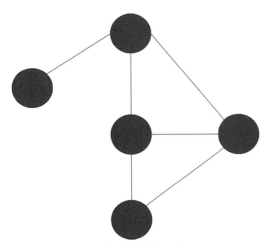

▲ 그림 17-2 정점과 간선

- **정점 차수**<sup>degree of vertex</sup> : 해당 정점(노드)에 연결된 간선의 개수를 나타낸다.

- **희소 그래프**<sup>sparse graph</sup> : 정점들 간에 가능한 연결 중 일부만 존재하는 경우 해당 그래프를 희소 그래프라고 한다(그림 17-3).

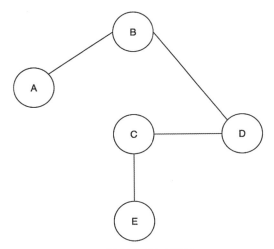

▲ 그림 17-3 희소 그래프

- **밀집 그래프**<sup>dense graph</sup>: 다양한 정점들 간에 연결이 많은 경우 해당 그래프를 밀집 그래프라고 한다(그림 17-4).

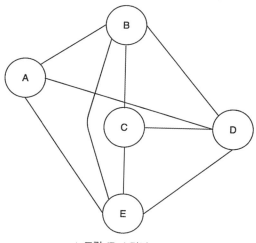

▲ 그림 17-4 밀집 그래프

- **순환 그래프**<sup>cyclical graph</sup>: 어떤 정점에서 출발해 해당 정점으로 다시 돌아오는 경로가 존재하는 지향성 그래프를 말한다. 예를 들어 그림 17-5에서 B는 C로 가는 간선이 있고 C로부터 D로 가는 간선이 있고 D로부터 E로 가는 간선이 있고 E로부터 다시 B로 돌아오는 간선이 있다.

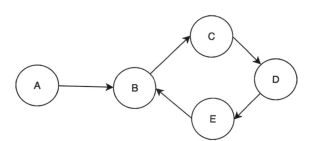

▲ 그림 17-5 B에 대한 순환이 존재하는 그래프

반면 그림 17-6은 순환이 아닌 그래프의 예다.

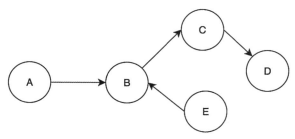

▲ 그림 17-6 순환이 없는 그래프

- **가중치**weight: 간선에 대한 값으로, 문맥에 따라 다양한 것을 나타낼 수 있다. 예
를 들어 그림 17-7과 같이 지향성 그래프의 가중치는 노드 A부터 B까지 가는
데 필요한 거리를 나타낼 수 있다.

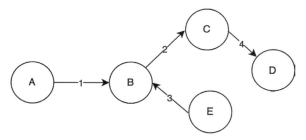

▲ 그림 17-7 가중치가 있는 지향성 그래프

## 무지향성 그래프

무지향성 그래프undirected graph는 간선 간에 방향이 없는 그래프다. 간선은 두 노드 간에
방향 없이 상호 연결을 암시한다. 무지향성 그래프 관계의 실생활 예로 우정이 있다. 우
정은 양쪽이 상호 간 관계를 인정할 때 형성된다. 우정 그래프 내의 간선의 값은 우정이
얼마나 깊은지 나타낼 수도 있다. 그림 17-8은 다섯 개의 정점과 여섯 개의 가중치는
있지만 방향성이 없는 간선을 지닌 간단한 무지향성 그래프를 나타낸다.

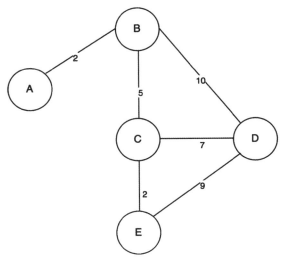

▲ 그림 17-8 가중치가 있는 무지향성 그래프

무지향성 그래프를 자료 구조 클래스로 표현하는 다양한 방법이 있다. 가장 흔한 방법 두 가지로 인접 행렬<sup>adjacency matrix</sup>과 인접 리스트<sup>adjacency list</sup>를 사용할 수 있다. 인접 리스트는 정점을 노드의 키로 사용하며 해당 노드의 이웃들을 리스트에 저장한다. 반면 인접 행렬은 행렬의 각 항목이 두 정점 간에 연결을 나타내는 $V \times V$ 행렬이다. 그림 17-9는 인접 리스트와 인접 행렬 간에 차이를 나타낸다(이 책에서는 인접 리스트만을 다룬다).

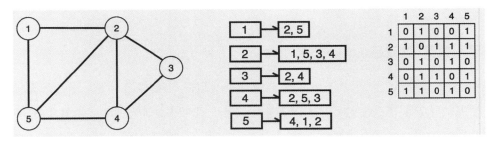

▲ 그림 17-9 그래프(왼쪽), 인접 리스트(중간), 인접 행렬(오른쪽)

지금까지 그래프의 개념과 정의를 알아봤다. 이제 그래프에 관해 지금까지 배운 내용을 코드로 구현하고 간선과 정점을 추가하고 삭제하는 법을 알아보자.

## 간선과 정점 추가하기

이번 예에서 가중치가 있는 무지향성 그래프를 생성한 다음 정점과 간선을 추가할 것이다. 우선 무지향성 그래프를 나타내는 신규 클래스를 생성한다. 무지향성 그래프는 간선을 저장하기 위한 객체를 지녀야 한다. 이는 다음 코드와 같이 구현할 수 있다.

```
1   function UndirectedGraph() {
2       this.edges = {};
3   }
```

간선을 추가하기 위해 정점(노드)이 우선 추가돼야 한다. 인접 리스트를 사용해 구현할 것이다. 정점들을 간선 값들을 저장하는 this.edges 객체 내에 객체 형태로 저장할 것이다.

```
1   UndirectedGraph.prototype.addVertex = function(vertex) {
2       this.edges[vertex] = {};
3   }
```

무지향성 그래프에 가중치가 있는 간선을 추가하기 위해서는 this.edges 객체의 양쪽 정점을 사용해 가중치를 저장한다.

```
1   UndirectedGraph.prototype.addEdge = function(vertex1,vertex2, weight) {
2       if (weight == undefined) {
3           weight = 0;
4       }
5       this.edges[vertex1][vertex2] = weight;
6       this.edges[vertex2][vertex1] = weight;
7   }
```

이제 위의 코드를 이용해 다음 코드와 같이 정점과 간선을 추가해보자.

```
1   var graph1 = new UndirectedGraph();
2   graph1.addVertex(1);
3   graph1.addVertex(2);
4   graph1.addEdge(1,2, 1);
5   graph1.edges; // 1: {2: 1}, 2: {1: 1}
6   graph1.addVertex(3);
7   graph1.addVertex(4);
8   graph1.addVertex(5);
9   graph1.addEdge(2,3, 8);
10  graph1.addEdge(3,4, 10);
11  graph1.addEdge(4,5, 100);
12  graph1.addEdge(1,5, 88);
```

그림 17-10은 위의 코드의 결과를 도표로 표현한 것이다.

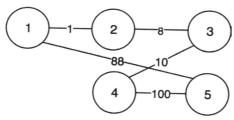

▲ 그림 17-10 첫 번째 무지향성 그래프

## 간선과 정점 삭제하기

동일한 예를 가지고 그래프 클래스의 간선과 정점을 삭제하는 함수를 구현해보자.

정점으로부터 간선을 삭제하기 위해서는 this.edges에서 해당 정점에 대한 간선 객체
를 찾아서 자바스크립트의 delete 연산자를 사용해 해당 간선을 삭제해야 한다.

```
1   UndirectedGraph.prototype.removeEdge = function(vertex1, vertex2) {
2       if (this.edges[vertex1] && this.edges[vertex1][vertex2] != undefined) {
3           delete this.edges[vertex1][vertex2];
```

```
4          }
5          if (this.edges[vertex2] && this.edges[vertex2][vertex1] != undefined) {
6              delete this.edges[vertex2][vertex1];
7          }
8      }
```

다음으로 전체 정점을 삭제해보자. 기억해야 할 중요한 점 하나는 정점이 삭제될 때마
다 해당 간선과 연결된 모든 간선도 삭제돼야 한다는 것이다. 이는 다음 코드에서 보듯
이 루프를 사용해 구현할 수 있다.

```
1  UndirectedGraph.prototype.removeVertex = function(vertex) {
2      for (var adjacentVertex in this.edges[vertex]) {
3          this.removeEdge(adjacentVertex, vertex);
4      }
5      delete this.edges[vertex];
6  }
```

이제 삭제를 구현했으니 첫 번째 예와 비슷한 또 다른 무지향성 그래프 객체를 생성해
보자. 그러고 나서 일부 정점들과 간선들을 삭제해보자. 정점 5가 우선 삭제되고 그 결과
는 그림 17-11과 같다. 그러고 나서 정점 1이 삭제되고 그 결과는 그림 17-12와 같다.
마지막으로 정점 2와 정점 3 사이의 간선이 삭제되고 그 결과는 그림 17-13과 같다.

```
1   var graph2 = new UndirectedGraph();
2   graph2.addVertex(1);
3   graph2.addVertex(2);
4   graph2.addEdge(1,2, 1);
5   graph2.edges; // 1: {2: 1}, 2: {1: 1}
6   graph2.addVertex(3);
7   graph2.addVertex(4);
8   graph2.addVertex(5);
9   graph2.addEdge(2,3, 8);
10  graph2.addEdge(3,4, 10);
11  graph2.addEdge(4,5, 100);
```

```
12  graph2.addEdge(1,5, 88);
13  graph2.removeVertex(5);
14  graph2.removeVertex(1);
15  graph2.removeEdge(2,3);
```

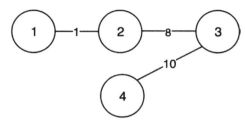

▲ 그림 17-11 정점 5 삭제

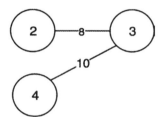

▲ 그림 17-12 정점 1 삭제

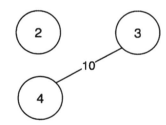

▲ 그림 17-13 정점 2와 정점 3 사이의 간선 삭제

## 지향성 그래프

지향성 그래프는 정점 간에 방향이 있는 그래프다. 그림 17-14와 같이 지향성 그래프의 각 간선은 한 정점에서 다른 정점으로 향한다.

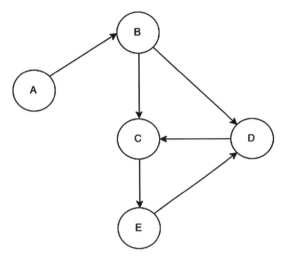

▲ 그림 17-14 지향성 그래프

이번 예에서 노드 E는 노드 D로 향한다. 그리고 노드 D에서는 노드 C로만 갈 수 있다.

이제 가중치가 있는 지향성 그래프 클래스를 구현해보자. 무지향성 그래프 구현 시 사용했던 것과 비슷한 인접 리스트 접근법을 사용할 것이다. 우선 다음과 같이 Directed Graph 클래스를 edges 속성과 함께 정의한다. 정점을 추가하는 방법은 무지향성 그래프 클래스에서 구현한 것과 동일하다.

```
1   function DirectedGraph() {
2       this.edges = {};
3   }
4   DirectedGraph.prototype.addVertex = function (vertex) {
5       this.edges[vertex] = {};
6   }
```

간선이 원점이 되는 정점에서 출발해 도착점이 되는 정점에서 끝난다는 점을 고려할 때 지향성 그래프에서 간선을 추가하기 위해서는 가중치를 원점이 되는 정점에만 설정해야 한다. 다음 코드를 살펴보자.

```
1   DirectedGraph.prototype.addEdge = function(origVertex, destVertex, weight) {
2       if (weight === undefined) {
3           weight = 0;
4       }
5       this.edges[origVertex][destVertex] = weight;
6   }
```

정점과 간선을 추가하는 함수를 구현했으니 정점과 간선을 추가해보자.

```
1   var digraph1 = new DirectedGraph();
2   digraph1.addVertex("A");
3   digraph1.addVertex("B");
4   digraph1.addVertex("C");
5   digraph1.addEdge("A", "B", 1);
6   digraph1.addEdge("B", "C", 2);
7   digraph1.addEdge("C", "A", 3);
```

그림 17-15는 정점 A와 정점 B 사이에 추가된 간선을 나타낸다(위의 코드의 다섯 번째 줄). 그림 17-16은 정점 B와 정점 C 사이의 연결을 나타낸다(여섯 번째 줄). 그림 17-17은 정점 C와 정점 A 사이의 연결을 나타낸다(일곱 번째 줄).

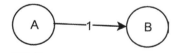

▲ 그림 17-15 A로부터 B로 가는 간선 추가

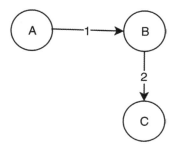

▲ 그림 17-16 B로부터 C로 가는 간선 추가

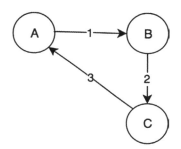

▲ 그림 17-17 C로부터 A로 가는 간선 추가

지향성 그래프의 정점과 간선을 삭제하는 코드의 구현은 edges 객체에서 원점이 되는 정점만을 삭제해야 한다는 점을 제외하고는 무지향성 그래프의 구현과 동일하다. 다음 코드를 살펴보자.

```
1  DirectedGraph.prototype.removeEdge = function(origVertex, destVertex) {
2      if (this.edges[origVertex] && this.edges[origVertex][destVertex] !=
       undefined) {
3          delete this.edges[origVertex][destVertex];
4      }
5  }
6
7  DirectedGraph.prototype.removeVertex = function(vertex) {
8      for (var adjacentVertex in this.edges[vertex]) {
9          this.removeEdge(adjacentVertex, vertex);
```

```
10        }
11        delete this.edges[vertex];
12    }
```

---

## 그래프 순회

그래프를 순회하는 방법은 다양하다. 가장 일반적인 방법으로 너비 우선 검색과 깊이 우선 검색이 있다. 다양한 트리 순회 기법에 관해 알아봤던 것과 비슷하게 이번 절에서는 너비 우선 검색 기법과 깊이 우선 검색 기법 그리고 언제 너비 우선 검색을 사용해야 하고 언제 깊이 우선 검색을 사용해야 하는지에 관해 집중적으로 알아볼 것이다.

## 너비 우선 검색

너비 우선 검색<sup>BFS, breadth-first search</sup>은 그래프에서 연결된 노드와 해당 노드들 간의 간선을 순서대로 검색하는 알고리즘을 말한다. 이 개념은 15장에서 차수 우선 순회를 다룰 때 이미 알아봤다. 그림 17-18은 이진 검색 트리의 차수 우선 순회를 나타낸다.

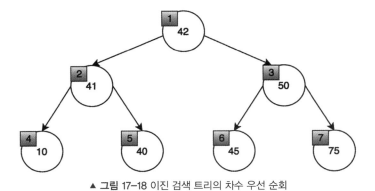

▲ 그림 17-18 이진 검색 트리의 차수 우선 순회

순회의 차수가 루트 노드로부터의 높이에 의해 결정된다는 점에 주목하자. 이진 검색 트리의 차수 우선 순회가 그림 17-19의 그래프의 너비 우선 검색과의 유사성을 살펴 보자.

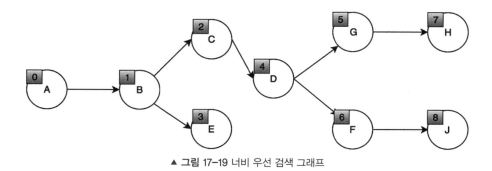

▲ 그림 17-19 너비 우선 검색 그래프

트리 자료 구조에 대한 차수 우선 순회와 마찬가지로 너비 우선 검색은 큐를 필요로 한다. 각 노드에 연결된 각 정점을 큐에 추가한 다음 큐의 각 항목을 방문한다. 그래프 클래스를 위한 일반화된 너비 우선 검색 알고리즘을 작성해보자.

```
1   DirectedGraph.prototype.traverseBFS = function(vertex, fn) {
2       var queue = [],
3           visited = {};
4
5       queue.push(vertex);
6
7       while (queue.length) {
8           vertex = queue.shift();
9           if (!visited[vertex]) {
10              visited[vertex] = true;
11              fn(vertex);
12              for (var adjacentVertex in this.edges[vertex]) {
13                  queue.push(adjacentVertex);
14              }
15          }
16      }
17  }
18  digraph1.traverseBFS("B", (vertex)=>{console.log(vertex)});
```

**시간 복잡도:** $O(V+E)$

위의 알고리즘의 시간 복잡도는 $O(V+E)$이다. 여기서 $V$는 정점의 개수이고 $E$는 간선의 개수다. 전체 그래프를 순회하기 위해서는 알고리즘이 모든 간선과 노드를 방문해야 하기 때문이다.

17장 초반부에 다뤘던 '무지향성 그래프'에서 등장했던 그림 17-20의 그래프 구조를 떠올려보자.

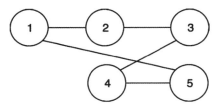

▲ **그림 17-20** 앞에서 알아본 무지향성 그래프 예

너비 우선 검색을 그래프에 적용하면 1, 2, 5, 3, 4가 출력된다.

그림 17-21과 그림 17-22에서 밝은 회색 노드는 현재 방문 중인 노드를 나타내고 어두운 회색 노드는 이미 방문한 노드를 나타낸다.

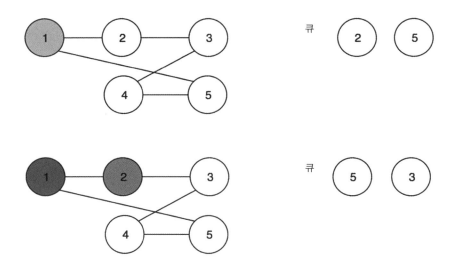

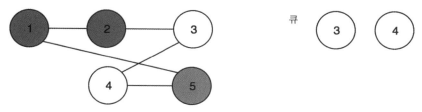

▲ 그림 17-21 너비 우선 검색 1부

그림 17-21에서 너비 우선 검색은 노드 1에서 시작한다. 노드 1의 이웃으로 노드 2와 노드 5가 있기 때문에 해당 노드들이 큐에 추가된다. 그리고 나서 노드 2를 방문한다. 그리고 노드 2의 이웃인 노드 3이 큐에 추가된다. 그리고 나서 노드 5를 꺼낸 다음 노드 5의 이웃인 노드 4를 큐에 추가한다. 마지막으로 그림 17-22와 같이 노드 3과 노드 4를 방문하고 검색이 종료된다.

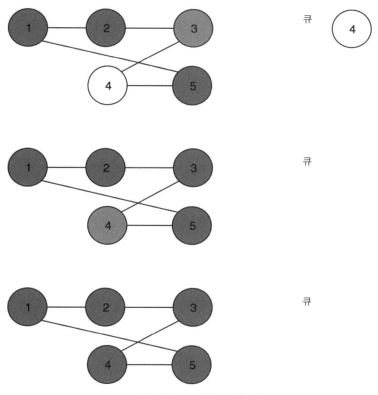

▲ 그림 17-22 너비 우선 검색 2부

## 깊이 우선 검색

깊이 우선 검색<sup>DFS, depth-first search</sup>은 그래프에서 다른 연결을 방문하기 전에 하나의 연결을 깊게 파고들며 순회하는 검색 알고리즘을 말한다.

이 개념은 15장에서 트리의 중순위 순회와 후순위 순회, 선순위 순회를 다룰 때 알아본 적 있다. 예를 들어 후순위 트리 순회는 최상위 루트 노드를 방문하기 전에 아래쪽 자식 노드들을 방문한다(그림 17-23).

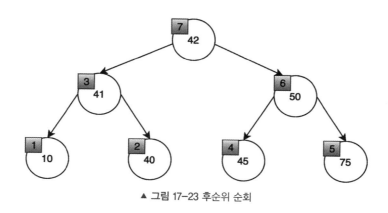

▲ 그림 17-23 후순위 순회

그림 17-24에서 그래프의 깊이 우선 검색이 트리의 후순위 순회와 유사한 것을 확인할 수 있다.

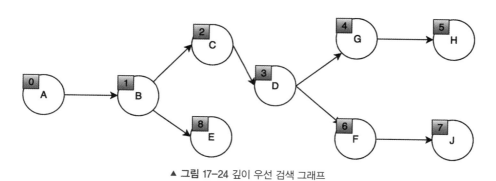

▲ 그림 17-24 깊이 우선 검색 그래프

노드 E를 가장 마지막에 방문하는 과정에 주목하자. 깊이 우선 검색이 노드 E를 방문하기 전에 노드 C와 깊이 쪽으로 연결된 모든 노드를 방문하기 때문이다.

트리 자료 구조의 선순위 순회와 중순위 순회와 유사하게 어떤 노드의 깊이 쪽으로 연결된 모든 경로를 거치기 위해 재귀를 사용한다.

그래프 클래스를 위한 일반화된 깊이 우선 검색 알고리즘을 작성해보자.

```
1   DirectedGraph.prototype.traverseDFS = function(vertex, fn) {
2       var visited = {};
3       this._traverseDFS(vertex, visited, fn);
4   }
5
6   DirectedGraph.prototype._traverseDFS = function(vertex, visited, fn) {
7       visited[vertex] = true;
8       fn(vertex);
9       for (var adjacentVertex in this.edges[vertex]) {
10          if (!visited[adjacentVertex]) {
11              this._traverseDFS(adjacentVertex, visited, fn);
12          }
13      }
14  }
```

**시간 복잡도:** $O(V+E)$

위의 알고리즘의 시간 복잡도는 $O(V+E)$이다. 여기서 $V$는 정점의 개수이고 $E$는 간선의 개수다. 전체 그래프를 순회하기 위해서는 알고리즘이 모든 간선과 노드를 방문해야 하기 때문이다. 깊이 우선 검색 알고리즘의 시간 복잡도는 너비 우선 검색 알고리즘과 동일하다.

다시 한 번 17장 앞에서 살펴본 그래프 구조를 사용해보자(그림 17-25).

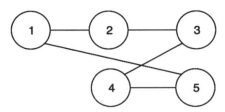

▲ 그림 17-25 그림 17-20에서 다룬 그래프 예

위의 그래프에 깊이 우선 검색을 적용하면 1, 2, 3, 4, 5가 출력된다.

그림 17-26과 그림 17-27에서 밝은 회색 노드는 현재 방문 중인 노드를 나타내고 어두운 회색 노드는 이미 방문한 노드를 나타낸다.

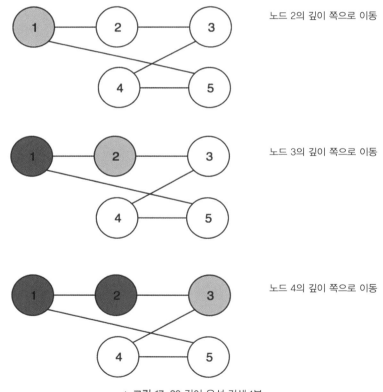

노드 2의 깊이 쪽으로 이동

노드 3의 깊이 쪽으로 이동

노드 4의 깊이 쪽으로 이동

▲ 그림 17-26 깊이 우선 검색 1부

그림 17-26에서 깊이 우선 검색은 노드 1에서 시작한다. 노드 1의 이웃인 노드를 2를 방문한다. 그리고 나서 노드 2의 첫 번째 이웃인 노드 3을 방문한다. 노드 3을 방문한 이후에 노드 4가 노드 3의 첫 번째 이웃이기 때문에 노드 4를 방문한다. 마지막으로 그림 17-27과 같이 노드 4 다음에 노드 5를 방문한다. 깊이 우선 검색은 항상 첫 번째 이웃 노드를 재귀적으로 방문한다.

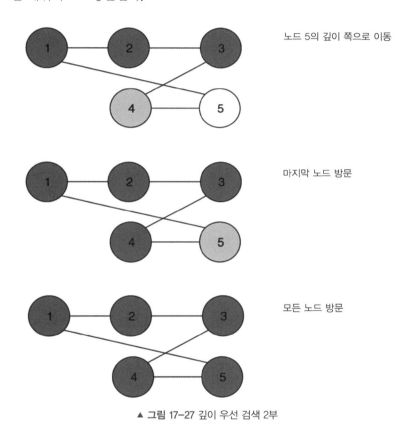

▲ 그림 17-27 깊이 우선 검색 2부

# 가중치가 있는 그래프와 최단 경로

지금까지 그래프의 기본과 그래프를 순회하는 법을 알아봤으니 가중치가 있는 간선과 다익스트라 알고리즘<sup>Dijkstra's algorithm</sup>을 알아볼 차례다. 다익스트라 알고리즘은 최단 경로 검색을 활용한다.

## 가중치가 있는 간선을 지닌 그래프

그래프의 간선이 정점 간에 연결을 나타낸다는 점을 기억하자. 간선이 연결을 형성한다면 가중치를 해당 연결에 할당할 수 있다. 예를 들어 지도를 나타내는 그래프의 경우 간선에 대한 가중치는 거리다.

도표상에서 간선의 길이는 간선의 가중치와는 무관하다는 점을 반드시 알아야 한다. 도표상에서의 길이는 단순히 시각적으로 표현된 것일 뿐 실제 해당 간선의 가중치와는 무관하다. 실제 그래프의 구현과 코드에서는 그러한 시각적 표현을 필요로 하지 않는다. 그림 17-28은 다섯 개 도시를 그래프로 나타낸 것으로 가중치는 도시 간의 거리를 나타낸다. 예를 들어 도표상으로는 도시 1과 도시 2 사이의 거리가 도시 2와 도시 3 사이의 거리보다 짧다. 하지만 가중치를 보면 도시 1과 도시 2 사이의 거리는 50킬로미터이고 도시 2와 도시 3 사이의 거리는 10킬로미터다. 따라서 도시 1과 도시 2 사이의 거리는 도시 2와 도시 3 사이의 거리의 다섯 배다.

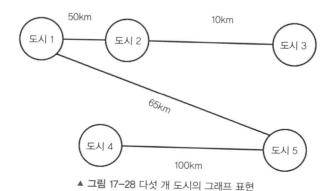

▲ **그림 17-28** 다섯 개 도시의 그래프 표현

가중치가 있는 간선 그래프에 있어 가장 중요한 질문은 어떤 노드에서 다른 노드까지의 가장 짧은 경로가 무엇인지다. 그래프의 최단 경로 알고리즘에는 여러 종류가 있다. 우리가 다룰 알고리즘은 다익스트라의 알고리즘이다.

## 다익스트라의 알고리즘: 최단 경로

다익스트라의 알고리즘은 목적지에 도달하기 위해 각 단계에서 최단 경로를 취하는 방식으로 동작한다. 처음에는 일부 노드에 도달할 수 없을 수도 있기 때문에 거리를 무한으로 표기한다(그림 17-29). 그리고 나서 각 순회 반복 루프 때마다 각 노드에 대한 최단 경로를 선택한다(그림 17-30, 그림 17-31).

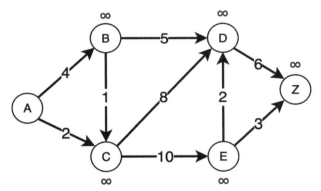

▲ 그림 17-29 다익스트라 1단계: 전부 무한대로 표기

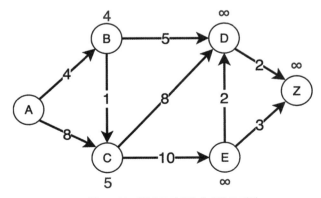

▲ 그림 17-30 다익스트라 2단계: B와 C 처리

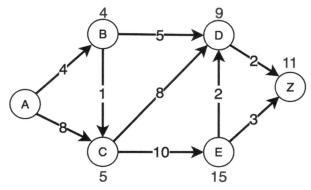

▲ 그림 17-31 다익스트라 3단계: 모든 노드 처리 완료

주어진 정점에 대해 가장 짧은 거리를 지닌 이웃 노드를 계산하기 위해 _extractMin을
구현했다. 그래프를 원점 노드부터 도착 노드까지 순회하는 과정에 너비 우선 검색을
사용해 각 노드에 대한 이웃 노드들을 그래프에 삽입한다. 이때 노드 간에 거리를 갱신
하고 계산한다.

```
1    function _isEmpty(obj) {
2        return Object.keys(obj).length === 0;
3    }
4
5    function _extractMin(Q, dist) {
6        var minimumDistance = Infinity,
7            nodeWithMinimumDistance = null;
8        for (var node in Q) {
9            if (dist[node] <= minimumDistance) {
10               minimumDistance = dist[node];
11               nodeWithMinimumDistance = node;
12           }
13       }
14       return nodeWithMinimumDistance;
15   }
16
17   DirectedGraph.prototype.Dijkstra = function(source) {
18       // 정점 집합 Q를 생성한다.
```

```
19      var Q = {}, dist = {};
20      for (var vertex in this.edges) {
21          // 모르는 거리는 무한으로 설정한다.
22          dist[vertex] = Infinity;
23          // v를 Q에 추가한다.
24          Q[vertex] = this.edges[vertex];
25      }
26      // 출발점에서 출발점까지의 거리를 0으로 설정한다.
27      dist[source] = 0;
28
29      while (!_isEmpty(Q)) {
30          var u = _extractMin(Q, dist); // 최소 거리를 얻는다.
31
32          // Q로부터 u를 제거한다.
33          delete Q[u];
34
35          // v가 여전히 Q에 있는 한
36          // u의 각 이웃 v에 대해 다음을 수행한다.
37          for (var neighbor in this.edges[u]) {
38              // 현재 거리
39              var alt = dist[u] + this.edges[u][neighbor];
40              // 더 짧은 경로가 발견됐다.
41              if (alt < dist[neighbor]) {
42                  dist[neighbor] = alt;
43              }
44          }
45      }
46      return dist;
47  }
48
49  var digraph1 = new DirectedGraph();
50  digraph1.addVertex("A");
51  digraph1.addVertex("B");
52  digraph1.addVertex("C");
53  digraph1.addVertex("D");
54  digraph1.addEdge("A", "B", 1);
55  digraph1.addEdge("B", "C", 1);
56  digraph1.addEdge("C", "A", 1);
57  digraph1.addEdge("A", "D", 1);
```

```
58   console.log(digraph1);
59   // DirectedGraph {
60   //  V: 4,
61   //  E: 4,
62   //  edges: { A: { B: 1, D: 1 }, B: { C: 1 }, C: { A: 1 }, D: {} }}
63   digraph1.Dijkstra("A"); // { A: 0, B: 1, C: 2, D: 1 }
```

**시간 복잡도:** $O(V^2 + E)$

위 알고리즘은 너비 우선 검색 알고리즘과 비슷하다. 하지만 시간 복잡도 $O(n)$인 _extract Min 메소드를 필요로 한다. 이로 인해 위 알고리즘의 시간 복잡도는 $O(V^2 + E)$이다. _extract Min 메소드를 실행 시 현재 순회 중인 노드의 모든 이웃 정점을 확인해야 하기 때문이다. 위 알고리즘은 최소 거리를 추출하는 함수에 우선순위 큐를 사용함으로써 개선할 수 있다. 우선순위 큐를 사용하면 _extractMin 함수의 시간 복잡도는 $O(log_2(V))$가 돼 전체 시간 복잡도는 $O(E+V)^*O(log_2(V))=O(E^*log_2(V))$가 된다. 이는 피보나치 힙 Fibonacci heap을 사용해 좀 더 최적화될 수 있다. 피보나치 힙을 사용하면 _extractMin을 계산하는 데 상수 시간이 걸릴 것이다. 하지만 단순화를 위해 피보나치 힙이나 우선순위 큐를 사용하지 않았다.


## 위상 정렬

지향성 그래프의 경우 다양한 적용 사례에 있어 어떤 노드를 가장 먼저 처리해야 할지 알아야 한다. 이러한 예로 작업 스케줄러가 있다. 작업 스케줄러에서는 한 작업이 이전 작업이 수행됐는지 여부에 의존도를 지닌다. 또 다른 예로 자바스크립트 의존도 매니저의 경우 어떤 라이브러리의 가져오기import를 수행할 때 해당 라이브러리 이전에 가져와야 할 라이브러리가 무엇인지 알아야 한다. 위상 정렬 알고리즘은 이러한 기능을 구현한다. 위상 정렬 알고리즘은 순서를 기록하기 위해 스택을 사용하는 수정된 버전의 깊이 우선 정렬이다.

간단히 이야기하면 위상 정렬 알고리즘의 동작 방식은 어떤 노드로부터 깊이 우선 정렬을 수행해 해당 노드와 연결된 모든 노드들을 재귀적으로 방문하면서 해당 노드들을 스택에 추가한다(그림 17-32).

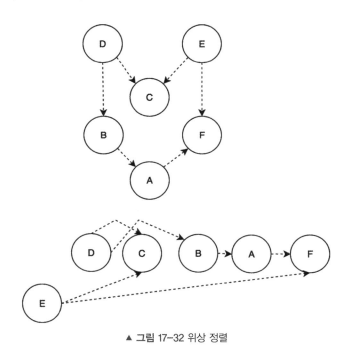

▲ 그림 17-32 위상 정렬

위상 정렬은 재귀 호출이 무한 루프에 빠지지 않도록 방문한 노드 집합을 가지고 있다. 어떤 노드가 주어졌을 때 해당 노드는 방문한 노드 집합에 추가되고 아직 방문하지 않은 해당 노드의 이웃들은 다음번 재귀 호출에서 방문한다. 재귀 호출의 끝에서 unshift 함수를 사용해 현재 노드의 값을 스택의 맨 앞에 추가한다. 이는 순서가 시간순이 되도록 보장한다.

```
1  DirectedGraph.prototype.topologicalSortUtil = function(v, visited, stack) {
2      visited.add(v);
3
```

```
4         for (var item in this.edges[v]) {
5             if (visited.has(item) == false) {
6                 this.topologicalSortUtil(item, visited, stack)
7             }
8         }
9         stack.unshift(v);
10  };
11
12  DirectedGraph.prototype.topologicalSort = function() {
13      var visited = new Set(),
14          stack = [];
15
16
17      for (var item in this.edges) {
18          if (visited.has(item) == false) {
19              this.topologicalSortUtil(item, visited, stack);
20          }
21      }
22      return stack;
23  };
24
25  var g = new DirectedGraph();
26  g.addVertex('A');
27  g.addVertex('B');
28  g.addVertex('C');
29  g.addVertex('D');
30  g.addVertex('E');
31  g.addVertex('F');
32
33  g.addEdge('B', 'A');
34  g.addEdge('D', 'C');
35  g.addEdge('D', 'B');
36  g.addEdge('B', 'A');
37  g.addEdge('A', 'F');
38  g.addEdge('E', 'C');
39  var topologicalOrder = g.topologicalSort();
40  console.log(g);
41  // DirectedGraph {
42  // V: 6,
```

```
43  // E: 6,
44  // edges:
45  // { A: { F: 0 },
46  // B: { A: 0 },
47  // C: {},
48  // D: { C: 0, B: 0 },
49  // E: { C: 0 },
50  // F: {} } }
51  console.log(topologicalOrder); // [ 'E', 'D', 'C', 'B', 'A', 'F' ]
```

**시간 복잡도:** $O(V+E)$

**공간 복잡도:** $O(V)$

위상 정렬 알고리즘은 단순히 추가적인 스택을 지닌 깊이 우선 정렬이다. 따라서 위상 정렬 알고리즘의 시간 복잡도는 깊이 우선 정렬과 동일하다. 위상 정렬은 스택에 모든 정점을 저장해야 하기 때문에 $O(V)$의 공간을 필요로 한다. 위상 정렬 알고리즘은 주어진 의존도를 기반으로 작업을 스케줄링하는 데 뛰어나다.

## 요약

17장에서는 다양한 종류의 그래프와 그래프의 속성, 그래프를 검색하고 정렬하는 법에 관해 알아봤다. 정점으로 구성되고 간선을 통해 연결된 그래프는 많은 다양한 방식으로 자료 구조 형태로 표현될 수 있다. 17장에서는 인접 리스트를 사용해 그래프를 표현했다. 그래프가 밀집인 경우 행렬을 기반으로 그래프를 표현하는 것이 낫다. 그래프의 간선에서 가중치는 연결된 정점의 중요도(혹은 얼마나 안 중요한지)를 나타낸다. 추가로 가중치를 간선에 할당함으로써 다익스트라 최단 경로 알고리즘을 구현했다. 마지막으로 그래프는 다양하게 사용할 수 있고 흥미로운 알고리즘을 지닌 다용도의 자료 구조다.

표 17-2에서 그래프의 일부 핵심 속성들을 확인할 수 있다.

▼ 표 17-2 그래프 속성 요약

| 속성 | 설명 |
|------|------|
| 밀집 | 정점 간에 연결이 많다. |
| 희소 | 정점 간에 가능한 연결 중에 극히 일부만이 존재한다. |
| 순환 | 한 정점에서 출발해 해당 정점으로 다시 돌아오는 경로가 존재한다. |
| 비순환 | 한 정점에서 출발해 해당 정점으로 다시 돌아오는 경로가 존재하지 않는다. |
| 지향 | 그래프의 간선 사이에 방향이 존재한다. |
| 무지향 | 그래프의 간선 사이에 방향이 존재하지 않는다. |

표 17-3에서 그래프 알고리즘에 관해 요약한 내용을 확인할 수 있다.

▼ 표 17-3 그래프 알고리즘 요약

| 알고리즘 | 설명/사용 사례 | 시간 복잡도 |
|----------|----------------|-------------|
| 너비 우선 검색 | 같은 단계(차수)에 있는 이웃 노드들을 우선 방문하면서 그래프를 순회한다. | $O(V+E)$ |
| 깊이 우선 검색 | 한 노드와 연결된 노드를 깊이 방향으로 우선 방문하면서 그래프를 순회한다. | $O(V+E)$ |
| 다익스트라 | 한 정점에서 나머지 정점들까지의 최단 경로를 찾는다. | $O(V^2+E)$ |
| 위상 정렬 | 지향성 그래프를 정렬한다. 작업 스케줄링 알고리즘에 유용하다. | $O(V+E)$ |

**18장**

# 고급 문자열

앞에서도 이미 문자열에 관해 살펴봤지만 18장에서는 고급 문자열 알고리즘에 관해 다룰 것이다. 이미 다른 자료 구조에 관해 학습했기 때문에 고급 문자열 알고리즘을 이해하는 데 큰 문제가 없을 것이다. 구체적으로 이야기하면 18장에서는 문자열 검색 알고리즘에 관해 집중적으로 다룬다.

## 트라이(접두사 트리)

트라이<sup>trie</sup>는 문자열을 검색해 저장된 문자열 중 일치하는 문자열이 있는지 확인하는 데 주로 사용되는 특별한 종류의 트리다. 각 단계에서 노드는 단어를 완성하기 위해 가지를 친다. 예를 들어 그림 18-1은 Sammie, Simran, Sia, Sam이라는 단어의 트라이를 나타낸다. 각 마지막 노드에는 endOfWord라는 불리언 플래그가 있다. 이는 어떤 단어가 해당 경로에서 종료되는지 여부를 나타낸다. 예를 들어 Sam에서 m의 endOfWord는 true로 설정된다. 그림 18-1에서 endOfWord가 true로 설정된 노드를 회색으로 표현했다.

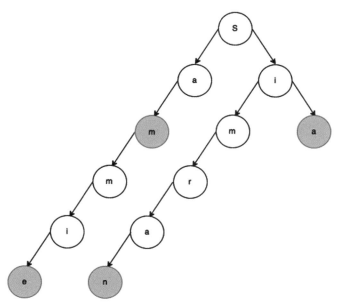

▲ 그림 18-1 Sammie, Simran, Sia, Sam으로 구성된 트라이

트라이는 중첩 객체를 사용해 구현된다. 이때 각 노드는 자신과 직접 연결된 자식들을 지니는데 이 자식들은 키 역할을 한다. 다음 코드에서 보듯이 트라이에는 루트 노드가 존재하는데, 루트 노드는 Trie 클래스의 생성자에서 초기화된다.

```
1   function TrieNode() {
2       this.children = {}; // 표
3       this.endOfWord = false;
4   }
5
6   function Trie() {
7       this.root = new TrieNode();
8   }
```

트라이에 신규 노드(문자)를 삽입할 때 해당 노드(문자)가 루트의 자식으로 존재하지 않는 경우 해당 노드(문자)를 루트의 자식으로 생성해야 한다. 다음 코드에서 보듯이 어떤

단어의 각 문자가 삽입될 때마다 해당 문자가 현재 노드의 자식으로 존재하지 않으면 노드를 생성해 자식으로 추가한다.

```
1   Trie.prototype.insert = function(word) {
2       var current = this.root;
3       for (var i = 0; i < word.length; i++) {
4           var ch = word.charAt(i);
5           var node = current.children[ch];
6           if (node == null) {
7               node = new TrieNode();
8               current.children[ch] = node;
9           }
10          current = node;
11      }
12      current.endOfWord = true; // 현재 노드의 endOfWord를 true로 설정한다.
13  }
```

트라이에서 어떤 단어가 존재하는지 검색하기 위해서는 단어의 각 문자를 확인해야 한다. 이를 위해서는 임시 변수 current를 루트에 설정해야 한다. 검색하고자 하는 단어의 각 문자를 확인함에 따라 current 변수가 갱신된다.

```
1   Trie.prototype.search = function(word) {
2       var current = this.root;
3       for (var i = 0; i < word.length; i++) {
4           var ch = word.charAt(i);
5           var node = current.children[ch];
6           if (node == null) {
7               return false; // 노드가 존재하지 않는다.
8           }
9           current = node;
10      }
11      return current.endOfWord;
12  }
13  var trie = new Trie();
14  trie.insert("sammie");
```

```
15    trie.insert("simran");
16    trie.search("simran"); // true
17    trie.search("fake"); // false
18    trie.search("sam"); // false
```

트라이로부터 항목을 삭제하기 위해서는 검색 알고리즘이 루트 노드로부터 삭제하고자 하는 단어의 마지막 문자에 도달할 때까지 트라이를 순회해야 한다. 그러고 나서 삭제하고자 하는 단어의 문자에 해당하는 자식 외의 다른 자식을 지니지 않은 각 노드를 삭제해야 한다. 예를 들어 sam과 sim으로 구성된 트라이의 경우 sim을 삭제하고자 할 때 루트의 s 노드는 그대로 있고 i 노드와 m 노드만 제거된다. 해당 알고리즘은 다음 코드와 같이 재귀적으로 구현할 수 있다.

```
1    Trie.prototype.delete = function(word) {
2        this.deleteRecursively(this.root, word, 0);
3    }
4
5    Trie.prototype.deleteRecursively = function(current, word, index) {
6        if (index == word.length) {
7            // 단어의 끝에 도달했을 때 current.endOfWord가 true인 경우에만 삭제한다.
8            if (!current.endOfWord) {
9                return false;
10           }
11           current.endOfWord = false;
12           // current가 더 이상 자식이 없는 경우 true를 반환한다.
13           return Object.keys(current.children).length == 0;
14       }
15       var ch = word.charAt(index),
16           node = current.children[ch];
17       if (node == null) {
18           return false;
19       }
20       var shouldDeleteCurrentNode = this.deleteRecursively(node, word, index
         + 1);
21
```

```
22        // true가 반환된 경우
23        // 문자와 트라이 노드 참조의 맵핑을 맵으로부터 삭제한다.
24        if (shouldDeleteCurrentNode) {
25            delete current.children[ch];
26            // 맵에 더 이상의 맵핑이 존재하지 않으면 true를 반환한다.
27            return Object.keys(current.children).length == 0;
28        }
29        return false;
30 }
31 var trie1 = new Trie();
32 trie1.insert("sammie");
33 trie1.insert("simran");
34 trie1.search("simran"); // true
35 trie1.delete("sammie");
36 trie1.delete("simran");
37 trie1.search("sammie"); // false
38 trie1.search("simran"); // false
```

**시간 복잡도**: $O(W)$

**공간 복잡도**: $O(N*M)$

모든 연산(삽입, 검색, 삭제)에 대해 시간 복잡도는 $O(W)$이다. 여기서 $W$는 검색하고자 하는 문자열의 길이이다. 문자열의 각 문자를 확인해야 하기 때문에 $O(W)$가 된다.

공간 복잡도는 $O(N*M)$이다. 여기서 $N$은 트라이에 삽입된 단어의 개수이고 $M$은 가장 긴 단어의 길이이다. 따라서 공통 접두어를 지닌 다수의 문자열이 있는 경우에 트라이는 효율적인 자료 구조다. 하나의 특정 문자열에서 하나의 특정 문자열 패턴을 검색하는 경우 트라이는 효율적이지 않다. 트리와 같은 구조에 문자열을 저장하기 위해 추가적인 메모리가 필요하기 때문이다.

하나의 문자열을 대상으로 패턴 검색을 하는 경우 보이어-무어<sup>Boyer-Moore</sup> 알고리즘과 커누스-모리스-프랫<sup>KMP, Knuth-Morris-Pratt</sup> 알고리즘이 유용하며 이에 관해서는 뒤에서 다룰 것이다.

# 보이어-무어 문자열 검색

보이어-무어 문자열 검색 알고리즘은 그림 18-2와 같이 텍스트 편집기 애플리케이션
과 웹브라우저의 '찾기' 기능에 사용된다.

▲ 그림 18-2 많은 애플리케이션에서 흔히 볼 수 있는 찾기 기능

보이어-무어 문자열 검색 알고리즘을 사용하면 문자열 내에서 패턴을 검색할 때 인덱스
를 건너뜀으로써 선형 시간에 검색이 가능하다. 예를 들어 패턴 jam과 문자열 jellyjam
이 있는 경우 무작위 비교를 하면 그림 18-3과 같다. 네 번째 반복 루프에서 j와 m을
비교할 때 j가 패턴에 있기 때문에 반복 6을 거치지 않고 바로 반복 7로 2만큼 앞으로 건
너뛰는 것이 효율적일 것이다. 그림 18-14에서 인덱스의 문자열이 패턴에 존재하는 경
우 앞으로 건너뜀으로써 문자열 비교 횟수를 줄이는 최적화된 반복 방식을 확인할 수
있다.

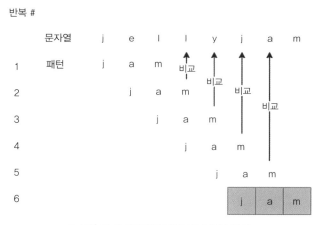

▲ 그림 18-3 무작위법 패턴 비교 반복 방식

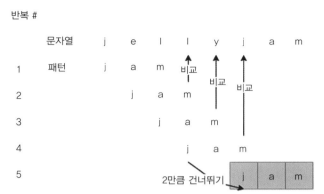

반복 #

문자열　　ｊ　ｅ　ｌ　ｌ　ｙ　ｊ　ａ　ｍ

1　패턴　　ｊ　ａ　ｍ　비교

2　　　　　　　ｊ　ａ　ｍ　비교

3　　　　　　　　ｊ　ａ　ｍ　비교

4　　　　　　　　　ｊ　ａ　ｍ

5　　　2만큼 건너뛰기　　ｊ　ａ　ｍ

▲ 그림 18-4 보이어-무어 인덱스 건너뛰기 방식

건너뛰기 규칙을 구현하기 위해 '불일치 표' 구조를 만들 수 있다. 불일치 표는 어떤 패턴의 주어진 문자에 대해 얼마나 건너뛰어야 할지를 나타낸다. 다양한 패턴들과 불일치 표의 예를 다음 표에서 확인할 수 있다.

| 패턴 | 불일치 표 |
| --- | --- |
| jam | {j: 2, a: 1, m: 3} |
| data | {d: 3, a: 2, t: 1} |
| struct | {s: 5, t: 4, r: 3, u: 2, c: 1} |
| roi | {r: 2, o: 1, i: 3} |

roi 예의 경우 r: 2는 문자열에서 r이 발견되지 않으면 인덱스를 2만큼 건너뛰어야 한다는 것을 나타낸다. 불일치 표는 다음 코드와 같이 구현할 수 있다.

```
function buildBadMatchTable(str) {
    var tableObj = {},
        strLength = str.length;
    for (var i = 0; i < strLength - 1; i++) {
        tableObj[str[i]] = strLength - 1 - i;
    }
}
```

```
    if (tableObj[str[strLength-1]] == undefined) {
        tableObj[str[strLength-1]] = strLength;
    }
    return tableObj;
}
buildBadMatchTable('data'); // {d: 3, a: 2, t: 1}
buildBadMatchTable('struct'); // {s: 5, t: 4, r: 3, u: 2, c: 1}
buildBadMatchTable('roi'); // {r: 2, o: 1, i: 3}
buildBadMatchTable('jam'); // {j: 2, a: 1, m: 3}
```

위의 불일치 표를 사용해 보이어–무어 문자열 검색 알고리즘을 구현할 수 있다. 패턴으로 사용할 문자열을 입력받을 때 검색하고자 하는 현재 문자열이 불일치 표에 존재하는 경우, 현재 문자열과 연관된 불일치 표 값만큼 인덱스를 건너뛴다. 반면 현재 문자열이 불일치 표에 존재하지 않는 경우 인덱스를 1만큼 증가시킨다. 이러한 과정은 계속 반복되다가 문자열이 발견되거나 인덱스가 패턴 길이와 문자열 길이의 차보다 큰 경우에 중단된다. 이를 구현하면 다음 코드와 같다.

```
function boyerMoore(str, pattern) {
    var badMatchTable = buildBadMatchTable(pattern),
        offset = 0,
        patternLastIndex = pattern.length - 1,
        scanIndex = patternLastIndex,
        maxOffset = str.length - pattern.length;
    // 문자열과 패턴의 길이 차가 maxOffset보다 큰 경우 해당 패턴을 찾지 못한 것이다.
    while (offset <= maxOffset) {
        scanIndex = 0;
        while (pattern[scanIndex] == str[scanIndex + offset]) {
            if (scanIndex == patternLastIndex) {
                // 현재 인덱스에서 패턴 발견
                return offset;
            }
            scanIndex++;
        }
        var badMatchString = str[offset + patternLastIndex];
        if (badMatchTable[badMatchString]) {
```

```
            // 불일치 표에 존재하는 경우 표의 값만큼 증가한다.
            offset += badMatchTable[badMatchString]
        } else {
            offset += 1;
        }
    }
    return -1;
}
boyerMoore('jellyjam','jam'); // 5. 인덱스 5에서 패턴 발견 의미
boyerMoore('jellyjam','jelly'); // 0. 인덱스 0에서 패턴 발견 의미
boyerMoore('jellyjam','sam'); // -1. 패턴이 존재하지 않음을 의미
```

**최선의 경우:**

최선의 경우 패턴의 모든 문자가 동일해 $T$만큼 일관되게 이동한다. 여기서 $T$는 패턴의 길이이다. 따라서 $O(W/T)$가 최선의 경우의 시간 복잡도이다. 여기서 $W$는 패턴을 찾고자 하는 대상인 문자열이다. 단 하나의 값만이 불일치 표에 저장되기 때문에 공간 복잡도는 $O(1)$이다.

**시간 복잡도:** $O(W/T)$

**공간 복잡도:** $O(1)$

**최악의 경우:**

최악의 경우 패턴이 문자열의 끝에 존재하고 앞부분이 모두 고유의 문자로 구성된 경우다. 이러한 예로 문자열 abcdefgxyz와 패턴 xyz가 있다. 이 경우 $T*W$ 문자열 비교가 일어난다.

**시간 복잡도:** $O(T*W)$

**공간 복잡도:** $O(T)$

패턴과 문자열의 모든 문자가 동일한 경우도 있다. 이러한 예로 문자열 bbbbbb와 패턴 bbb가 있다. 이 경우 인덱스가 항상 1만큼 증가하기 때문에 건너뛰기 방식을 최대한 활용할 수 없다. 패턴의 문자가 모두 유일할 수 있기 때문에 공간 복잡도는 $T$이다.

# 커누스-모리스-플랫 문자열 검색

4장에서 기본 String.prototype.indexOf 함수를 다뤘다. String.prototype.indexOf 함수의 기초 구현은 4장의 연습 문제에 포함됐다. 더 나은(빠른) 구현을 위해서는 커누스-모리스-플랫<sup>KMP, Knuth-Morris-Pratt</sup> 문자열 검색 알고리즘을 사용할 수 있다. KMP 알고리즘의 다음 구현은 패턴이 존재하는 곳의 모든 인덱스를 반환한다.

KMP 문자열 검색 알고리즘은 입력 "텍스트" $T$ 내에서 "단어" $W$의 출현 횟수를 검색한다. 이때 잘못된 일치가 발생하면 이로부터 다음 일치가 어디에서 시작될 수 있는지에 관한 충분한 정보를 얻을 수 있다는 점을 활용한다. 이는 이미 일치한 문자들을 다시 검사하는 것을 막아준다. 접두사 배열을 만들 때 접두사 배열이 동일한 접두사를 얻기 위해 인덱스를 얼마나 되돌려야 할지(어느 인덱스로 돌아가야 할지)를 나타낼 수 있도록 해야 한다. 문자열 ababaca의 경우 접두사 만들기는 다음과 같을 것이다.

인덱스 0:

비교할 문자열이 없다. 따라서 접두사 배열 값은 0으로 초기화된다.

| 배열 인덱스 | 0 | 1 | 2 | 3 | 4 | 5 | 6 |
|---|---|---|---|---|---|---|---|
| 문자열 | a | b | a | b | a | c | a |
| 접두사 배열 | 0 | | | | | | |

인덱스 1:

- 문자가 b이다.
- 이전 접두사 배열 값 prefix[0]은 0이다.

인덱스 0과 현재 인덱스 1을 비교한다. $a$(인덱스 0)와 $b$(인덱스 1)가 일치하지 않는다. prefix[1]을 0으로 설정한다.

| 배열 인덱스 | 0 | 1 | 2 | 3 | 4 | 5 | 6 |
|---|---|---|---|---|---|---|---|
| 문자열 | a | b | a | b | a | c | a |
| 접두사 배열 | 0 | 0 | | | | | |

**인덱스 2:**

- 문자가 $a$이다.
- 이전 접두사 배열 값 prefix[1]은 0이다.

인덱스 0과 현재 인덱스 2를 비교한다. $a$(인덱스 0)와 $a$(인덱스 2)는 일치한다. prefix[2]를 1로 설정한다(prefix[1]에서 증가).

| 배열 인덱스 | 0 | 1 | 2 | 3 | 4 | 5 | 6 |
|---|---|---|---|---|---|---|---|
| 문자열 | a | b | a | b | a | c | a |
| 접두사 배열 | 0 | 0 | 1 | | | | |

**인덱스 3:**

- 문자가 $b$이다.
- 이전 접두사 배열 값 prefix[2]는 1이다.

인덱스 1과 현재 인덱스 3을 비교한다. $b$(인덱스 1)와 $b$(인덱스 3)는 일치한다. prefix[3]을 2로 설정한다(prefix[2]에서 증가).

| 배열 인덱스 | 0 | 1 | 2 | 3 | 4 | 5 | 6 |
|---|---|---|---|---|---|---|---|
| 문자열 | a | b | a | b | a | c | a |
| 접두사 배열 | 0 | 0 | 1 | 2 | | | |

**인덱스 4:**

- 문자가 $a$이다.
- 이전 접두사 배열 값 prefix[3]은 2이다.

인덱스 2와 현재 인덱스 4를 비교한다. $a$(인덱스 2)와 $a$(인덱스 4)는 일치한다. prefix[4]를 3으로 설정한다(prefix[3]에서 증가).

| 배열 인덱스 | 0 | 1 | 2 | 3 | 4 | 5 | 6 |
|---|---|---|---|---|---|---|---|
| 문자열 | a | b | a | b | a | c | a |
| 접두사 배열 | 0 | 0 | 1 | 2 | 3 | | |

**인덱스 5:**

- 문자가 $c$이다.
- 이전 접두사 배열 값 prefix[4]는 3이다.

인덱스 3과 현재 인덱스 4를 비교한다. $b$(인덱스 3)와 $c$(인덱스 5)는 일치하지 않는다. prefix[5]를 0으로 설정한다.

| 배열 인덱스 | 0 | 1 | 2 | 3 | 4 | 5 | 6 |
|---|---|---|---|---|---|---|---|
| 문자열 | a | b | a | b | a | c | a |
| 접두사 배열 | 0 | 0 | 1 | 2 | 3 | 0 | |

**인덱스 6:**

- 문자가 $c$이다.
- 이전 접두사 배열 값 prefix[5]는 0이다.

인덱스 0과 현재 인덱스 5를 비교한다. $a$(인덱스 0)와 $a$(인덱스 6)는 일치한다. prefix[6]

를 1로 설정한다.

| 배열 인덱스 | 0 | 1 | 2 | 3 | 4 | 5 | 6 |
|---|---|---|---|---|---|---|---|
| 문자열 | a | b | a | b | a | c | a |
| 접두사 배열 | 0 | 0 | 1 | 2 | 3 | 0 | 1 |

다음 코드의 함수는 접두사 표를 만드는 알고리즘을 구현한 것이다.

```
function longestPrefix(str) {
    // 접두사 배열을 생성한다.
    var prefix = new Array(str.length);
    var maxPrefix = 0;
    // 인덱스 0에서 접두사를 시작한다.
    prefix[0] = 0;
    for (var i = 1; i < str.length; i++) {
        // 불일치되는 동안 접두사 값을 감소한다.
        while (str.charAt(i) !== str.charAt(maxPrefix) && maxPrefix > 0) {
            maxPrefix = prefix[maxPrefix - 1];
        }
        // 문자열이 일치하면 접두사 값을 갱신한다.
        if (str.charAt(maxPrefix) === str.charAt(i)) {
            maxPrefix++;
        }
        // 접두사 값을 설정한다.
        prefix[i] = maxPrefix;
    }
    return prefix;
}
console.log(longestPrefix('ababaca')); // [0, 0, 1, 2, 3, 0, 1]
```

위의 접두사 표를 활용해 KMP를 구현할 수 있다. KMP 검색은 문자열과 검색하고자 하는 패턴을 인덱스마다 반복한다. 불일치가 있을 때마다 접두사 표를 사용해 다음에 시도할 새로운 인덱스를 계산한다.

패턴의 인덱스가 패턴의 길이에 도달했다는 것은 문자열을 발견했다는 의미다. 이는 다음 코드와 같이 구현할 수 있다.

```javascript
function KMP(str, pattern) {
    // 접두사 표 만들기
    var prefixTable = longestPrefix(pattern),
        patternIndex = 0,
        strIndex = 0;
    while (strIndex < str.length) {
        if (str.charAt(strIndex) != pattern.charAt(patternIndex)) {
            // 경우 1: 두 문자가 다르다.
            if (patternIndex != 0) {
                // 가능하면 접두사 표를 사용한다.
                patternIndex = prefixTable[patternIndex - 1];
            } else {
                // 문자열 인덱스를 다음 문자열로 증가시킨다.
                strIndex++;
            }
        } else if (str.charAt(strIndex) == pattern.charAt(patternIndex)) {
            // 경우 2: 두 문자가 동일하다.
            strIndex++;
            patternIndex++;
        }
        // 패턴을 찾았다.
        if (patternIndex == pattern.length) {
            return true
        }
    }
    return false;
}
KMP('ababacaababacaababacaababaca', 'ababaca'); // true
KMP('sammiebae', 'bae'); // true
KMP('sammiebae', 'sammie'); // true
KMP('sammiebae', 'sammiebaee'); // false
```

시간 복잡도: $O(W)$

364

**공간 복잡도:** O($W$)

길이 $W$인 단어를 전처리하기 위한 시간 복잡도와 공간 복잡도는 O($W$)이다.

**시간 복잡도:** O($W+T$)

여기서 $W$는 $T$(검색 대상인 주 문자열)에 있는 "단어"이다.

## 라빈-카프 검색

라빈-카프Rabin-Karp 알고리즘은 텍스트에서 특정 패턴을 찾기 위해 해싱을 활용한다. KMP가 검색하는 동안 중복되는 확인을 건너뛰도록 최적화된 반면, 라빈-카프는 해시 함수를 통해 부분 문자열이 패턴과 동일한지 비교하는 과정의 속도를 높인다. 이를 효율적으로 수행하기 위해 해시 함수는 O(1)이어야 한다. 라빈-카프 검색에 사용된 해싱 기법을 구체적으로 이야기하자면 라빈 지문 해싱 기법이 사용됐다.

## 라빈 지문

라빈 지문Rabin fingerprint은 다음 공식을 통해 계산된다.

$$f(x) = m_0 + m_1x + \ldots + m_{n-1}x^{n-1}$$

(여기서 $n$은 해싱하고자 하는 문자들의 개수이고 $x$는 소수다.)

라빈 지문은 다음 코드에서 확인할 수 있듯이 구현이 간단하다. 예로 임의의 소수 101을 설정했다. 이 경우 높은 소수이면 모두 잘 작동한다. 하지만 $x$가 너무 큰 경우 $x^{n-1}$이 빠르게 증가하기 때문에 정수 오버플로가 발생할 수 있다는 점에 유의하자. endLength 인자는 해시 계산 시 사용할 값을 나타낸다. endLength 인자가 전달되지 않은 경우 str의 길이로 기본 설정된다.

```
1   function RabinKarpSearch() {
2       this.prime = 101;
3   }
4   RabinKarpSearch.prototype.rabinkarpFingerprintHash = function (str,
    endLength) {
5       if (endLength == null) endLength = str.length;
6       var hashInt = 0;
7       for (var i=0; i < endLength; i++) {
8           hashInt += str.charCodeAt(i) * Math.pow(this.prime, i);
9       }
10      return hashInt;
11  }
12  var rks = new RabinKarpSearch();
13  rks.rabinkarpFingerprintHash("sammie"); // 1072559917336
14  rks.rabinkarpFingerprintHash("zammie"); // 1072559917343
```

위의 코드 실행 결과에서 확인할 수 있듯이 sammie와 zammie는 다른 문자열이기 때문에 해시가 고유하다. 해시 값을 사용하면 두 문자열이 동일한지 빠르게 상수 시간에 확인할 수 있다. 예를 들어 same 내에 am을 살펴보자. am의 길이가 두 글자이기 때문에 텍스트를 살펴볼 때 same으로부터 sa, am, me가 나오고 이들의 해시 값은 다음과 같다.

```
1   rks.rabinkarpFingerprintHash("sa"); // 9912
2   rks.rabinkarpFingerprintHash("am"); // 11106
3   rks.rabinkarpFingerprintHash("me"); // 10310
```

이는 슬라이딩$^{sliding}$ 방식의 해시 계산이다. 왜 슬라이딩 방식의 해시 계산이 효율적인 것일까? 이를 수학적으로 분석해보자. 이번 예에서 $x$는 101이었다. 또한 s, a, m, e의 문자 코드는 각각 115, 97, 109, 101이다. 두 개의 글자로 구성된 단어들의 해시 값을 구하면 다음과 같다.

$$\text{sa: } f(x) = m_0 + m_1 x = 115 + (97)^*(101) = 9912$$

$$\text{am: } f(x) = m_0 + m_1 x = 97 + (109)^*(101) = 11106$$

$$\text{me: } f(x) = m_0 + m_1 x = 109 + (101)^*(101) = 10310$$

sa로부터 am의 해시 값을 얻기 위해서는 sa로부터 첫 번째 항($s$)을 뺀 다음 남은 값을 소수로 나눈 다음 신규 항($m$)을 추가하면 된다. 이러한 재계산 알고리즘은 다음 코드와 같이 구현한다.

```
1  RabinKarpSearch.prototype.recalculateHash = function (str, oldIndex,
   newIndex, oldHash, patternLength) {
2      if (patternLength == null) patternLength = str.length;
3      var newHash = oldHash - str.charCodeAt(oldIndex);
4      newHash = Math.floor(newHash/this.prime);
5      newHash += str.charCodeAt(newIndex) * Math.pow(this.prime, patternLength
       - 1);
6      return newHash;
7  }
8  var oldHash = rks.rabinkarpFingerprintHash("sa"); // 9912
9  rks.recalculateHash("same", 0, 2, oldHash, "sa".length); // 11106
```

마지막으로 두 가지 다른 문자열은 가능성은 적지만 같은 해시 값을 가질 수 있다. 따라서 두 문자열의 시작 인덱스와 끝 인덱스가 주어졌을 때 두 문자열이 동일한지 확인하는 함수가 필요하다.

```
1  RabinKarpSearch.prototype.strEquals = function ( str1, startIndex1,
   endIndex1,
2      str2, startIndex2, endIndex2) {
3      if (endIndex1 - startIndex1 != endIndex2 - startIndex2) {
4          return false;
5      }
6      while ( startIndex1 <= endIndex1
7          && startIndex2 <= endIndex2) {
8          if (str1[startIndex1] != str2[startIndex2]) {
```

```
9          return false;
10       }
11       startIndex1++;
12       startIndex2++;
13    }
14    return true;
15 }
```

그러고 나서 시작 해시를 계산한 다음 패턴이 발견되거나 문자열 끝에 도달할 때까지 슬라이딩 방식으로 해시를 재계산해 라빈-카프 검색의 메인 함수를 구현할 수 있다.

```
1  RabinKarpSearch.prototype.rabinkarpSearch = function (str, pattern) {
2      var T = str.length,
3          W = pattern.length,
4          patternHash = this.rabinkarpFingerprintHash(pattern, W),
5          textHash = this.rabinkarpFingerprintHash(str, W);
6
7      for (var i = 1; i <= T - W + 1; i++) {
8          if (patternHash == textHash &&
9              this.strEquals(str, i - 1, i + W - 2, pattern, 0, W - 1)) {
10             return i - 1;
11         }
12         if (i < T - W + 1) {
13             textHash = this.recalculateHash(str, i - 1, i + W - 1, textHash,
W);
14         }
15     }
16
17     return -1;
18 }
19
20 var rks = new RabinKarpSearch();
21 rks.rabinkarpSearch("SammieBae", "as"); // -1
22 rks.rabinkarpSearch("SammieBae", "Bae"); // 6
23 rks.rabinkarpSearch("SammieBae", "Sam"); // 0
```

**선처리 시간 복잡도:** $O(W)$

$W$는 "단어"의 길이이다.

**일치 시간 복잡도:** $O(W+T)$

최대로 잡았을 때 위 알고리즘은 길이 $T$와 길이 $W$의 합만큼 반복한다. 여기서 $T$는 검색하고자 하는 문자열의 길이이다.

## 실생활 적용 예

라빈-카프 알고리즘은 표절을 잡아내는 데 사용될 수 있다. 원본 자료가 있는 경우 라빈-카프 알고리즘은 제출한 문서를 검색해 원문에 있는 구문과 단어가 제출한 문서에 얼마나 등장하는지 알아낼 수 있다(전처리 단계에서 구두점 문자들을 제거함으로써 구두점과 같은 문법 세부 사항을 무시할 수 있다). 단일 검색 알고리즘의 경우 이러한 문제를 해결하는 데 적합하지 않다. 찾고자 하는 (입력된) 구문과 문장이 너무 많기 때문이다. 라빈-카프 알고리즘은 대규모 DNA 자료에서 특정 시퀀스를 찾는 것과 같이 문자열 일치 비교 애플리케이션에서도 사용된다.

## 요약

18장에서는 문자열 주제로 돌아가 좀 더 심화된 예와 문자열 패턴을 검색하는 것에 대해 살펴봤다. 더불어 다음과 같은 종류의 문자열 검색 알고리즘을 다뤘다.

- 트라이는 다중 검색과 접두사 패턴 일치 확인에 뛰어나다.
- 보이어-무어는 끝부분이 일치하지 않으면 처음 부분을 비교해보지 않아도 된다는 가정 아래 패턴의 처음이 아닌 마지막 문자를 비교한다. 덕분에 인덱스를 뛰어넘을 수 있어서 텍스트 양이 많은 경우 효율적이다.

- KMP 알고리즘은 문자열 내에 패턴의 등장 횟수를 검색한다. 이는 불일치가 일어났을 때 패턴 자체가 다음 비교를 어디에서 해야 할지(문자열의 인덱스) 결정하는 데 충분한 정보를 지닌다는 관찰을 바탕으로 한다. 따라서 KMP 알고리즘은 텍스트의 양이 작은 경우에 효율적이다.

표 18-1에서 다양한 검색 알고리즘에 대한 요약을 살펴볼 수 있다.

▼ 표 18-1 단일 문자열 검색 요약

| 알고리즘 | 전처리 시간 복잡도 | 일치 비교 시간 복잡도 | 공간 복잡도 |
|---|---|---|---|
| 기본 | 없음 | $O(W*T)$ | 없음 |
| 보이어-무어 | $O(W+T)$ | 최선의 경우: $O(T/W)$<br>최악의 경우: $O(W*T)$ | $O(1)$ |
| KMP | $O(W)$ | $O(T)$ | $O(W)$ |
| 라빈-카프 | $O(W)$ | $O(W+T)$ | $O(1)$ |

# 19장

# 동적 프로그래밍

동적 프로그래밍<sup>dynamic programming</sup>에는 문제를 그 문제보다 더 작은 부분 문제들로 쪼개는 과정이 포함된다. 동적 프로그래밍은 최적의 부분 문제들을 해결한 다음 이에 대한 결과를 메모리에 저장해 동일한 문제를 해결해야 하는 경우에 언제든지 이미 해결된 문제의 결과에 접근할 수 있도록 한다. 이를 통해 알고리즘적인 복잡도는 크게 줄어든다. 동적 프로그래밍 알고리즘을 구현하기 위해서는 해결하고자 하는 문제의 패턴에 관해 높은 수준에서 생각해봐야 한다. 동적 프로그래밍을 설명하기 위해 8장에서 다뤘던 파보나치 수열에 관해 다시 살펴볼 것이다. 이후 동적 프로그래밍의 규칙에 관해 살펴본 다음 동적 프로그래밍의 개념을 좀 더 견고하게 다져줄 예들을 살펴볼 것이다.

## 동적 프로그래밍의 필요성

8장에서 살펴본 피보나치 수열 코드는 다음과 같다.

```
function getNthFibo(n) {
    if (n <= 1) {
```

```
        return n;
    } else {
        return getNthFibo(n - 1) + getNthFibo(n - 2);
    }
}
getNthFibo(3);
```

위 알고리즘의 재귀적인 구현의 시간 복잡도는 $O(2^n)$이다. 따라서 $n$이 커짐에 따라 실행 시간이 기하급수적으로 늘어난다. 이는 실제 적용이 불가능하다. 좀 더 자세히 살펴보면 동일한 계산이 많이 반복되는 것을 확인할 수 있다. 그림 19-1에서 볼 수 있듯이 6에 대한 getNthFibo가 호출되면 4, 3, 2, 1에 대한 계산이 수차례 반복된다. 이 사실을 알았으니 어떻게 하면 위의 알고리즘을 좀 더 효율적으로 만들 수 있을까?

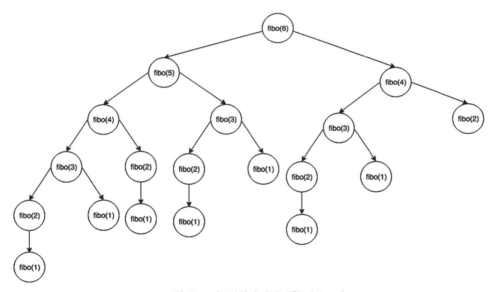

▲ 그림 19-1 피보나치 숫자에 대한 재귀 트리

해시 테이블을 사용하면 이미 계산된 피보나치 숫자를 다음 구현과 같이 저장할 수 있다.

```
1   var cache={};
2   function fiboBest(n){
3       if(n<=1)return n;
4       if(cache[n])return cache[n];
5       return (cache[n]=fiboBest(n-1)+fiboBest(n-2));
6   }
7   fiboBest(10); // 55
```

이를 중복 부분 문제overlapping subproblems라고 부른다. 6에 대한 피보나치 수열을 계산하기 위해서는 4와 5에 대한 피보나치 수열을 계산해야 한다. 따라서 5에 대한 피보나치 수열은 네 번째 피보나치 수열 계산과 중복된다. 이 문제에는 최적 부분 구조들optimal substructures도 존재하는데, 최적 부분 구조는 어떤 문제에 대한 최적의 해결책은 해당 문제의 부분 문제들의 최적의 해결책들을 포함한다는 점을 일컫는 용어다.

이제 동적 프로그래밍이 무엇인지 체계적으로 알아보자.

## 동적 프로그래밍의 규칙

동적 프로그래밍은 재계산을 피하기 위해 이미 계산된 값들을 저장하고 해당 값들을 사용하는 방법이다(재귀 알고리즘의 경우 보통 재계산이 발생한다). 이 방법은 중복 부분 문제들이 존재하고 최적 부분 구조가 존재하는 문제에만 적용할 수 있다.

## 중복 부분 문제

재귀의 분할 정복과 마찬가지로 동적 프로그래밍은 부분 문제들의 해결책을 결합한다. 동일한 부분 문제에 대한 해결책이 여러 번 사용되는 경우에 동적 프로그래밍을 사용한다. 동적 프로그래밍은 보통 부분 문제의 해결책을 해시 테이블과 배열, 행렬에 저장하며, 이러한 방식을 메모이제이션memoization이라고 부른다. 동적 프로그래밍은 문제 해결 시 중복 부분 문제가 많은 경우 유용하다.

이러한 예를 피보나치 수열의 재귀 메소드에서 찾아볼 수 있다. 3과 같은 일부 숫자들이 여러 차례 재계산되는 것을 확인할 수 있다.

결과를 저장해 재계산을 피하기 위해 해시 테이블을 사용할 수 있다. 이렇게 함으로써 시간 복잡도를 $O(2^n)$에서 $O(n)$으로 줄일 수 있다. 이는 어마어마한 변화다. 실제 문제를 해결할 때 $n$이 매우 큰 경우 $O(2^n)$의 시간 복잡도를 지닌 알고리즘으로 문제를 풀면 계산하는 데 실제 수년이 걸릴 수 있다.

## 최적 부분 구조

어떤 문제의 최적 해결책을 해당 문제의 부분 문제들의 최적 해결책들을 사용해 찾을 수 있을 때 이를 최적 부분 구조라 한다.

예를 들어 최단 경로 찾기 알고리즘에는 최적 부분 구조들이 있다. 차를 타고 도시들을 여행하기 위한 최단 경로를 찾는다고 가정해보자. 로스앤젤레스에서 밴쿠버까지의 최단 경로가 샌프란시스코와 시애틀을 거치는 경우, 샌프란시스코에서 밴쿠버까지의 최단 경로 역시 시애틀을 거칠 것이다.

## 예: 걸음 수를 채우는 방법

$n$걸음 거리가 주어졌을 때 한 걸음, 두 걸음, 세 걸음을 가지고 $n$걸음을 채우는 여러 방법이 존재한다. 예를 들어 $n$이 4인 경우, 4걸음을 채우기 위한 조합은 다음과 같이 총 4가지다.

1. 1걸음, 1걸음, 1걸음, 1걸음
2. 1걸음, 1걸음, 2걸음
3. 1걸음, 3걸음
4. 2걸음, 2걸음

몇 가지 조합이 가능한지 세는 함수는 다음과 같다.

```
1   function waysToCoverSteps(step){
2       if (step<0) return 0;
3       if (step==0) return 1;
4
5       return waysToCoverSteps(step-1)+waysToCoverSteps(step-2)
        +waysToCoverSteps(step-3 );
6   }
7   waysToCoverSteps(12);
```

**시간 복잡도**: $O(3^n)$

위 재귀 메소드는 시간 복잡도가 높다. 시간 복잡도를 최적화하기 위해 결과를 캐시에 저장해 값을 재계산하는 대신 저장된 결과를 사용한다.

```
1   function waysToCoverStepsDP(step) {
2       var cache = {};
3       if (step<0) return 0;
4       if (step==0) return 1;
5
6       // 결과가 캐시에 존재하는지 확인한다.
7       if (cache[step]) {
8           return cache[step];
9       } else {
10          cache[step] = waysToCoverStepsDP(step-1) +
                  waysToCoverStepsDP(step-2) + waysToCoverStepsDP(step-3);
11          return cache[step];
12      }
13  }
14  waysToCoverStepsDP(12);
```

**시간 복잡도**: $O(n)$

위의 예를 통해 동적 프로그래밍의 강력함을 확인할 수 있다. 동적 프로그래밍은 시간 복잡도를 크게 개선한다.

## 대표적인 동적 프로그래밍 예

이번 절에서는 대표적인 동적 프로그래밍 문제의 예를 몇 가지 살펴보고 풀어볼 것이다. 첫 번째 알아볼 동적 프로그래밍 문제는 배낭 문제다.

## 배낭 문제 알고리즘

배낭 문제knapsack problem는 다음과 같다.

무게와 가치를 지니는 $n$개의 항목이 주어졌을 때 최대 $w$의 무게를 담을 수 있는 배낭에 해당 항목들을 집어넣어 배낭에 담긴 항목들의 가치의 합이 최대가 되도록 한다.

### 최적 부분 구조

배열의 각 항목은 다음 두 가지 중 하나에 해당한다.

- 항목이 최적 부분집합에 포함된다.
- 항목이 최적 부분집합에 포함되지 않는다.

따라서 n개의 항목으로부터 얻을 수 있는 최대 가치는 다음 중 하나다.

1. (**$n$번째 항목이 제외되는 경우**): $n-1$개의 항목에서 얻은 최대 가치
2. (**$n$번째 항목을 포함하는 경우**): $n-1$개의 항목에서 얻은 최대 가치 + $n$번째 항목의 가치($n$번째 항목의 무게가 $W$보다 작은 경우에만 가능하다)

### 단순한 접근법

최적 부분 구조를 단순하게 구현하면 위에서 기술한 최적 부분 구조를 다음과 같이 재

귀적으로 구현하면 된다.

```
1   function knapsackNaive(index, weights, values, target) {
2       var result = 0;
3
4       if (index <= -1 || target <= 0) {
5           result = 0
6       } else if (weights[index] > target) {
7           result = knapsackNaive(index-1, weights, values, target);
8       } else {
9           // 첫 번째 경우:
10          var current = knapsackNaive(index-1, weights, values, target)
11          // 두 번째 경우:
12          var currentPlusOther = values[index] +
13              knapsackNaive(index-1, weights, values, target - weights[index]);
14
15          result = Math.max(current, currentPlusOther);
16      }
17      return result;
18  }
19  var weights = [1,2,4,2,5],
20      values = [5,3,5,3,2],
21      target = 10;
22  knapsackNaive(4,weights, values, target);
```

시간 복잡도: $O(2^n)$

그림 19-2는 배낭의 최대 허용 무게가 2이고 무게 1인 항목이 3개가 있는 경우에 재귀 트리를 나타낸다. 그림에서 보듯이 재귀함수는 동일한 부분 문제를 반복적으로 계산하며 지수 시간 복잡도를 지닌다. 이를 최적화하기 위해서는 항목(인덱스를 통한 참조)과 목표치(무게: $w$)를 기반으로 결과를 내야 한다.

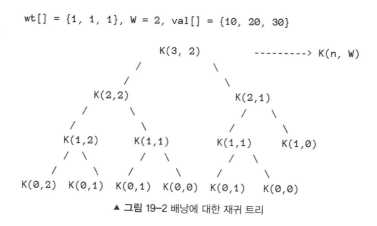

```
wt[] = {1, 1, 1}, W = 2, val[] = {10, 20, 30}

                        K(3, 2)            ---------> K(n, W)
                       /       \
                      /         \
                K(2,2)           K(2,1)
               /      \         /      \
              /        \       /        \
         K(1,2)       K(1,1)  K(1,1)    K(1,0)
         /  \         /  \    /  \
        /    \       /    \  /    \
   K(0,2) K(0,1)  K(0,1) K(0,0) K(0,1) K(0,0)
```

▲ 그림 19-2 배낭에 대한 재귀 트리

## 동적 프로그래밍 접근법

앞서 알아봤듯이 동적 프로그래밍 구현은 현재 배열 인덱스와 목표치를 자바스크립트 객체에 대한 키로 사용해 배낭 결과를 저장한다. 이는 추후에 결과를 활용하기 위함이다. 이미 계산된 재귀 호출의 경우 저장된 결과를 사용할 것이다. 따라서 알고리즘의 시간 복잡도는 크게 줄어든다.

```
1   function knapsackDP(index, weights, values, target, matrixDP) {
2       var result = 0;
3
4       // DP part
5       if (matrixDP[index + '-' + target]){
6           return matrixDP[index + '-' + target];
7       }
8
9       if (index <= -1 || target <= 0) {
10          result = 0
11      } else if (weights[index] > target) {
12          result = knapsackDP(index - 1, weights, values, target, matrixDP);
13      } else {
14          var current = knapsackDP(index-1, weights, values, target, matrixDP),
15              currentPlusOther = values[index] + knapsackDP(index-1, weights,
```

```
                    values, target - weights[index], matrixDP);
16          result = Math.max(current, currentPlusOther);
17      }
18      matrixDP[index + '-' + target] = result
19      return result;
20  }
21  knapsackDP(4, weights, values, target, {});
```

**시간 복잡도:** $O(n*w)$

여기서 $n$은 항목의 개수이고 $w$는 배낭의 용량이다.

**공간 복잡도:** $O(n*w)$

위 알고리즘은 캐싱된 결과를 matrixDP 내에 저장하기 위해 $n \times w$개의 조합을 필요로 한다.

다음으로 알아볼 동적 프로그래밍 알고리즘은 배낭 문제만큼 대표적인 예다.


## 최장 공통 부분 수열 알고리즘

두 개의 수열이 있을 때 두 수열의 가장 긴 공통 부분 수열의 길이를 찾는다. 이때 부분 수열 내 항목들이 연속일 필요는 없고 순서만 맞으면 된다. 예를 들어 sam, sie, aie와 같은 부분 수열은 sammie의 부분 수열이다. 문자열의 길이가 $n$일 때 가능한 부분 수열 조합의 개수는 $2^n$개다.

실제 예로 바이오인포매틱스(DNA 시퀀싱)와 같은 주요 분야에서 등장하는 일반적인 컴퓨터 과학 문제를 고려해보자. 또한 최장 공통 부분 수열 찾기 알고리즘은 버전 제어와 운영체제에서 diff 기능(파일 간에 차이를 출력하는 파일 비교 기능)이 구현된 방식과 동일하다.

### 단순한 접근법
str1이 길이 $m$인 첫 번째 문자열이고 str2가 길이 $n$인 두 번째 문자열이고 LCS가 함수일 때 단순한 접근법으로는 다음 의사 코드를 우선 고려해볼 수 있다.

---

1. 만약 두 수열의 마지막 글자가 일치한다면(예를 들어 str1[m-1] == str2[n-1]):
2.     result = 1 + LCS(X[0:m-2], Y[0:n-2])
3. 만약 두 수열의 마지막 글자가 일치하지 않는다면(예를 들어 str1[m-1] != str2[n-1]):
4.     result = Math.max(LCS(X[0:m-1], Y[0:n-1]),LCS(X[0:m-2], Y[0:n-2]))

---

위 재귀적인 구조를 기반으로 다음을 구현할 수 있다.

---

```
1   function LCSNaive(str1, str2, str1Length, str2Length) {
2       if (str1Length == 0 || str2Length == 0) {
3           return 0;
4       }
5
6       if (str1[str1Length-1] == str2[str2Length-1]) {
7           return 1 + LCSNaive(str1, str2,
8           str1Length - 1,
9           str2Length - 1);
10      } else {
11          return Math.max(
12              LCSNaive(str1, str2, str1Length, str2Length-1),
13              LCSNaive(str1, str2, str1Length-1, str2Length)
14          );
15      }
16  }
17
18  function LCSNaiveWrapper(str1, str2) {
19      return LCSNaive(str1, str2, str1.length, str2.length);
20  }
21  LCSNaiveWrapper('AGGTAB', 'GXTXAYB'); // 4
```

---

**시간 복잡도:** $O(2^n)$

그림 19-3은 SAM과 BAE의 재귀 트리를 나타낸다(지면 공간상 높이 3까지만 표현했다). 그림에서 보듯이 ('SA', 'BAE')가 반복된다.

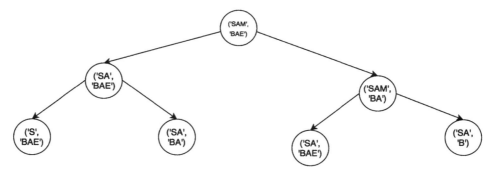

▲ 그림 19-3 최장 공통 문자열 길이에 대한 재귀 트리

## 동적 프로그래밍 접근법

위의 재귀 구조는 각 행이 str1의 하나의 문자를 나타내고 각 열이 str2의 하나의 문자를 나타내는 표/해시 테이블로 변환할 수 있다. 행렬에서 행 $i$와 열 $j$에 위치한 각 항목은 LCS(str1[0:i], str2[0:j])라고 표현한다.

```
1   function longestCommonSequenceLength(str1, str2) {
2       var matrix = Array(str1.length + 1).fill(Array(str2.length + 1).fill(0)),
3           rowLength = str1.length + 1,
4           colLength = str2.length + 1,
5           max = 0;
6
7       for (var row = 1; row < rowLength; row++) {
8           for (var col = 1; col < colLength; col++) {
9               var str1Char = str1.charAt(row - 1),
10                  str2Char = str2.charAt(col - 1);
11
12              if (str1Char == str2Char) {
13                  matrix[row][col] = matrix[row - 1][col - 1] + 1;
14                  max = Math.max(matrix[row][col], max);
15              }
16          }
17      }
18      return max;
```

```
19  }
20  longestCommonSequenceLength('abcd', 'bc');
```

**시간 복잡도:** $O(m*n)$

**공간 복잡도:** $O(m*n)$

여기서 $m$은 str1의 길이이고 $n$은 str2의 길이이다.


# 동전 교환 알고리즘

동전의 금액 종류가 S={S1, S2, ... Sm}으로 $M$개이고 각 금액의 동전이 무한 개로 제공될 수 있다고 할 때, 금액 $n$을 동전으로 교환하기 위한 동전의 조합은 몇 개나 될까? 이때 동전의 순서는 무시한다.

$N$=4, $M$=3, $S$={1,2,3}이면 가능한 조합의 개수는 4개다.

1.     1, 1, 1, 1
2.     1,1, 2
3.     2,2,
4.     1, 3


## 최적 부분 구조

가능한 동전 조합 수에 관해 다음과 같은 경우가 있을 수 있다.

1) M번째 동전이 포함되지 않는 해결책
2) M번째 동전이 최소 한 개 포함되는 해결책

coinChange(S, M, N)이 가능한 동전 조합 수를 세는 함수인 경우 위의 두 가지 경우를 사용해 해당 함수를 수학적으로 다음과 같이 재작성할 수 있다.

```
coinChange(S, M, N) = coinChange(S, M-1, N) + coinChange(S, M, N-Sm)
```

## 단순한 접근법

재귀를 사용해 위의 알고리즘을 다음과 같이 구현할 수 있다.

```
1    // coinArr을 더해 원하는 합계 금액을 만들 수 있는 방법의 수를 반환한다.
2    // coinArr의 인덱스는 [0,...,numCoins]와 같다.
3    function countCoinWays(coinArr, numCoins, coinValue) {
4        if (coinValue == 0) {
5            // 값이 0에 도달한 경우 유일한 해결책은
6            // 아무 동전도 포함하지 않는 것이다.
7            return 1;
8        }
9        if (coinValue < 0 || (numCoins <= 0 && coinValue >= 1)) {
10           // 값이 0보다 작다는 것은 해결책이 없다는 의미다.
11           // 남은 동전이 없는데 coinValue가 남았어도 해결책이 없다는 의미다.
12           return 0;
13       }
14       //
15       return countCoinWays(coinArr, numCoins - 1, coinValue) +
16           countCoinWays(coinArr, numCoins, coinValue - coinArr[numCoins - 1]);
17   }
18   function countCoinWaysWrapper(coinArr, coinValue) {
19       return countCoinWays(coinArr, coinArr.length, coinValue);
20   }
21   result = countCoinWaysWrapper([1, 2, 3], 4);
```

시간 복잡도: $O(n^m)$

공간 복잡도: $O(n)$

여기서 $m$은 동전의 종류 개수이고 $n$은 동전으로 교환하고자 하는 합계 금액이다.

## 중복 부분 문제

그림 19-4의 재귀 트리로부터 중복 부분 문제가 많이 존재하는 것을 확인할 수 있다.

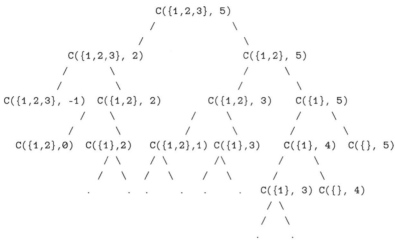

▲ 그림 19-4 잔돈 교환에 대한 재귀 트리

이러한 중복 문제를 해결하기 위해 표(행렬)를 사용해 이미 계산된 결과를 저장할 수 있다.

## 동적 프로그래밍 접근법

잔돈 교환 문제를 동적 접근법으로 풀기 위한 행렬에는 coinValue(합계 금액) 개의 행과 numCoins(동전의 금액 종류 수) 개의 열이 있다. coinValue가 $i$이고 numCoins가 $j$일 때 행렬에서 $i$와 $j$ 위치의 항목은 동전 조합의 개수를 나타낸다.

```
1    function countCoinWaysDP(coinArr, numCoins, coinValue) {
2        // 행렬을 생성한다.
3        var dpMatrix = [];
4
5        for (var i = 0; i <= coinValue; i++) {
6            dpMatrix[i] = [];
7            for (var j = 0; j < numCoins; j++) {
8                dpMatrix[i][j] = undefined;
```

```
 9              }
10          }
11
12          for (var i = 0; i < numCoins; i++) {
13              dpMatrix[0][i] = 1;
14          }
15
16          for (var i = 1; i < coinValue + 1; i++) {
17              for (var j = 0; j < numCoins; j++) {
18                  var temp1 = 0,
19                      temp2 = 0;
20
21                  if (i - coinArr[j] >= 0) {
22                      // coinArr[j]를 포함하는 해결책
23                      temp1 = dpMatrix[i - coinArr[j]][j];
24                  }
25
26                  if (j >= 1) {
27                      // coinArr[j]를 포함하지 않는 해결책
28                      temp2 = dpMatrix[i][j - 1];
29                  }
30
31                  dpMatrix[i][j] = temp1 + temp2;
32              }
33          }
34          return dpMatrix[coinValue][numCoins - 1];
35  }
36
37  function countCoinWaysDPWrapper(coinArr, coinValue) {
38      return countCoinWaysDP(coinArr, coinArr.length, coinValue);
39  }
40  countCoinWaysDPWrapper([1, 2, 3], 4);
```

**시간 복잡도:** $O(m*n)$

**공간 복잡도:** $O(m*n)$

여기서 $m$은 동전의 종류 개수이고 $n$은 동전으로 교환하고자 하는 합계 금액이다.

# 편집 거리 알고리즘

레벤슈타인Levenshtein 거리 알고리즘이라고도 한다. 편집 거리 문제는 다음 사항을 고려한다.

길이 $m$인 문자열 str1과 길이 $n$인 문자열 str2가 주어졌을 때 str1을 str2로 변환하기 위한 최소 편집 횟수는 무엇인가?

유효한 연산은 다음과 같다.

1. 삽입
2. 제거
3. 교환

## 최적 부분 구조

문자열 str1과 문자열 str2의 각 문자가 한번에 하나씩 처리된다면 다음의 경우가 가능하다.

---

1. 문자가 동일하다: 아무것도 하지 않는다.
2. 문자가 다르다: 재귀적으로 다음 경우를 고려한다.
   삽입: m과 n-1
   제거: m-1과 n
   교환: m-1과 n-1

---

## 단순한 접근법

단순한 접근법을 사용하면 위에서 기술한 부분 구조를 다음과 같이 재귀적으로 구현하면 된다.

---

```
1   function editDistanceRecursive(str1, str2, length1, length2) {
2       // str1이 비었다. 유일한 선택 사항은 str2의 모든 문자를 삽입하는 것이다.
```

```
3        if (length1 == 0) {
4            return length2;
5        }
6        // str2가 비었다. 유일한 선택 사항은 str1의 모든 문자를 삽입하는 것이다.
7        if (length2 == 0) {
8            return length1;
9        }
10
11       // 마지막 문자가 동일하다.
12       // 마지막 문자를 무시하고 나머지를 센다.
13       if (str1[length1-1] == str2[length2-1]) {
14           return editDistanceRecursive(str1, str2,
15                                        length1-1, length2-1);
16       }
17
18       // 마지막 문자가 동일하지 않다.
19       // 삽입, 제거, 교환 세 가지 연산이 가능하다.
20       return 1 + Math.min (
21           // 삽입
22           editDistanceRecursive(str1, str2, length1, length2-1),
23           // 제거
24           editDistanceRecursive(str1, str2, length1-1, length2),
25           // 교환
26           editDistanceRecursive(str1, str2, length1-1, length2-1)
27       );
28   }
29
30   function editDistanceRecursiveWrapper(str1, str2) {
31       return editDistanceRecursive(str1, str2, str1.length, str2.length);
32   }
33
34   editDistanceRecursiveWrapper('sammie','bae');
```

**시간 복잡도:** $O(3^m)$

위 해결책의 시간 복잡도는 지수이고 최악의 경우는 두 문자열 비교 시 일치하는 문자가 없는 경우다. 각 호출이 세 번의 호출(삽입, 제거, 교환)을 하기 때문에 이치에 맞다.

이번에도 역시나 동일한 문제를 반복적으로 해결하는 것을 확인할 수 있다(그림 19-5).
이미 계산된 부분 문제의 결과를 저장하는 행렬을 만듦으로써 위 알고리즘을 최적화할
수 있다.

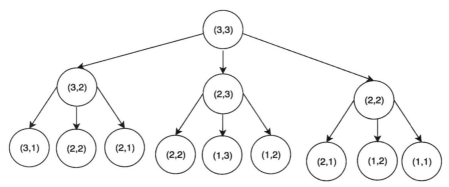

▲ 그림 19-5 편집 거리에 대한 재귀 트리

### 동적 프로그래밍 접근법

동적 프로그래밍 접근법은 str1×str2인 행렬을 만든다. 기저 경우는 $i$ 또는 $j$가 0인 경우
다. 다른 경우에 대해서는 재귀 접근법과 동일하게 1 + min(insert, remove, replace)를
호출한다.

```
1    function editDistanceDP(str1, str2, length1, length2) {
2        // 행렬을 생성한다.
3        var dpMatrix = [];
4        for(var i=0; i<length1+1; i++) {
5            dpMatrix[i] = [];
6            for(var j=0; j<length2+1; j++) {
7                dpMatrix[i][j] = undefined;
8            }
9        }
10
11       for (var i=0; i < length1 + 1; i++) {
12           for (var j=0; j < length2 + 1; j++) {
```

```
13                    // 첫 번째 문자열 str1이 빈 경우
14                    // str2의 모든 문자를 삽입해야 한다.
15                    if (i == 0) {
16                        dpMatrix[i][j] = j;
17                    } else if (j == 0) {
18                        dpMatrix[i][j] = i;
19                    } else if (str1[i-1] == str2[j-1]) {
20                        // 동일한 경우 추가적인 비용이 없다.
21                        dpMatrix[i][j] = dpMatrix[i-1][j-1];
22                    } else {
23                        var insertCost = dpMatrix[i][j-1],
24                            removeCost = dpMatrix[i-1][j],
25                            replaceCost= dpMatrix[i-1][j-1];
26
27                        dpMatrix[i][j] = 1 + Math.min(insertCost,removeCost,
                         replaceCost);
28                    }
29                }
30        }
31        return dpMatrix[length1][length2];
32 }
33
34 function editDistanceDPWrapper(str1, str2) {
35     return editDistanceDP(str1, str2, str1.length, str2.length);
36 }
37
38 editDistanceDPWrapper('sammie','bae');
```

**시간 복잡도:** $O(m*n)$

**공간 복잡도:** $O(m*n)$

여기서 $m$은 str1의 길이이고 $n$은 str2의 길이이다.

# 요약

다음 조건을 만족할 때 알고리즘을 최적화하기 위해 동적 프로그래밍을 활용할 수 있다.

- **최적 부분 구조**: 문제의 최적 해결책이 해당 문제의 부분 문제들의 최적 해결책을 포함한다.
- **중복 부분 문제**: 부분 문제에 대한 해결책이 여러 번 필요하다.

부분 문제에 대한 이미 계산된 해결책을 저장하기 위해 행렬이나 해시 테이블을 주로 사용한다. 행렬과 해시 테이블 모두 $O(1)$ 찾기 시간을 제공하기 때문이다. 이를 통해 시간 복잡도는 지수 시간(예: $O(2^n)$)에서 다항 시간(예: $O(n^2)$)으로 향상된다.

# 20장

# 비트 조작

비트 조작은 일반적으로 자바스크립트 개발자가 알아야 하는 주제는 아니다. C와 같은 저수준 프로그래밍 언어에서 주로 비트 연산자를 활용한다. 하지만 고성능 서버 측 코드를 구현하길 원한다면 비트 조작에 관해 어느 정도 배워야 한다.

비트 조작을 이해하기 위해서는 논리 회로에 관한 지식이 필요하다. 이산 수학이나 이산 회로에 관한 기초 수업이 이러한 논리 회로 개념을 이해하는 데 도움이 될 것이다.

## 비트 연산자

다음은 자바스크립트에서 사용 가능한 비트 연산자다.

- & : AND
- | : OR
- ~ : NOT
- ^ : XOR

- ● << : 왼쪽 이동
- ● >> : 오른쪽 이동
- ● >>> : 오른쪽 이동 후 남는 공간은 0으로 채우기

---

**참고** 3장에서 모든 숫자는 32비트로 표현된다고 배웠다(32개의 1과 0이 존재한다는 의미다). 십진수를 이진수로 변환할 때 모든 숫자가 32비트로 표현된다는 점을 꼭 기억하자.

---

## AND

AND 연산자는 두 개의 비트가 모두 1일 때 참이다. AND 연산자를 나타내기 위해 &(앰퍼샌드)를 사용한다.

---

```
a    b    a AND b
0    0    0
0    1    0
1    0    0
1    1    1
```

---

비트 연산에서 숫자는 이진수 형태로 표현된다. 예를 들어 9는 이진수로 1001이고 5는 이진수로 101이다.

각 비트에 대해 **AND** 연산이 수행된다.

---

```
9:      0 0 0 0 0 0 0 0 0 0 0 0 0 0 0 0 0 0 0 0 0 0 0 0 0 0 0 0 1 0 0 1
5:      0 0 0 0 0 0 0 0 0 0 0 0 0 0 0 0 0 0 0 0 0 0 0 0 0 0 0 0 0 1 0 1
9 & 5:  0 0 0 0 0 0 0 0 0 0 0 0 0 0 0 0 0 0 0 0 0 0 0 0 0 0 0 0 0 0 0 1 = 1

1    console.log(9 & 5); // prints 1
```

---

다음의 예도 살펴보자.

```
십진수 40 = 이진수 100010
십진수 41 = 이진수 100011
40:        0 0 0 0 0 0 0 0 0 0 0 0 0 0 0 0 0 0 0 0 0 0 0 0 0 0 1 0 0 0 1 0
41:        0 0 0 0 0 0 0 0 0 0 0 0 0 0 0 0 0 0 0 0 0 0 0 0 0 0 1 0 0 0 1 1
40 & 41:   0 0 0 0 0 0 0 0 0 0 0 0 0 0 0 0 0 0 0 0 0 0 0 0 0 0 1 0 0 0 1 0 = 40
```

## OR

OR 연산자는 비트 중 하나만 1이어도 참이다. OR 연산자를 나타내기 위해 |(파이프)를 사용한다.

```
a   b   a OR b
0   0   0
0   1   1
1   0   1
1   1   1
```

예로 9 | 5와 40 | 41을 살펴보자.

```
9:      0 0 0 0 0 0 0 0 0 0 0 0 0 0 0 0 0 0 0 0 0 0 0 0 0 0 0 0 1 0 0 1
5:      0 0 0 0 0 0 0 0 0 0 0 0 0 0 0 0 0 0 0 0 0 0 0 0 0 0 0 0 0 1 0 1
9 | 5:  0 0 0 0 0 0 0 0 0 0 0 0 0 0 0 0 0 0 0 0 0 0 0 0 0 0 0 0 1 1 0 1 = 13
```

다음 예를 살펴보자.

```
40:       0 0 0 0 0 0 0 0 0 0 0 0 0 0 0 0 0 0 0 0 0 0 0 0 0 0 1 0 0 0 1 0
41:       0 0 0 0 0 0 0 0 0 0 0 0 0 0 0 0 0 0 0 0 0 0 0 0 0 0 1 0 0 0 1 1
40 | 41:  0 0 0 0 0 0 0 0 0 0 0 0 0 0 0 0 0 0 0 0 0 0 0 0 0 0 1 0 0 0 1 1 = 41
```

# XOR

XOR은 "exclusive or"를 의미한다. 비트 중 하나가 1일 때만 참으로 평가된다. XOR 연산자를 나타내기 위해 ^(캐럿)을 사용한다.

```
a   b   a XOR b
0   0   0
0   1   1
1   0   1
1   1   0

9:          0 0 0 0 0 0 0 0 0 0 0 0 0 0 0 0 0 0 0 0 0 0 0 0 0 0 0 0 1 0 0 1
5:          0 0 0 0 0 0 0 0 0 0 0 0 0 0 0 0 0 0 0 0 0 0 0 0 0 0 0 0 0 1 0 1
9 ^ 5:      0 0 0 0 0 0 0 0 0 0 0 0 0 0 0 0 0 0 0 0 0 0 0 0 0 0 0 0 1 1 0 0 = 12

40:         0 0 0 0 0 0 0 0 0 0 0 0 0 0 0 0 0 0 0 0 0 0 0 0 0 0 1 0 0 0 1 0
41:         0 0 0 0 0 0 0 0 0 0 0 0 0 0 0 0 0 0 0 0 0 0 0 0 0 0 1 0 0 0 1 1
40 ^ 41:    0 0 0 0 0 0 0 0 0 0 0 0 0 0 0 0 0 0 0 0 0 0 0 0 0 0 0 0 0 0 0 1 = 1
```

# NOT

NOT 연산자는 모든 비트를 뒤집는다. NOT 연산자를 나타내기 위해 ~(틸드)를 사용한다. NOT 연산자를 음수 연산자와 헷갈려서는 안 된다. 비트를 뒤집은 후에 64비트 숫자로 변환된다.

```
a   NOT a
0   1
1   0
```

예로 9와 5를 살펴보자.

```
9:  0 0 0 0 0 0 0 0 0 0 0 0 0 0 0 0 0 0 0 0 0 0 0 0 0 0 0 0 1 0 0 1
~9: 1 1 1 1 1 1 1 1 1 1 1 1 1 1 1 1 1 1 1 1 1 1 1 1 1 1 1 1 0 1 1 0 = -10

5:  0 0 0 0 0 0 0 0 0 0 0 0 0 0 0 0 0 0 0 0 0 0 0 0 0 0 0 0 0 1 0 1
~5: 1 1 1 1 1 1 1 1 1 1 1 1 1 1 1 1 1 1 1 1 1 1 1 1 1 1 1 1 1 0 1 0 = -6
```

## 왼쪽 이동

왼쪽 이동의 경우 모든 비트가 왼쪽으로 이동되고 왼쪽 끝 범위를 벗어나는 비트는 버려진다. 왼쪽 이동 연산자를 나타내기 위해 <<(이중 왼쪽 앵글 괄호)를 사용한다.

```
9:      0 0 0 0 0 0 0 0 0 0 0 0 0 0 0 0 0 0 0 0 0 0 0 0 0 0 0 0 1 0 0 1
9 << 1: 0 0 0 0 0 0 0 0 0 0 0 0 0 0 0 0 0 0 0 0 0 0 0 0 0 0 0 1 0 0 1 0 = 18
9 << 2: 0 0 0 0 0 0 0 0 0 0 0 0 0 0 0 0 0 0 0 0 0 0 0 0 0 0 1 0 0 1 0 0 = 36
```

왼쪽 이동은 매 이동 시마다 대상 항목을 두 배로 증가시킨다. 이는 이진이 2를 기반으로 한 체계이기 때문이다. 즉, 왼쪽 이동은 수를 2로 곱하는 것과 동일하다. 하지만 왼쪽 이동으로 인해 비트가 넘쳐서 값이 줄어들 수 있다.

```
1073741833:       0 1 0 0 0 0 0 0 0 0 0 0 0 0 0 0 0 0 0 0 0 0 0 0 0 0 0 0 0 0 1 0
                  0 1
1073741833 << 2:  0 0 0 0 0 0 0 0 0 0 0 0 0 0 0 0 0 0 0 0 0 0 0 0 0 0 0 0 1 0 0 1
                  0 0 = 36
```

## 오른쪽 이동

오른쪽 이동의 경우 모든 비트가 오른쪽으로 이동되고 오른쪽 끝 범위를 벗어나는 비트는 버려진다. 오른쪽 이동 연산자를 나타내기 위해 >>(이중 오른쪽 앵글 괄호)를 사용한다.

```
9:          0 0 0 0 0 0 0 0 0 0 0 0 0 0 0 0 0 0 0 0 0 0 0 0 0 0 0 0 1 0 0 1
9 >> 1:     0 0 0 0 0 0 0 0 0 0 0 0 0 0 0 0 0 0 0 0 0 0 0 0 0 0 0 0 0 1 0 0 = 4
-9:         1 1 1 1 1 1 1 1 1 1 1 1 1 1 1 1 1 1 1 1 1 1 1 1 1 1 1 1 0 1 1 1
-9 >> 2:    1 1 1 1 1 1 1 1 1 1 1 1 1 1 1 1 1 1 1 1 1 1 1 1 1 1 1 1 1 1 0 1 = -3
```

위의 예에서 오른쪽 이동은 9를 2로 나눈다(정수 나눗셈). 다시 한 번 말하지만 이는 이진 수가 2를 기반으로 하는 체계이기 때문이다.

## 오른쪽 이동 후 0으로 채우기

오른쪽 이동 후 0으로 채우기의 경우 모든 비트가 오른쪽으로 이동하고 오른쪽 끝 범위를 벗어나는 비트는 버려진다. 하지만 부호 비트(가장 왼쪽 비트)가 이동한 후에 0으로 변한다. 이로 인해 결과는 음이 아닌 숫자가 된다. 오른쪽 이동 후 0으로 채우기 연산자를 나타내기 위해 >>>(삼중 오른쪽 괄호)를 사용한다.

```
-9:         1 1 1 1 1 1 1 1 1 1 1 1 1 1 1 1 1 1 1 1 1 1 1 1 1 1 1 1 0 1 1 1
-9 >>> 1:   0 1 1 1 1 1 1 1 1 1 1 1 1 1 1 1 1 1 1 1 1 1 1 1 1 1 1 1 1 0 1 1 =
            2147483643
```

위의 예에서 오른쪽 이동은 9를 2로 나눈다(정수 나눗셈). 다시 한 번 말하지만 이는 이진 수가 2를 기반으로 하는 체계이기 때문이다.

이러한 연산이 어떤 식으로 동작하는지 좀 더 이해하고 싶다면 학교나 온라인에서 기초 디지털 회로 수업을 듣길 권한다. 결국 모든 것은 0과 1로 구성된다. 컴퓨터의 트랜지스터가 켬과 끔 두 가지 상태만을 가질 수 있기 때문이다.

## 숫자 연산

이번 절에서는 비트 연산자를 사용해 더하기, 빼기, 곱하기, 나누기, 나머지 연산을 수행하는 법을 알아볼 것이다.

## 덧셈

이진수를 더하는 것은 십진수를 더하는 것과 동일하다. 초등학교 2학년 아이들이 배우는 규칙과 동일하다. 두 수를 더한 다음 10을 초과하면 1을 다음 수에 올린다.

이를 구현한 함수는 다음과 같다. 모든 코드는 깃허브[1]에서 확인할 수 있다.

```
1   function BitwiseAdd(a, b){
2       while (b != 0) {
3           var carry = (a & b);
4           a = a ^ b;
5           b = carry << 1;
6       }
7       return a;
8   }
9
10  console.log(BitwiseAdd(4,5)); // 9
```

두 가지 예를 자세히 살펴보자.

```
bitwiseAdd(4, 5);
4:              0 0 0 0 0 0 0 0 0 0 0 0 0 0 0 0 0 0 0 0 0 0 0 0 0 0 0 0 0 1 0 0
5:              0 0 0 0 0 0 0 0 0 0 0 0 0 0 0 0 0 0 0 0 0 0 0 0 0 0 0 0 0 1 0 1
sum = 4 ^ 5 =   0 0 0 0 0 0 0 0 0 0 0 0 0 0 0 0 0 0 0 0 0 0 0 0 0 0 0 0 0 0 0 1
= 1 (base 10)

carry = (a & b) << 1
a & b =         0 0 0 0 0 0 0 0 0 0 0 0 0 0 0 0 0 0 0 0 0 0 0 0 0 0 0 0 0 1 0 0
(a & b) << 1 =  0 0 0 0 0 0 0 0 0 0 0 0 0 0 0 0 0 0 0 0 0 0 0 0 0 0 0 0 1 0 0 0
= 8 (base 10)
```

1    https://github.com/Apress/js-data-structures-and-algorithms - 지은이

```
bitwiseAdd(1, 8);
1:              0 0 0 0 0 0 0 0 0 0 0 0 0 0 0 0 0 0 0 0 0 0 0 0 0 0 0 0 0 0 0 1
8:              0 0 0 0 0 0 0 0 0 0 0 0 0 0 0 0 0 0 0 0 0 0 0 0 0 0 0 0 1 0 0 0
sum = 1 ^ 8 =  0 0 0 0 0 0 0 0 0 0 0 0 0 0 0 0 0 0 0 0 0 0 0 0 0 0 0 0 1 0 0 1
= 9 (base 10)

carry = (a & b) << 1
a & b =        0 0 0 0 0 0 0 0 0 0 0 0 0 0 0 0 0 0 0 0 0 0 0 0 0 0 0 0 0 0 0 0
-> return 9 (a)
```

## 뺄셈

뺄셈은 두 수의 차이다. 하지만 음수를 더하는 것이라고 생각해도 좋다. 예를 들어 5 −
4 = 5 + (−4)이다.

따라서 우선 NOT 연산자를 사용해 부정함수를 생성한다. 이진수에서 음의 이진수로부터
양의 이진수를 빼려면 모든 비트를 뒤집은 다음 1을 더하면 된다. 이를 다음 코드와 같
이 구현할 수 있다.

```
1   function BitwiseNegate(a) {
2       return BitwiseAdd(~a,1);
3   }
4
5   console.log(BitwiseNegate(9)); // -9
6   // 이중 부정을 하면 원래의 값을 얻을 수 있다.
7   console.log(BitwiseNegate(BitwiseNegate(9))); // 9
8
9   function BitwiseSubtract(a, b) {
10      return BitwiseAdd(a, BitwiseNegate(b));
11  }
12
13  console.log(BitwiseSubtract(5, 4)); // 1
```

## 곱셈

이진수를 곱하는 방식은 십진수를 곱하는 방식과 동일하다. 두 수를 곱한 다음, 10이 넘는 수는 다음 자릿수로 올리고, 다음 자릿수로 이동해 해당 자릿수의 수를 곱한다(십진수의 경우 자릿수를 이동할 때마다 10을 곱하는 것이다). 예를 들어 12 곱하기 24의 경우 우선 2와 4를 곱한 다음 10과 4를 곱한다. 그리고 나서 다음 자릿수의 2(실제 20)로 이동한 다음 20과 2를 곱한 다음 20과 10을 곱한다. 마지막으로 이 값들을 모두 더하면 288이 된다.

```
    12
    24
------
    48
    24
------
   288
```

이를 이진수로 표현하면 다음과 같다.

```
0 1 1 0 0
1 1 0 0 0
---------------------------
0 0 0 0 0
0 0 0 0 0
0 0 0 0 0
0 1 1 0 0
0 1 1 0 0
---------------------------
1 0 0 1 0 0 0 0 0
```

이를 구현하면 다음 코드와 같다. 다음 코드는 음수도 처리한다.

```
1    function BitwiseMultiply(a, b) {
2        var m = 1,
```

```
3          c = 0;
4
5      if (a < 0) {
6          a = BitwiseNegate(a);
7          b = BitwiseNegate(b);
8      }
9      while (a >= m && b) {
10         if (a & m) {
11             c = BitwiseAdd(b, c);
12         }
13         b = b << 1;
14         m = m << 1;
15     }
16     return c;
17 }
18 console.log(BitwiseMultiply(4, 5)); // 20
```

## 나눗셈

나눗셈을 a/b일 때 a로부터 b를 여러 번 빼는 것이라고 생각해도 좋다. 예를 들어 4/2=2인데, 4-2-2=0이다. 이러한 속성을 사용해 비트 나눗셈은 다음과 같이 구현할 수 있다.

```
1  function BitwiseDividePositive(a, b) {
2      var c = 0;
3
4      if (b != 0) {
5          while (a >= b) {
6              a = BitwiseSubtract(a, b);
7              c++;
8          }
9      }
10     return c;
11 }
12 console.log(BitwiseDividePositive(10, 2)); // 5
```

양수를 나누는 것은 상대적으로 간단하다. while 루프가 계속해서 나눗셈을 수행하면서 카운터 변수가 a로부터 b를 뺀 횟수를 저장할 수 있다. 하지만 음수의 경우 어떨까? −10/2=−5이다. 하지만 우리는 −10으로부터 2를 뺄 수 없다. while 루프가 영원히 반복될 것이기 때문이다. 이를 피하기 위해 두 수를 모두 양수로 변환할 수 있다. 이렇게 하는 동시에 부호를 저장해야 한다.

```
a   b   a * b
+   +   +
+   -   -
-   +   -
-   -   +
```

음수를 1로 표현하고 양수를 0으로 표현하면 XOR 표와 동일한 표가 된다.

```
a   b   a * b
0   0   0
0   1   1
1   0   1
1   1   0
```

나눗셈 알고리즘은 다음과 같다. 나눗셈 함수는 결과가 0이 될 때까지 a로부터 b를 뺀다. 위에서 언급했듯이 음수의 경우 도움 함수를 사용해 다시 음수로 변환해줘야 한다.

```
1   function BitwiseDivide(a, b) {
2       var c = 0,
3           isNegative = 0;
4
5       if (a < 0) {
6           a = BitwiseNegate(a); // 양수로 변환한다.
7           isNegative = !isNegative;
8       }
9
```

```
10      if (b < 0) {
11          b = BitwiseNegate(b); // 양수로 변환한다.
12          isNegative = !isNegative;
13      }
14
15      if (b != 0) {
16          while (a >= b) {
17              a = BitwiseSubtract(a, b);
18              c++;
19          }
20      }
21
22      if (isNegative) {
23          c = BitwiseNegate(c);
24      }
25
26      return c;
27  }
28
29  console.log(BitwiseDivide(10, 2)); // 5
30  console.log(BitwiseDivide(-10, 2)); // -5
31  console.log(BitwiseDivide(-200, 4)); // -50
```

## 요약

20장에서는 자바스크립트에서 기본적인 비트 조작 방법에 관해 알아봤다. 비트 조작은 고성능 수치 연산에 사용된다. 비트 연산자를 사용하는 것이 Math 클래스의 기본 메소드를 사용하는 것보다 훨씬 빠르다. 자바스크립트가 Node.js를 활용해 서버 측 프로그래밍에 진입하고 있기 때문에 효율적인 코드를 만들어야 한다. 20장에서 배운 개념들을 정리하기 위해 표 20-1에 비트 연산자와 사용법에 관해 요약했다.

▼ 표 20-1 비트 조작 요약

| 연산자 | 연산 | 사용 사례 |
|--------|------|-----------|
| & | AND | 두 비트 모두 1일 때 1 |
| \| | OR | 두 비트 중 한 비트라도 1이면 1 |
| ~ | NOT | 모든 비트를 뒤집는다. |
| ^ | XOR | 두 비트 중 한 비트만 1인 경우에만 1 |
| << | 왼쪽 이동 | 왼쪽으로 이동한다. 넘치는 비트는 버린다. |
| >> | 오른쪽 이동 | 오른쪽으로 이동한다. 넘치는 비트는 버린다. |
| >>> | 오른쪽으로 이동 후 0으로 채우기 | 오른쪽으로 이동한다. 넘치는 비트는 버리고 부호 비트는 0이 된다. |

# 찾아보기

## ㄱ

가변 배열　107
가중치　325
가중치가 있는 간선을 지닌 그래프　342
간선　322
간선과 정점 삭제하기　328
간선과 정점 추가하기　327
값에 의한 삭제　231
객체　47, 123
객체에 대한 참조　132
객체 참조 제한　134
거품 정렬　174
검색　169, 215, 220, 234, 239, 272
계수 법칙　32, 33
계수 정렬　185
곱셈　399
곱의 법칙　32, 35
공간적 지역성　246
교집합　164
군집 문제　202
그래프　321
그래프 순회　334
기저 조건　142
깊이 우선 검색　338
꼬리 재귀　145

## ㄴ

나눗셈　400
내림차순 정렬　313
너비 우선 검색　265, 334

## ㄷ

다익스트라의 알고리즘　343
다차원 배열　106
다항 법칙　33, 36
단계순위 순회　265
단일 연결 리스트　229
단일 회전　274
덧셈　397
동적 프로그래밍　371
동전 교환 알고리즘　382
들여다보기　213, 217
디큐　217, 218

## ㄹ

라빈-카프 검색　365
레벤슈타인 거리 알고리즘　386
루트 노드　257

### ㅁ

마스터 정리   149
메모리 누수   131
메모이제이션   373
무작위 수 생성   61
무지향성 그래프   325
문자열   67
문자열 검색   69
문자열 단축   77
문자열 바꾸기   71
문자열 분해   71
문자열 비교   68
문자열 접근   67
미스   245
밀집 그래프   324

### ㅂ

반복   89
배낭 문제 알고리즘   376
배열   87
범위   41
변수형   45
변수 호이스팅   42
병합 정렬   182
보이어-무어 문자열 검색   356
복호화   81
부동소수점   52
부동소수점 문자   74
분할 정복 방식   143
블록 범위   44
비트 연산자   391
빅오 표기법   29
빠른 선택   181

빠른 정렬   179
뺄셈   398

### ㅅ

삭제   88, 163, 214, 218, 270, 282
삼투   300, 303
삽입   88, 162, 213, 218, 230, 268, 281
삽입 정렬   177
상위 집합 여부 확인   164
생성자   126
선순위 순회   260
선입선출   216
선택 정렬   176
선형 검색   170
선형 탐사   201, 204, 207
소수 해싱   199
소인수분해   60
순환 그래프   324
숫자 객체   54
숫자를 포함하는 문자   74
숫자만 포함하는 문자   74
숫자와 알파벳만 포함하는 문자   74
스택   211
스택 오버플로   142
시간적 지역성   246

### ㅇ

암호화   80, 81
연결 리스트   229
오른쪽 왼쪽 회전   277
오른쪽 이동   395
오른쪽 이동 후 0으로 채우기   396

오른쪽 회전　276
오름차순 정렬　310
왼쪽 오른쪽 회전　278
왼쪽 이동　395
왼쪽 회전　274
위로 아래로 이동　300
위상 정렬　346
이중 연결 리스트　234
이중 해싱　202, 207
이중 회전　277
이진 검색　171
이진 트리　258
이진 힙 배열 인덱스 구조　298
이차 탐사　202, 206
인접 리스트　326
인접 행렬　326
인코딩　76
인큐　217, 218

## ㅈ

자바스크립트 내장 정렬　186
재귀　141
재귀 호출 스택 메모리　151
재해싱　202
전개 연산자　95
전역 범위　41
전역 선언　41
전이 법칙　33
점화식　148
접근　89, 214, 219
접두사 트리　351
정규 표현식　72
정렬　173

정수 반올림　54
정점　322
정점 차수　323
제로 인자　95
중복 부분 문제　373
중순위 순회　262
지향성 그래프　331
질의 문자열　75
집합　161

## ㅊ

차집합　166
참/거짓 확인　46
최대 힙　296, 304, 308, 313
최소 힙　297, 306, 310
최장 공통 부분 수열 알고리즘　379
최적 부분 구조　374
최적 부분 구조들　373

## ㅋ

캐싱　245
커누스-모리스-플랫 문자열 검색　360
큐　216
키 생성　81

## ㅌ

탐사　201
테일에 항목 삽입하기　236
테일의 항목 삭제하기　238
트라이　351
트리　257

트리 균형 잡기　280
트리 순회　259

## ㅍ

파스칼의 삼각형　146
편집 거리 알고리즘　386
포함　163
프로토타입 활용 상속　124
피보나치 수열　143

## ㅎ

함수 범위　42
함수형 배열 메소드　105
합의 법칙　32, 35
합집합　165
해시 테이블　197
헤드　230
헤드에 항목 삽입하기　236
헤드의 항목 삭제하기　233, 237
후순위 순회　263
후입선출　211
희소 그래프　323
히트　245
힙　295
힙 정렬　310

## A

adjacency list　326
adjacency matrix　326
AND 연산자　392
ASCII 문자열　77

atob()　77
AVL 트리　273

## B

Base64 인코딩　77
BFS, breadth first search　265, 334
btoa()　77
bubble sort　174

## C

caching　245
count sort　185
cyclical graph　324

## D

degree of vertex　323
delete 연산자　135
dense graph　324
dequeue　218
dequeuing　217
DFS, depth-first search　338
DOM 메모리 누수　132
dynamic programming　371

## E

edge　322
enqueue　218
enqueuing　217
exec()　72

## F

FIFO, first in, first out    216

filter    105

forEach()    91

for ( in )    90

for ( of )    91

for (변수; 조건; 수정)    89

## H

hash table    197

hit    245

## I

Infinity    57

insertion sort    177

## K

knapsack problem    376

## L

Least Frequently Used    245

Least Recently Used    245

let    44

Levenshtein    386

LFU 캐싱    245, 246

LIFO, last in first out    211

localStorage    198

LRU 캐싱    245, 251

## M

map    105

match()    72

Math.max    96

Math.min    96

Math.random()    61

memoization    373

memory()    132

mergesort    182

miss    245

## N

NOT 연산자    394

Number.EPSILON    55

Number.MAX_SAFE_INTEGER    55

Number.MAX_VALUE    56

Number.MIN_SAFE_INTEGER    56

Number.MIN_VALUE    56

Number 객체    54

## O

Object 속성    124

optimal substructures    373

OR 연산자    393

overlapping subproblems    373

## P

peek()    217

pop    212, 214

push    212

push()    216, 218

## Q

quickselect    181
quicksort    179

## R

reduce    106
RegExp    72
root node    257
RSA 암호화    81

## S

search()    72
Secure Sockets Layer    80
Set.delete    163
Set.has    163
Set 객체    161
shift()    216, 218
sort()    186
sparse graph    323
spatial locality    246
SSL 인증서    80
stack    211
stack overflow    142
String    67

## T

temporal locality    246
test()    72
TLS    80

## U

undirected graph    325

## V

var    42
variable hoisting    42
vertex    322

## W

weight    325
window 전역 객체    134

## X

XOR 연산자    394

## Z

zero arguments    95

## 기호

^    73
/([^?=&]+)(=([^&]*))/    75
==    47
===    47
[^0-9]    73
[0-9]    73
/^[0-9]*.[0-9]*[1-9]+$/    74
[^abc]    73
[abc]    73

/[a-zA-Z0-9]/    74

.charAt()    67

.concat()    95

/\d+/    74

\d    73

/^\d+$/    74

.indexOf()    69

-Infinity    57

.length 속성    95

.pop()    88

.prototype 속성    125

.push()    88

.replace()    71

.shift()    88

.slice()    99

.slice(begin,end)    92

.splice()    94

.split()    71

(x|y)    73

# 자바스크립트로 하는 자료 구조와 알고리즘

핵심 자료 구조 및 알고리즘을 이해하고 구현하기 위한 입문서

발 행 | 2019년 8월 30일

지은이 | 배 세 민
옮긴이 | 김 무 항

펴낸이 | 권 성 준
편집장 | 황 영 주
편 집 | 조 유 나
디자인 | 박 주 란

에이콘출판주식회사
서울특별시 양천구 국회대로 287 (목동)
전화 02-2653-7600, 팩스 02-2653-0433
www.acornpub.co.kr / editor@acornpub.co.kr

한국어판 ⓒ 에이콘출판주식회사, 2019, Printed in Korea.
ISBN 979-11-6175-344-7
http://www.acornpub.co.kr/book/javascript-data-algorithms

이 도서의 국립중앙도서관 출판시도서목록(CIP)은 서지정보유통지원시스템 홈페이지(http://seoji.nl.go.kr)와
국가자료공동목록시스템(http://www.nl.go.kr/kolisnet)에서 이용하실 수 있습니다.(CIP제어번호: CIP2019032232)

책값은 뒤표지에 있습니다.